www.tredition.de

AF217062

Christian Kreiß

Das Mephisto-Prinzip in unserer Wirtschaft

www.tredition.de

© 2019 Christian Kreiß
© Coverphoto: Mit freundlicher Genehmigung durch United
Archives

Verlag & Druck: tredition GmbH, Halenreie 40-44, 22359
Hamburg

ISBN
Paperback: 978-3-7497-5790-9
Hardcover: 978-3-7497-5791-6
e-Book: 978-3-7497-5792-3

Inhaltsverzeichnis

Einleitung

Wenn Mephisto, die bekannte Figur aus Goethes „Faust", unsere Wirtschaftsgesetze machen könnte, was würde er dann tun? Nun, das Ziel von Mephisto ist ziemlich klar. Er sagt an einer Stelle: *„Ihr wisst, wie wir in tief verruchten Stunden Vernichtung sannen menschlichem Geschlecht"* (Faust Teil 2, Grablegung). Er will also das Menschengeschlecht so stark wie möglich schädigen.

Wie kann man das am besten tun? Unter diesem Blickwinkel soll im Folgenden unser heutiges Wirtschaftssystem untersucht werden. Es geht also um die Fragestellung eines Advocatus Diaboli: Wie kann man die Regeln, die Gesetze, die Wirtschaftsordnung so gestalten, dass die Menschen geschädigt werden? Wichtig ist dabei, dass wir es nicht durchschauen. Denn wer würde heute schon ganz offen für schlimme Pläne sein? Wie würde solch ein mephistophelischer Plan also konkret aussehen und umgesetzt?

Ich glaube, es ist sehr hilfreich, einmal einen Blick auf unseren sozialen Organismus mit dieser Fragestellung zu werfen, mit der Hypothese, es gäbe Kräfte oder Bestrebungen, in diese Richtung zu wirken. Der Leser wird rasch bemerken, wie man mit Hilfe dieses Ansatzes Phänomene in unserem Wirtschaftsleben erklären kann, die vorher nur schwer erklärbar schienen.

Um diese Fragestellung zu verfolgen, wird folgendermaßen vorgegangen. Zunächst wird untersucht, welche Absichten ein Advocatus Diaboli haben könnte und wie er sie konkret umsetzen wollen würde. Der „Advocatus Diaboli" oder „Anwalt des Teufels" war ursprünglich ein katholischer Priester, der vor der Heiligsprechung eines Menschen alle schlechten Eigenschaften der Person aufführen musste. Erst wenn alle negativen Einwände entkräftet waren, konnte der Mensch durch die katholische Kirche heiliggesprochen werden. Der Gegenpart dazu war der „Advocatus Dei", der Anwalt Gottes. Es ging also nicht darum, einen Menschen schlecht zu machen, sondern alle möglichen Schlechtigkeiten zu entkräften.

Es werden im Folgenden zunächst die wichtigsten Ziele Mephistos beschrieben. Dann wird untersucht, auf welchen Grundannahmen die heutigen Wirtschaftswissenschaften aufbauen. Im Anschluss werden die Auswirkungen dieser Annahmen auf das reale ökonomische Leben und die Gesellschaft aufgezeigt und die Mittel und Wege besprochen, wie das erreicht wird. Es folgt ein Blick auf gesellschaftliche Bereiche jenseits der Ökonomie. Am Schluss werden Wege in eine menschliche, nicht-mephistophelische Wirtschaft aufgezeigt und wie solch eine Welt aussehen könnte.

Die Ziele Mephistos

Das Hauptziel Mephistos ist, uns Menschen nicht zu fördern, sondern zu schaden. Also beispielsweise statt die Ideale der französischen Revolution, Freiheit, Gleichheit Brüderlichkeit, deren Gegenteil anzustreben: Unfreiheit, Ungleichheit und Unbrüderlichkeit. Ein anderes Ziel Mephistos wäre, uns Menschen möglichst davon abzuhalten, die hohen menschheitlichen Ideale, das Wahre, Schöne und Gute, zu verfolgen. Stattdessen sollen wir ihr

Gegenteil anstreben: das Unwahre, Unschöne und Ungute. Eine Schlüsselrolle spielt dabei der Egoismus. Aus dem Egoismus folgen von alleine Gier, Neid, Habsucht, Rücksichtslosigkeit und eine ganze Menge weiterer schädlicher Eigenschaften. Je stärker die Menschen in den Egoismus getrieben werden, desto schlimmer werden die gesellschaftlichen Zustände. Also ist eines der wichtigsten Ziele Mephistos, den Egoismus so stark zu fördern wie möglich, um die Menschen damit auf die schiefe Bahn zu bringen, zum Bösen zu verleiten.

Der von Goethe verwendete Name „Mephistopheles", abgekürzt „Mephisto", kommt von den beiden hebräischen Begriffen „mephir" (Zerstörer, Verderber) und „tophel" (Lügner). Von letzterem stammt der deutsche Begriff „Teufel" ab. Neben dem Egoismus spielt also die Lüge eine ganz besonders wichtige Rolle. Je stärker Lüge und Unaufrichtigkeit verbreitet sind, ein umso leichteres Spiel hat Mephisto. Denn kaum ein Mensch ist heute bereit, bewusst und willentlich die schiefe Bahn zu betreten oder bewusst Böses zu tun.

Deshalb erreicht Mephisto seine Ziele am besten, wenn er unehrlich, lügnerisch vorgeht, wenn zunächst einmal die Begriffe verwirrt werden, um uns Menschen den Kompass zu nehmen. Denn wenn erst einmal das Denken verwirrt und auf eine schiefe Bahn gelenkt ist, kommen die schädlichen Auswirkungen von ganz alleine. Wie wir heute denken, so wird in einer oder mehreren Generationen die Welt aussehen. Ein Haus entsteht aus einem Architektenplan, eine Brücke oder eine Maschine aus dem Plan eines Ingenieurs, eine Therapie folgt einer Diagnose. Wenn die Pläne, Analysen und Diagnosen falsch sind, werden auch die gesellschaftlichen Folgen falsch und schädlich sein. Deshalb ist der allererste und wichtigste Ansatz von Mephisto, die Theorien, das Denken auf eine unheilvolle Bahn zu lenken.

Angewendet auf unser Wirtschaftsleben heißt das, es müssen möglichst falsche und schädliche Grundannahmen oder Axiome eingeführt werden, die aber auf den ersten Blick plausibel, gut und vernünftig erscheinen. Wenn die Theoriegebäude der Ökonomen auf schlechten oder unheilvollen Grundannahmen aufgebaut sind, folgen die schädlichen gesellschaftlichen Ergebnisse von ganz alleine. Deshalb werden im ersten Schritt die heute gängigen Grundannahmen der Wirtschaftswissenschaften beschrieben.

Wichtige Grundannahmen der heutigen Wirtschaftswissenschaften

„Die Ideen der Ökonomen […], ob richtig oder falsch, sind einflussreicher als man gewöhnlich meint. In der Tat wird die Welt von kaum etwas Anderem regiert. Praktiker, die sich frei von intellektuellen Einflüssen glauben, sind normalerweise die Sklaven irgendeines verstorbenen Ökonomen."[1]
John Maynard Keynes 1936

Die folgenden Axiome liegen einzeln oder gemeinsam praktisch allen in der Ökonomie verwendeten Analysen, Modellen und Erklärungsansätzen im Lehrgebäude der heutigen Mainstream-Ökonomie zu Grunde:

---

[1] Keynes, John Maynard, The General Theory of Employment, Interest and Money, Harbinger (New York) 1964, Erstveröffentlichung 1936, S.383

1. Unersättlichkeit
2. Zinseszins ist gut, richtig und wichtig
3. Eigentum in beliebiger Höhe ist gut, richtig und wichtig
4. Unternehmen sollen ihre Gewinne maximieren
5. Konsumenten maximieren rational ihren Eigennutzen
6. Konkurrenz und Wettbewerb sind gut
7. Die unsichtbare Hand des Marktes überführt das eigennützige Verhalten der Marktteilnehmer in das Wohl der Allgemeinheit

1) Unersättlichkeit

> *„Die Welt hat genug für jedermanns Bedürfnisse, aber nicht*
> *für jedermanns Gier."*
> *Mahatma Gandhi*[2]

Das Weltbild der Ökonomen geht davon aus, dass Güter knapp sind und die Menschen endlose Bedürfnisse haben. So heißt es in dem international führenden Lehrbuch von Mankiw und Taylor zur Volkswirtschaftslehre[3] gleich zu Beginn: „Die Gesellschaft wird nie genügend Ressourcen haben, um Waren und Dienstleistungen in dem Maße zu produzieren, dass alle Wünsche und Bedürfnisse ihrer Mitglieder befriedigt werden können."[4] Im führenden deutschen Lehrbuch zur Betriebswirtschaftslehre, dem „Wöhe" steht dazu lapidar: „Die menschlichen Bedürfnisse sind praktisch unbegrenzt."[5]

---

[2] http://www.zeit.de/2005/24/st-zukunftzwei, Die Zeit 9.6.2005
[3] Mankiw/ Taylor 2016, S. ix sprechen von ihrem Buch als dem „weltweit wohl wichtigsten Einführungswerk in die Volkswirtschaftslehre".
[4] Mankiw/ Taylor S.1
[5] Wöhe 2016 S.4

Gerade die Einleitungsseiten von Lehrbüchern sind besonders wichtig für weltanschauliche Fragen, denn dort werden die Weichen dafür gestellt, was behandelt wird und was nicht. Die Ökonomie-Lehrbücher unterscheiden, anders als etwa Mahatma Gandhi, nicht zwischen Bedürfnissen und Gier, nicht zwischen Luxuskonsum oder Brotkauf. Alles ist gleich gut und wichtig. So lesen wir bei Mankiw/ Taylor: „Sie [die Gesellschaft] muss darüber entscheiden, wer Kaviar isst und wer Kartoffeln, wer Porsche fährt und wer den Bus nimmt."[6] Es geht also nicht darum, ob oder in welcher Höhe Luxuskonsum stattfindet, sondern nur noch darum, wie man damit umgeht. Durch die Hintertür werden hier bereits deutliche moralische Wertungen eingeführt: Der Kauf von Luxusgütern ist ebenso legitim wie der von lebenswichtigen Gütern. Jegliche in Geld ausgedrückte, auf den Märkten erscheinende Nachfrage muss berücksichtigt werden. Das sind wichtige moralische Botschaften gleich zu Beginn der Bücher.

Die Frage - Wieviel ist genug? - wird praktisch nie gestellt. Die Frage - Wieviel Wirtschaftswachstum verträgt die Umwelt? – wird in der Mainstream-Ökonomie normalerweise nicht gestellt oder in wenigen Sätzen bagatellisiert. Dadurch wird eine bestimmte Analyserichtung vorgegeben, andere Fragestellungen werden von vorneherein unausgesprochen ausgeschlossen. Gier und Unersättlichkeit werden bereits durch die ersten Sätze der Ökonomie-Lehrbücher als ganz normal dargestellt, nicht hinterfragt und damit moralisch legitimiert. Bescheidenheit, Verzicht, Genügsamkeit und Selbstbeschränkung, alte religiöse Tugenden, werden von vorneherein verworfen. Und es ist ja bekannt, dass Mephisto religiöse Tugenden nicht leiden kann.

---

[6] Mankiw/ Taylor S.1

2) Zinseszins ist gut, richtig und wichtig

In einem der am meisten verwendeten US-amerikanischen Lehrbücher über Unternehmensfinanzierung heißt es gleich zu Beginn: „Ein Dollar heute ist mehr wert als ein Dollar morgen […]. Das ist das erste Grundprinzip von Finanzierung."[7] In der Tat bauen nicht nur alle Lehrbücher zu Investition und Finanzierung, sondern alle Ökonomie-Lehrbücher implizit oder explizit auf dem Prinzip von Zins und Zinseszins auf. „Zinseszins ist gut, richtig und wichtig" ist einer der Kardinalsätze der heutigen Ökonomie, ein Glaubenssatz, der nicht hinterfragt wird.

Im Lehrbuch „Grundlagen der Finanzwirtschaft" zeigen die beiden US-Ökonomen Jonathan Berk und Peter de Marzo, dass 1000 Euro, die man zu einem Zinssatz von 10% anlegt, über einen Zeitraum von 20 Jahren durch Zins- und Zinseszins zu 6727 Euro werden. Das entspricht beinahe einer Versiebenfachung des eingesetzten Kapitals.[8]

Nach 20 Jahren hört das Schaubild auf. Das ist kein Zufall. Die beiden Finanzierungsprofessoren der Eliteuniversität Stanford weisen zwar darauf hin, dass die Auswirkungen von exponentiellem Wachstum durch Zinseszins bei längeren Laufzeiten „sehr dramatisch" sein können: Verlängere man den Betrachtungszeitraum auf 75 Jahre, so werden aus den ursprünglichen 1000 Euro

---

[7] Brealey/ Myers 7.th edition 2003, p.14: „A dollar today is worth more than a dollar tomorrow …. This is the first basic principle of finance."
[8] Berk/ DeMarzo 2016, S.115

1,27 Mio. Euro, was mehr als eine Vertausendfachung des ursprünglich angelegten Geldbetrages sei.[9] Nimmt man statt 75 Jahren 500 Jahre, die in etwa seit dem Thesenanschlag von Martin Luther verflossen sind, nimmt man also an, Martin Luther hätte damals 1000 Euro zu 10 % angelegt, so wären aus seinen 1000 Euro bis heute etwa 496.984.196.731.247.000.000.000 Euro geworden, das ist ungefähr 6000 Milliarden Mal das Weltsozialprodukt von 2019 von etwa 85.000 Milliarden US-Dollar. Also hätten die Ururenkel von Luther 6000 Milliarden Mal Anspruch auf die gesamte Wirtschaftsleistung der Erde.

Ein anderes Beispiel: In dem kleinen Ort Mittenwalde, der etwa 30 km südöstlich von Berlin liegt, tauchte 2012 ein Schuldschein auf. Demnach wurden von dem Ort Mittenwalde am 28. Mai 1562 an die Stadt Berlin 400 Gulden zu einem Zinssatz von 6 % verliehen. Die Schulden wurden von der Stadt Berlin mutmaßlich nie zurückgezahlt.[10] Unterstellt man, dass damals ein Gulden einem Euro heute entsprochen hätte (was nicht stimmt: ein Gold-Gulden damals hatte eine unvergleichlich viel höhere Kaufkraft als ein Euro heute), so beträgt der heutige Wert dieses Schuldscheins € 6.617.318.484.100.730 bzw. 6.617 Billionen Euro. Das ist mehr als das 2000-fache der gesamten Wirtschaftsleistung von Deutschland heute. Die Stadt Berlin wird diesen Schuldschein also nie begleichen können. Diese Rechnung kann gut illustrieren, wie absurd der Glaube der meisten Ökonomen an die Zinseszinsrechnung über längere Zeiträume ist. Es ist ein Glaube, der aller Realität entbehrt.

---

[9] Berk/ DeMarzo 2016, S.116
[10] Vgl. Süddeutsche Zeitung vom 20.7.2012 https://www.sueddeutsche.de/wirtschaft/schuldenposse-zwischen-mittenwalde-und-berlin-ein-witz-der-sich-nicht-auszahlt-1.1417651

Diese Rechnungen zeigen, wie absurd eine Zinseszinsrechnung mit 6% oder gar mit 10%, wie sie heute den meisten Lehrbüchern zu Grunde liegen, langfristig ist. Trotzdem bauen alle Finanz- und Investitionslehrbücher auf solchen Berechnungen mit Exponentialwachstum auf. Die Zahlenreihen hören meist nach ein oder zwei Jahrzehnten auf. Man hört an dieser Stelle auf zu denken. Würde man logisch konsequent weiterdenken, so könnte man leicht erkennen, dass sich eine solche Rechnung selbst ad absurdum führt. Die Frage ist: Warum bauen trotz der Absurdität dieser Annahme praktisch alle Lehrbücher der Ökonomie gedankenlos auf dem zentralen Grundaxiom Zinseszins und Exponentialwachstum auf? Warum denken die Ökonomen ihre Theorie nicht zu Ende?

In der Natur gibt es kein endloses Exponentialwachstum. Biologische Wachstumsprozesse verlaufen in den Frühphasen normalerweise exponentiell, danach geht das Wachstum harmonisch in Stagnation über. Beispielsweise wachsen die Keime von Bäumen oder Blumen anfangs sprunghaft, exponentiell, aber, wie ein Sprichwort schon sagt, wachsen Bäume nicht in den Himmel, sondern stellen ihr Wachstum ab einem bestimmten Zeitpunkt weisheitsvoll ein. Auch Tiere und Menschen wachsen in der Anfangsphase exponentiell und stellen dann ihr Wachstum harmonisch ein. Falls biologisches Wachstum nicht natürlich oder harmonisch eingestellt wird, endet es durch Krankheit oder Tod.

So wachsen Bakterien und Viren im Körper vor Ausbruch der Krankheit exponentiell. Wenn sie eine gewisse Masse erreicht haben, bricht die Krankheit offen aus, die sich davor durch ungehemmte Wachstumsprozesse verdeckt vorbereitet hat. Ähnlich sieht das der Arzt und langjährige Chef von Goldman Sachs Deutschland, Alexander Dibelius: „Eine Bakterienkultur kann nur für eine gewisse Zeit exponentiell wachsen, aber irgendwann reicht der Nährstoff nicht mehr und sie bricht zusammen."[11] Der Fokus des Investmentbankers liegt aber naheliegenderweise mehr darauf, wie man den Nährboden so lange wie möglich ausnutzen kann und wie man dann auf neuen Nährboden übergeht und das Spiel von vorne beginnt.

Ähnlich ist es bei Krebs, der sich lange vor dem offenen Ausbruch der Krankheit durch ungehemmtes Wachstum vorbereitet. Bei Krebs im Endstadium versucht man verzweifelt, durch Operationen, Bestrahlung oder Giftzufuhr das Wachstum zu hemmen. Dann ist es aber meistens zu spät. Nicht nur in der Biologie, sondern auch im Wirtschaftsorganismus rufen ungehemmte exponentielle Wachstumsprozesse Krankheit in Form von krebsartigen Wucherungen hervor, die zu schlimmen ökonomischen Bereinigungsprozessen führen. Darauf wird im nächsten Kapitel eingegangen.

Mephisto hat jedenfalls seine Freude am unbegrenzten Zins und Zinseszins, haben doch praktisch alle Weltreligionen Zinsnehmen immer verboten. So sagte Martin Luther 1540 in seiner Vermahnung an die Pfarrherren, wider den Wucher zu predigen: „Aber die grossen weltfresser, die nicht gnug konnen auffs hundert nehmen, den kan mans nicht zu hart machen. Denn die haben sich dem Mammon und dem teufel ergeben".[12]

---

[11] Zitiert nach Berger 2009, S. 13.
[12] Luther WA 51 S. 369

3) Eigentum in beliebiger Höhe ist gut, richtig und wichtig

Die dritte zentrale Grundannahme in der heutigen Ökonomie lautet: Unbegrenztes Privateigentum ist gut, richtig, wichtig und unbedingt schützenswert. So heißt es in dem führenden Lehrbuch zur Volkswirtschaftslehre, dass Märkte „nur dann richtig funktionieren, wenn die Eigentumsrechte durchgesetzt werden."[13] Dabei wird vorausgesetzt, dass die Eigentumsrechte klar definiert sind.[14] Dieses Axiom der unlimitierten Eigentumsanhäufung steht im Zentrum unserer Eigentumsordnung bzw. der Property-Rights-Theorie.

Im Normalfall unterscheiden die Ökonomen dabei nicht, in welcher Höhe Eigentum vorliegt. Ob es sich um die Zahnbürste oder ein Aktienpaket im Wert von 10 Milliarden Dollar handelt, spielt keine Rolle: Eigentumsrechte sind wichtig und müssen, egal in welcher Höhe, durchgesetzt werden, sonst funktionieren die Märkte nicht. Die gängigen Wirtschaftstheorien unterscheiden in der Regel auch nicht, ob der Eigentümer sich persönlich mit dem Besitz verbindet, aktiv mit dem Vermögen arbeitet oder ob das Kapital passiv anonyme Erträge erwirtschaftet. Eigentum ist Eigentum und muss geschützt werden.

Dabei macht es einen großen Unterschied, ob der Besitzer mit seinem Eigentum persönlich verbunden ist, aktiv damit arbeitet oder ob das Eigentum anonym für Erträgnisse eines passiven Ei-

---

[13] Mankiw/ Taylor 2016, S.8
[14] Beispielsweise in dem wichtigen Coase-Theorem.

gentümers sorgt. Der Eigentümer-Geschäftsführer eines mittelständischen Unternehmens geht ganz anders mit seinen Mitarbeitern und seinen Produkten um als der Vorstand eines gewinngetriebenen börsennotierten Aktienunternehmens. Der Landwirt, der sein Land und seine Geräte verwendet, verbindet sich mit seinem Boden, den Beschäftigten und den Tieren völlig anders als ein Investor, der aus einer Großanlage in einem Agrar-Fonds Millionenerträge bezieht, häufig ohne überhaupt zu wissen, welche Grundstücke von seinem Vermögen gekauft wurden. Es macht gesellschaftlich einen großen Unterschied, ob der Arzt mit seinen Spezialgeräten, der Handwerker mit seinen Werkzeugen arbeitet, oder ob ein Großanleger aus seinem Kapital Millionenbeträge bezieht, häufig ohne zu wissen, wo das Kapital eingesetzt ist und woher die Erträge daraus stammen.[15]

Die gängige Ökonomie unterscheidet hier nicht. Kapital ist Kapital, Eigentum ist Eigentum, Gerät ist Gerät, Werkzeug ist Werkzeug, unabhängig von der Höhe und der Herkunft ist alles gleich wichtig und schützenswert. Sämtliche Eigentumsrechte müssen unterschiedslos durchgesetzt werden. Auch unlimitiert hohe Vermögen sind kein Problem. Ob jemand 10.000 Euro, eine Milliarde oder 100 Milliarden Euro besitzt, spielt keine Rolle, das ist alles völlig in Ordnung und gut. Diese undifferenzierte Pauschalierung ist ein gefährlicher Denkfehler mit unheilsamen und folgenschweren ökonomischen und sozialen Auswirkungen, wie im Folgenden gezeigt werden soll. Mephisto reibt sich die Hände: Der unlimitierten Gier und Vermögensanhäufung werden keinerlei Schranken gesetzt. Die Ökonomen predigen ständig „mehr ist

---

[15] Die assets under management, also durch professionelle Anleger fremdverwaltete Vermögen, beliefen sich 2015 weltweit auf 168.000 Milliarden US-Dollar, das ist mehr als das Doppelte des Weltsozialproduktes. Die Eigentümer dieser Vermögen kennen häufig nicht die Objekte, in die die Gelder investiert sind. BCG 2015

besser". Aussagen aus dem Neuen Testament, wie „Sammelt keine irdischen Schätze" oder „Verkaufe deine Güter und schenke den Erlös den Armen", die Mephistopheles ein Gräuel sind, kommen im Denkgebäude der gängigen Ökonomielehre nicht vor.

4) Gewinnmaximierung von Unternehmen

Das Hauptziel von Unternehmen, das in der Betriebswirtschaftslehre unterrichtet wird, ist Gewinnmaximierung. Den Studierenden der Betriebswirtschaftslehre ist spätestens nach der Einführungswoche klar: „Gewinnmaximierung ist das höchste Ziel auf Erden."[16] Dass Unternehmen ihre Gewinne nicht nur maximieren können, sondern maximieren sollen, wird in praktisch allen Lehrbüchern der Ökonomie vorausgesetzt. Es wird also nicht nur zu Analysezwecken unterstellt, Unternehmen verhielten sich so, als ob sie ihre Gewinne maximierten, sondern dieses Ziel wird ausdrücklich propagiert. Das heißt, die Wirtschaftswissenschaften stehen hier nicht auf analytischem, beschreibendem oder erklärendem Boden, sondern auf ethischem. Es wird unterrichtet, was getan werden <u>soll</u>. Damit betritt man ethischen Boden.

Im meistverbreiteten, etwa 1,5 Millionen Mal verkauften deutschen BWL-Lehrbuch[17], dem „Wöhe", steht: „Für die traditionelle Betriebswirtschaftslehre ist das Prinzip langfristiger Gewinnmaximierung das oberste Formalziel, an dem betriebswirtschaftliche Entscheidungen ausgerichtet werden. (…) Das Gewinnstreben ist

---

[16] Siebenbrock (2013), S. 17
[17] Im Wöhe-Portal heißt es: „Der 'Wöhe' ist mit über 1,5 Millionen verkauften Exemplaren das führende Standardwerk der Betriebswirtschaftslehre." http://www.woehe-portal.de/, abgerufen am 5.1.2018.

die Triebfeder unternehmerischen Handelns."[18] Dass das Gewinnstreben völlig legitim ist, wird so begründet: „Im marktwirtschaftlichen Wettbewerb ist der Gewinn eine Vorzugsprämie für Vorzugsleistungen".[19] Hohe Gewinne machen ist also etwas ganz Vorzügliches.

Dabei gilt die Devise: Die Gewinnhöhe ist unbegrenzt, je höher die Gewinne, desto besser. Das Prinzip der Gewinnmaximierung zieht sich als Fundamentalwahrheit wie selbstverständlich als zentrale Grundannahme durch praktisch sämtliche Lehrbücher der Betriebswirtschaftslehre.[20] Auch die Lehrbücher der Volkswirtschaftslehre gehen davon aus, dass Unternehmen ihre Gewinne maximieren sollen.[21] Die Zunft der Ökonomen hat sich voll und ganz dem Glaubenssatz von Milton Friedman angeschlossen: „Die gesellschaftliche Verantwortung von Unternehmen ist es, die Gewinne zu erhöhen".[22]

Martin Luther brachte bereits 1524 den Glaubenssatz der Gewinnmaximierung und ihre Auswirkungen gut auf den Punkt: „Erstlich haben die Kaufleut unter sich ein gemeine Regel, das ist ihr Hauptspruch und Grund aller Finanzen, dass sie sagen: Ich mag meine Waar so theur geben, als ich kann. Das halten sie fur ein Recht. Das ist dem Geiz Raum gemacht, und der Höllen Thur

---

[18] Wöhe 2016, S. 34 und S. 37, Hervorhebungen im Original.
[19] Wöhe S.37, Hervorhebung im Original
[20] Brealey/ Myers p.22: "Maximizing profits"
[21] Das steht in praktisch allen VWL-Lehrbüchern, vgl. Mankiw 2016, S.S.205: „Ökonomen legen ihren Analysen die Annahme zugrunde, dass das Ziel eines Unternehmens ist, seinen Gewinn zu maximieren" oder Arnold 2016, S.61
[22] Friedman 1970: „There is one and only one social responsibility of business – to use its resources and engage in activities designed to increase its profits so long as it stays within the rules of the game, which is to say, engages in open and free competition without deception or fraud."

und Fenster alle aufgethan. Was ist das anders gesagt, denn so viel: Ich frage nichts nach meinem Nähisten (Nächsten), hätte ich nur meinen Gewinn und Geiz voll; was gehet michs an, dass es zehen Schaden meinem Nähisten thät auf einmal?"[23]

Welche fatalen, menschenverachtenden und gesellschaftsschädigenden Auswirkungen das Axiom der Gewinnmaximierung hat, wird weiter unten ausgeführt.[24]

5) Konsumenten sind rationale, durch Eigeninteresse gesteuerte Nutzenmaximierer (homo oeconomicus)

Die zentralen Grundannahmen der Wirtschaftswissenschaften für das Verhalten der Nachfrager lauten: „Konsumenten sind [...] rational, [...] konsumieren lieber mehr als weniger, [...] streben nach Nutzenmaximierung, [...] werden von Eigeninteressen gesteuert und berücksichtigen nicht den Nutzen anderer".[25]

Diese Annahmen gehen stark auf die Weltanschauung des Utilitarismus zurück. Die Lehrbücher unterstellen dabei, dass die Bedürfnisse der Konsumenten unendlich groß, das heißt unbegrenzt

---

[23] Martin Luther, Von Kaufshandlung und Wucher 1524, WA 15
[24] Ausführlich dazu nachzulesen in Kreiß/ Siebenbrock 2019
[25] Mankiw 2016 S.136. Bei Wöhe S.41 heißt es: „Die Wirtschaftswissenschaften untersuchen menschliches Handeln unter dem Aspekt der Güterknappheit und des Strebens nach Nutzenmaximierung." Die Rationalität der Konsumenten wird bei Mankiw später (S.171) aufgrund verhaltensökonomischer Erkenntnisse relativiert zu „begrenzter Rationalität". Aber damit wird die Rationalität als Grundgedanke nur zementiert.

und daher de facto unerfüllbar sind – siehe oben die Unersättlichkeitsannahme. Also auch hier findet sich die - meist implizite – nicht problematisierte Annahme, dass die unbegrenzte Anhäufung von Dingen gut und richtig und eine maximale Inanspruchnahme von Dienstleistungen der Normalfall ist. In der Volkswirtschaftslehre wird zwar im Rahmen der Haushaltstheorie abnehmender Grenznutzen angenommen, das heißt, dass mit zunehmender Menge eines bestimmten Gutes der Nutzen sinkt. Weil aber die Gesamtmenge der Güter und Dienstleistungen praktisch unbegrenzt und die Bedürfnisse der Konsumenten unendlich sind, lautet die Botschaft der Ökonomielehrbücher letztlich: Konsumenten sind unersättlich und wollen daher auch unbegrenztes Wirtschaftswachstum und unbegrenzte Anhäufung von Dingen. Und die Marktwirtschaft ist dazu da, diese grenzenlosen Bedürfnisse so gut wie möglich zu befriedigen.

Martin Luther schildert den Geist, der hinter dieser Denkweise steht, treffend: „Es ist mancher, der meint, er habe Gott und alles genug, wenn er Geld und Gut hat, verlässt und brüstet sich darauf so steif und sicher, dass er auf niemand etwas gibt. Siehe, dieser hat auch einen Gott, der heißt Mammon, das ist Geld und Gut, darauf er all sein Herz setzt, welches auch der allergewöhnlichste Abgott ist auf Erden."[26]

---

[26] Martin Luther, Großer Katechismus WA 30I

6) Konkurrenz statt Kooperation, gegeneinander statt miteinander

In den Lehrbüchern der Ökonomie wird grundsätzlich unterstellt, dass auf den Märkten Wettbewerb und Konkurrenz herrschen und dass das auch gut so ist. Implizit ruht das Weltbild auf der Idee des survival of the fittest, dass sich die Starken und Erfolgreichen durchsetzen und auch durchsetzen sollen. Das gilt nicht nur für die Gütermärkte, sondern auch für den Menschenmarkt: man spricht beispielsweise von der battle for talents, der Schlacht um talentierte Menschen als Arbeitskräften. Dass man eine Ökonomie auch auf Kooperation statt Konkurrenz, auf Miteinander und Rücksicht statt Gegeneinander und Wettbewerb aufbauen könnte, wird normalerweise nicht thematisiert. Das ist gar keine Frage, die sich Ökonomen stellt. Genossenschaften und Stiftungen werden selten erwähnt, eher als Kuriosität und große Ausnahme angesehen. Wenn Kooperationen besprochen werden, dann in Form von Kartellen oder Monopolen, die – zu Recht – als schlecht angesehen und verhindert werden müssen. Mephisto ist kein Freund von Kooperation und Frieden, er hat auch nichts gegen Krieg, Hauptsache man zieht aus allem seinen Vorteil. So heißt es im zweiten Teil des Faust: „FAUST: Schon wieder Krieg! der Kluge hört's nicht gern. MEPHISTOPHELES: Krieg oder Frieden. Klug ist das Bemühen, zu seinem Vorteil etwas auszuziehen."

7) Die unsichtbare Hand des Marktes macht alles gut

„Der Teufel ist ein Egoist und tut nicht leicht um Gottes willen,
was einem andern nützlich ist"
(Faust, in: Faust, Teil 1, Studierzimmer)

Alle sechs aufgezählten Grundannahmen der Ökonomen kann man auf einen gemeinsamen Nenner bringen: Egoismus. Unersättlichkeit, unbegrenzte Eigentumsanhäufung, unbegrenzte Zinsanhäufung, maximales Gewinnstreben, maximales Eigeninteresse, Gegeneinander statt Miteinander: sie alle dienen einem einzigen Oberziel: einem grenzenlosen Egoismus. Nun ist es – trotz aller gegenteiligen Anstrengungen der Ökonomen – einem großen Teil der Mitmenschen heute immer noch suspekt, einfach ungehemmt Egoismus gutzuheißen. Viele Menschen sträuben sich intuitiv gegen den Gedanken, Egoismus einfach gut zu finden. Daher benötigen die ökonomischen Theorien heute noch einen Trick, um die Menschen auf ihre Seite zu bekommen. Die große Lehre von der Legitimation des Egoismus lautet daher: die unsichtbare Hand des Marktes dreht allen Egoismus in Altruismus um, auch wenn die Leute das gar nicht wollen, nicht wissen und nicht beabsichtigen. Das Böse wird von unsichtbarer Hand ins Gute umgewandelt. Also ist das Böse durchaus nützlich. Das Böse wird legitimiert, also dürfen Ökonomen das Böse propagieren.

„Ich bin ein Teil von jener Macht, die stets das Böse will und stets das Gute schafft", sagt Mephisto, um sich selbst zu charakterisieren (Faust Teil 1, Studierzimmer). Er behauptet von sich selbst also genau das Gleiche, was die Ökonomen sagen. Allerdings muss man sich über den Kontext im Klaren sein. Goethe legt dieses Wort Mephisto in den Mund, um ihn sich vor Faust gut darstellen zu lassen. Das heißt nicht, dass Mephisto an dieser Stelle die Wahrheit spricht. Im Gegenteil. Mephisto, der Lügengeist, lügt hier, um sich bei Faust einzuschmeicheln. Die Macht des Bösen schafft selbstverständlich nicht das Gute, sondern genau das Gegenteil, das zeigt Goethe ja auch eindrucksvoll im Faust.

Im führenden VWL-Lehrbuch von Mankiw und Taylor heißt es zur magischen Verwandlung des Bösen in Gutes: „Und dennoch, trotz dezentralisierter Entscheidungsfindung und durch **Eigeninteressen** geleiteter Entscheidungsträger haben sich Marktwirtschaften als bemerkenswert erfolgreich bei der Aufgabe erwiesen, Volkswirtschaften zu organisieren und zugleich die **soziale Wohlfahrt zu fördern.**"[27] Mankiw/ Taylor zitieren dazu eine berühmte Stelle von Adam Smith (1776), die mantraartig von fast allen Ökonomie-Lehrbüchern dazu verwendet wird, das Predigen von Egoismus zu legitimieren: „Nicht vom Wohlwollen des Fleischers, Brauers oder Bäckers erwarten wir unsere Mahlzeit, sondern von ihrer Bedachtnahme auf ihr eigenes Interesse. […] Allerdings ist es in der Regel weder sein Streben, das allgemeine Wohl zu fördern, noch weiß er es auch, wie sehr er dieselbe befördert. (…) (Er) **beabsichtigt** (…) lediglich seinen **eigenen Gewinn,**

---

[27] Mankiw, Taylor 2016, S. 8, Hervorhebungen nicht im Original. Selbst aller technische Fortschritt wird von VWL-Lehrbüchern abstruserweise auf die Gewinnmaximierung zurückgeführt. So heißt es bei Arnold 2016 S.51: „Technischer Fortschritt ist das Produkt zielgerichteter F&E-Projekte Gewinn suchender Unternehmen."

und wird in diesem wie in vielen andern Fällen von einer **unsicht-baren Hand** geleitet, dass er einen Zweck befördern muss, den er sich in keiner Weise vorgesetzt hatte."[28]

Ich erinnere mich noch gut, wie erleichtert und froh ich war, als ich im Alter von 19 Jahren in Adam Smiths Wealth of Nations las, dass es nicht vom Altruismus des Metzgers, Bäckers oder Brauers abhängt, wenn wir unsere Lebensmittel von ihnen bekommen, sondern von deren Eigeninteresse.[29] Ich dachte mir damals: Endlich jemand, der ehrlich ist, der die Menschen nicht dauernd verbessern will, sondern sie so nimmt, wie sie nun mal sind, mit allem Egoismus, der einfach da ist und zum Menschen dazugehört.

Man hätte nun aus dieser Beobachtung bzw. Erkenntnis von Adam Smith ableiten können: Im Menschen stecken gute und schlechte Seiten, Altruismus und Egoismus. Wirtschaft funktio-

---

[28] Mankiw, Taylor 2016, S.9, Hervorhebungen CK. Ganz ähnlich argumentiert das führende deutsche BWL-Lehrbuch Wöhe 2016 S.3: „Die von **Adam Smith** entdeckte **unsichtbare Hand** des marktwirtschaftlichen Wettbewerbs sorgt für **bestmögliche Befriedigung der Stakeholderinteressen.**" [28] „**Gewinnstreben** der Leistungsanbieter **gepaart mit marktwirtschaftlichem Wettbewerb** führt zu effizienter, d.h. bedarfsgerechter und kostenoptimaler Befriedigung der Nachfragerwünsche. Zum geistigen Vater der Marktwirtschaft wurde Adam Smith [...]. Er sprach von der ‚unsichtbaren Hand', die den einzelnen Leistungsanbieter dazu bringt, einen Zweck zu erfüllen, der nicht in seiner (Gewinn)-Absicht liegt." Hervorhebungen im Original.
[29] Die Textstelle lautet im Original (S.19): „It is not from the benevolence of the butcher, the brewer, or the baker that we expect our dinner, but from their regard to their own interest. We address ourselves, not to their humanity, but to their self-love, and never talk to them of our own necessities, but of their advantages." https://eet.pixel-online.org/files/etranslation/original/The%20Wealth%20of%20Nations.pdf

niert offenbar angesichts der damals herrschenden strengen Moralvorstellungen, Gesetze und teilweise drakonischen Strafen trotz der Schattenseiten des Menschen, trotz seines Egoismus. Die menschlichen Schattenseiten werden anscheinend genügend in Schach gehalten durch die bestehenden Ethik- und Moralvorstellungen und die Gesetze.

Doch die moralische Einbettung wirtschaftlichen Handelns ließ man, beginnend mit Adam Smith, im Laufe der Zeit immer mehr unter den Tisch fallen, beispielsweise die Ethik eines ordentlichen Kaufmannes oder Handwerkers, der sich wie selbstverständlich an die Zunftregeln hält. Wie soll aber ein effizienter, freier Kauf beim Bäcker, Metzger und Brauer funktionieren, wenn beispielsweise alle Ganoven sind, sowohl die Verkäufer wie die Käufer? Wie soll eine freie, effiziente, extrem arbeitsteilige Ökonomie funktionieren, wenn überall Betrug, Erpressung, Drohung, Waffengewalt, Mord und Kriminalität herrschen? Das dark net und bitcoin werden kaum eine florierende, arbeitsteilige Ökonomie organisieren können.

Stattdessen wurde aber aus den Smithschen Ausführungen der Schluss abgeleitet, die Wirtschaft funktioniere wegen der Schattenseiten des Menschen, wegen seines Egoismus und nur wegen des Egoismus. Dieser Schluss ist in meinen Augen ein radikaler Fehlschluss. Die Aussagen von Adam Smith wurden im Laufe der Zeit durch die Ökonomen immer mehr dazu missbraucht, nun Egoismus einfach gutzuheißen und zu fördern, wie es in den heutigen Wirtschaftswissenschaften geschieht. Wir haben den Kardinalfehler begangen, ein Laster gutzuheißen. Wir begehen bis heute den gigantischen Trugschluss, das Wirtschaftssystem funktioniere wegen des Lasters statt trotz des Lasters Egoismus. Durch diesen logischen Purzelbaum wurde die moderne Ökonomie auf eine völlig schiefe Ebene gebracht. Denn es macht einen gewaltigen Unterschied, ob man sagt, ein System funktioniert, <u>weil</u> die Menschen egoistisch sind oder <u>obwohl</u> die Menschen egoistisch sind.

Adam Smith führte den Begriff der unsichtbaren Hand bereits über ein Jahrzehnt davor in seinem 1759 erschienenen moralphilosophischen Buch The Theory of Moral Sentiments ein. Dort heißt es, ein reicher Landlord habe auch keinen größeren Magen als der arme Häusler. Deshalb müsse er trotz seiner „natürlichen Selbstsucht und Gier" den Rest, den er nicht selbst essen könne, unter den Armen verteilen, ob er wolle oder nicht, da die Reichen nur „wenig mehr" konsumierten als die Armen.[30] Durch eine unsichtbare Hand geleitet, teilten die Reichen daher die Notwendigkeiten des Lebens ungefähr so, „wie wenn die Erde in gleichen Teilen über ihre Einwohner verteilt wäre", ohne dass sie es beabsichtigten und ohne dass sie es wüssten.[31] In Bezug auf das wahre Glück seien die Armen daher in keiner Weise denjenigen, die hoch über ihnen zu stehen scheinen, unterlegen.

Da stellt sich mir heute die Frage: In welcher Welt lebte der lebenslängliche Junggeselle und „zerstreute Professor" Adam Smith eigentlich? Kannte er nicht das damalige weit verbreitete tragische Bauernlegen durch die Einhegungen der Landbesitzer,

---

[30] Smith 1759, S.165 „The capacity of his stomach bears no proportion to the immensity of his desires, and will receive no more than that oft he meanest peasant. The rest he is obliged to distribute". https://www.ibiblio.org/ml/libri/s/SmithA_MoralSentiments_p.pdf
[31] Smith 1759, S.165 wörtlich: „They are led by an invisible hand make nearly the same distribution oft he necessities of life, which would have been made, had the earth been divided into equal portions among all ist inhabitants, and thus, without intending it, without knowing it, advance the interest oft he society".

um ihre Gewinne zu erhöhen? Die Hungersnöte und Vertreibungen zu seiner Zeit? Dass ganze Dorfgemeinschaften nach Australien und Nordamerika zwangsdeportiert oder zur Emigration gezwungen wurden? Geschichten wie Prinz und Bettelknabe von Mark Twain schildern beeindruckend die Zustände in London im 16. Jahrhundert. Wollte oder konnte Adam Smith das nicht sehen? Wie schön kann man sich die Welt ideologisch eigentlich färben?

Die beiden führenden Ökonomen Mankiw und Taylor berufen sich in dem moralischen Kernteil ihrer Theorie exakt auf dieses vollkommen weltferne, geradezu menschenverachtende, irreale Theorem von Adam Smith. Sie wollen durch ihr Buch „Grundzüge der Volkswirtschaftslehre" gerade „verständlich machen, wie die unsichtbare Hand ihren Zauber entfaltet"[32] und so egoistisches Marktverhalten moralisch legitimieren. Die beiden rationalen Ökonomen bemühen also an dieser Schlüsselstelle nicht nur Unsichtbares, sondern sogar Zauberei. Ähnliche Aussagen finden sich in den meisten Ökonomie-Lehrbüchern und, auch wenn es in manchen Lehrbüchern nicht explizit geschrieben steht, ruht doch das ganze Gedankengebäude der heutigen Ökonomie auf diesem Egoismus legitimierenden weltfernen Kerngedanken. Das ganze Gedankengebäude der Ökonomen ruht auf einem streng moralischen Dogma, das an Irrealität, Blindheit und Mangel an gesundem Menschenverstand kaum zu überbieten ist.

Umgekehrt wird von dem wichtigsten Begründer der neueren Ökonomie, dem Nobelpreisträger Milton Friedman, gutes, soziales Verhalten von Managern verteufelt: Unternehmenslenker, die einem sozialen Gewissen folgen, für Langzeitarbeitslose Beschäf-

---

[32] Mankiw, Taylor 2016 S. 9.

tigung schaffen, Diskriminierung verringern, Umweltverschmutzung vermeiden, missbrauchen ihre Macht, sind Heuchler, die anderer Leute Geld verschleudern, Betrüger, missachten die Demokratie und untergraben die Grundlagen einer freien Gesellschaft.[33] Kurz: Manager, die Gutes tun, sind böse. Die Gedanken von Milton Friedman sind noch heute absolut wegweisend für die gesamte Ökonomie.

Also: Wer Soziales, Verantwortungsvolles, Gutes will, schafft Schlimmes oder Böses und diejenigen am Marktgeschehen beteiligten Akteure, die ausschließlich ihre egoistischen Eigeninteressen verfolgen, fördern gerade dadurch die soziale Wohlfahrt, obwohl sie das gar nicht beabsichtigt haben. Dieser Schlüsselgedanke ist wirklich grandios in seiner mephistophelischen Verdrehungskunst. Dadurch wird aller Egoismus in Altruismus überführt. Dadurch wird aller Egoismus im Wirtschaftsleben legitimiert. Dadurch kann man ruhig guten Gewissens Egoismus predigen. Konsequent zu Ende gedacht folgt aus diesem zutiefst mephistophelischen Gedanken logisch zwingend: Man *darf* nicht nur, sondern man *muss* geradezu Egoismus predigen und fördern.

Im führenden deutschen Buch zur Wirtschaftsethik wird konsequenterweise genau dieser Schluss gezogen. Lütge und Uhl

---

[33] Vgl. Friedman 1970. Er spricht bei gesellschaftlich verantwortlichem Handeln von Managern von „hypocritical window-dressing because it harms the foundation of a free society", von „fraud" (Betrug), von „nonsense (that) ... does clearly harm the foundations of a free society" und von Schizophrenie: „I have been impressed time and again by the schizophrenic character of many businessmen", und gar von einem „suicidal impulse", einem selbstmörderischen Impuls.

scheuen sich in ihrem 2018 erschienen Buch „Wirtschaftsethik"
nicht, das Hohelied auf den Eigennutz zu singen:

„**Man kann das Eigeninteresse – innerhalb der geeigneten
Rahmenordnung – gewissermaßen als eine „moderne Form der
Nächstenliebe" begreifen [...]. Es gilt also nicht mehr der traditionelle Gegensatz zwischen gutem, altruistischen Verhalten
und schlechtem Egoismus."**[34]

Es lohnt sich, auf diese Aussagen ganz genau einzugehen. *Eigeninteresse* ist eine *moderne Form der Nächstenliebe*. Das Wort
„Nächstenliebe" ist eine Anspielung auf das Neue Testament, die
Autoren sagen dadurch: **Jesus würde heute also Eigenliebe predigen.** Damit sind wir am moralischen Kern angelangt. Das Neue
Testament wird in einer seiner Kernaussagen ins Gegenteil ge-
wendet. Das Christentum wird in sein Gegenteil verkehrt. Das gilt
aber nicht nur für das Christentum. Auch praktisch alle anderen
Religionen bauen auf der Überwindung des Egoismus auf, insbesondere Buddhismus und Islam, aber auch Judentum oder Scha-
manismus. Die zentralen Aussagen der modernen Ökonomie sind
also in ihrem Kern nicht nur antireligiös, sondern religionszerstö-
rend. Denn wenn die Kerntugenden der Religionen zerstört werden, ist das ein Frontalangriff auf die Religion schlechthin.

Das zeigt auch der andere Schlüsselsatz im Buch „Wirtschaftsethik": **Es gibt keinen Gegensatz zwischen gutem, altruisti-
schem Verhalten und schlechtem Egoismus.**

---

[34] Lütge/ Uhl 2018, S.33

Ein Kerngedanke der Religionen ist die Unterscheidung zwischen Gut und Böse, wobei praktisch immer Altruismus mit Gutem, Egoismus mit Bösem verbunden ist. Die Aufhebung dieses Gegensatzes bedeutet die Aufhebung und Verdrehung jeglicher Ethik und Moral in ihr Gegenteil. Das gilt aber nicht nur für die beiden Wirtschaftsethiker oder Philosophen Lütge und Uhl. Sie ziehen lediglich ehrlich die logische Konsequenz aus dem ökonomischen Lehrgebäude. Der lange Zeit wohl bekannteste deutsche Ökonom Hans-Werner Sinn sagte ganz Ähnliches: „Die Wirtschaft ist keine ethische Veranstaltung. Wer sich ihr mit moralischen Ansprüchen nähert, hat die Funktionsweise der Marktwirtschaft nicht verstanden."[35]

Das Lehrsystem der heutigen Ökonomie läuft, logisch konsequent zu Ende gedacht, darauf hinaus, was Lütge und Uhl ehrlich auf den Punkt bringen: Der Gegensatz zwischen gutem Altruismus und schlechtem Egoismus wird aufgehoben und soll aufgehoben werden. Ethik und Moral werden aufgehoben und sollen aufgehoben werden. Das heutige Ökonomie-Gedankensystem, das beinahe an allen Hochschulen weltweit vertreten wird, ist in seinem Kern nicht nur unethisch und unmoralisch, sondern antichristlich bzw. antireligiös und religionsvernichtend, kurz: mephistophelisch.

Der Versuch, das Christentum zu zerstören, indem Altruismus und Egoismus vermengt werden, ist alt. Schon Friedrich Nietz-

---

[35] Sinn 2005, http://www.cesifo-group.de/de/ifoHome/policy/Staff-Comments-in-the-Media/Interviews-in-print-media/Archive/Interviews_2005/medienecho_369009_ifointerview-NeueOsnabrueckerZeitung-19-04-05.html: Interview mit Hans-Werner Sinn, Neue Osnabrücker Zeitung, 19.04.2005

sche sagte, ein Altruist sei auch nur ein Egoist, der eben egoistischen Nutzen daraus ziehe, altruistisch zu handeln. Nietzsche schrieb ja nicht ohne Absicht seinen „Antichrist – Fluch auf das Christentum". Er wollte das Christentum, so wie er es verstand, zerstören. Einer seiner brillanten Schachzüge dazu war, die Moralvorstellungen aufzuheben: Altruismus und Egoismus zu nivellieren, den Unterschied auszulöschen. Ihm war klar: Wenn erst dieser Kern der religiösen Moral ausgehebelt ist, dann fällt auch das Christentum in sich zusammen. Was Nietzsche damals nicht gelang, könnte den heutigen Ökonomen gelingen. Denn sie bauen auf den Moralvorstellungen Nietzsches auf und verbreiten sie implizit tagtäglich vieltausendfach in die Welt.

Auswirkungen der Grundannahmen auf Wirtschaft und Gesellschaft

„Der faustische Handel …

Der Kapitalismus, haben wir argumentiert, gründet auf einem faustischen Handel. Der Teufel der Habgier und des Wuchers wurden von der Leine gelassen, mit der stillschweigenden Annahme, dass sie, nachdem die Menschheit auf ihrer Not und Armut befreit hatten, wieder – und zwar endgültig – von der Bühne abtreten würden. … Doch wie wir aus Märchen und Sagen wissen, erfüllt der Teufel seine Versprechen nur nach ihrem Wortlaut, nicht nach ihrem Geist."

R. und E. Skidelsky[36]

---

[36] Skidelsky 2013, S.99

Nun soll untersucht werden, wie sich die geschilderten Grundannahmen des heutigen Ökonomie-Lehrgebäudes in der Realität auswirken.

Zinseszins ist gut, richtig und wichtig

Zinseszins, Umweltzerstörung und Kurzfristdenken

Das in den Ökonomie-Lehrbüchern zu Grunde gelegte Axiom vom Zinseszins bedeutet, dass, betriebswirtschaftlich gesehen, künftige Ein- und Auszahlungen auf- oder abgezinst werden müssen. Ein Beispiel: Nehmen wir an, ein Atomstrom-Konzern muss Rückstellungen für die Lagerung abgebrannter Brennstäbe für mehrere tausend Jahre bilden. Bei einem Zinssatz von 10% entsprechen

1 Mio. Euro in 10 Jahren heute 385.543 Euro,
1 Mio. Euro in 25 Jahren heute 92.296 Euro,
1 Mio. Euro in 50 Jahren heute 8.519 Euro,
1 Mio. Euro in 75 Jahren heute 786 Euro,
1 Mio. Euro in 100 Jahren heute 73 Euro,
1 Mio. Euro in 150 Jahren heute 56 Cent,
1 Mio. Euro in 200 Jahren heute 1 Cent.

Das heißt: eine Million Euro in 200 Jahren sind bei einem Zinssatz von 10 Prozent pro Jahr unter Berücksichtigung der gängigen betriebswirtschaftlichen Zinseszinsrechnung heute nur einen Cent wert. Mit anderen Worten: Das Lagern von Atommüll ist ab einem bestimmten Zeitpunkt in der Zukunft praktisch kostenlos.

Daher war Atomstrom lange Zeit so billig auf dem stark verzerrten Markt zu haben. Würden die Kosten der Lagerung radioaktiver Abfälle realistisch bewertet, wäre Atomstrom die bei weitem teuerste Stromform überhaupt.[37] Durch das Zinseszins-Denken werden alle künftigen Lasten und Nutzen so stark abgewertet, dass sie bei heutigen Entscheidungen keine nennenswerte Rolle mehr spielen. Die Bedürfnisse unserer Kinder oder gar Enkelkinder zählen nicht.

Das kann man verallgemeinern: Der Schaden, den eine Investition in ferner Zukunft auslöst, ist in der derzeit angewandten betriebswirtschaftlichen Rechnung heute fast nichts wert und wird deshalb bei den Investitionsentscheidungen auch nicht berücksichtigt. Das Gleiche gilt für die Erträge. Entscheidend ist, wie stark sich die Investition innerhalb der nächsten etwa zehn bis zwölf Jahre rentiert. Danach kann die Welt unter Ertragsgesichtspunkten untergehen – die Rentabilität beeinflusst das kaum mehr. Die Unternehmen werden daher in unserem gegenwärtigen Zinseszinssystem gedrängt, vor allem die kurzfristigen Vorteile zu berücksichtigen. Langfristige Schäden spielen bei den Entscheidungen praktisch keine Rolle. „Sie holzen Bäume ab, die über Generationen gewachsen sind, zerstören Böden und Fischbestände für kurzfristigen Ertrag, ruinieren unser Klima und riskieren Endlagerkosten für atomare Abfälle für hunderttausend Jahre. Der Erhalt von Trinkwasserquellen, sauberer Luft, Artenvielfalt, tropischen Regenwäldern und dem klimatischen Gleichgewicht ist nicht rentabel."[38]

---

[37] Vgl. Berger 2006.
[38] Berger 2006, S. 28.

Unternehmen, die gegen diese Spielregeln des Marktes verstoßen, indem sie ethische, langfristige, menschen- und umweltgerechte Investitionen tätigen, haben in der Regel finanzielle Nachteile, verlieren an Unternehmenswert und können dadurch, wenn sie börsennotiert sind, leicht zu Übernahmeobjekten aggressiverer Investoren oder anderer Unternehmen werden. Mit anderen Worten: Ethisch verantwortungsvolles unternehmerisches Handeln wird normalerweise vom Markt bestraft. Appelle an ethisches Verhalten helfen da wenig. Es besteht ein struktureller Anreiz, ja, für börsennotierte Unternehmen – das heißt beinahe alle Großunternehmen der Welt – ein Zwang zu kurzfristig gewinnorientiertem Handeln unter Nichtbeachtung der langfristigen Folgen. Daher kommt das so genannte „Quartalsdenken" vieler US-Konzerne. Damit werden der Ausbeutung der Natur Tür und Tor geöffnet und eine Mentalität des „Nach-uns-die Sintflut" geradezu erzwungen.

Die Rolle des WACC

In diesem Zusammenhang ist besonders wichtig, welchen Zinssatz die Unternehmen zu Grunde legen, wenn sie ihre Investitionsentscheidungen treffen. Je höher der verwendete Zinssatz ist, desto stärker kurzfristorientiert fallen die Entscheidungen aus, desto weniger zählen künftige Generationen, desto stärker ist die Naturausbeutung heute. Die börsennotierten Großunternehmen verwenden dafür normalerweise den WACC (weighted average cost of capital), den durchschnittlichen Kapitalkostensatz. Bei dessen Berechnung werden allerdings nur die zinstragenden Passiva sowie das Eigenkapital berücksichtigt, kostenlos überlassenes Fremdkapital wie Lieferantenverbindlichkeiten oder Rückstellungen werden bei der Berechnung nicht einbezogen. Dadurch wird der Durchschnittszinssatz stark erhöht.

So stellt sich mir die Frage: Warum werden die kostenlosen Verbindlichkeiten einfach aus der Berechnung herausgeworfen, obwohl sie doch in Wirklichkeit den Unternehmen zur Verfügung stehen? Warum oder wozu wird der Zinssatz künstlich hochgerechnet? Die Lehrbücher geben darauf in der Regel keine Antwort. In den meisten Fällen wird nicht einmal die Frage gestellt. Der wahre Grund dafür dürfte folgender sein: Dadurch können die Kapitalrenditen in die Höhe getrieben werden und die Kapitaleigentümer bekommen höhere Gewinne. Für mich ist diese Durchschnittsermittlung eine rein interessengetriebene Vorgehensweise, um einseitig die Kapitalgeber zu begünstigen – zu Lasten der Arbeitnehmer, der Umwelt und unserer Kinder. Die Lehrbücher betreiben hier Interessenpolitik, Lobbyarbeit, betreiben Politik zu Gunsten der Reichen und Mächtigen - und verkaufen es uns als objektive Wissenschaft.

Die fragwürdige moralische Legitimation von Zinsen und Dividenden

Fragt man Ökonomen oder sucht man in Lehrbüchern nach der moralischen Legitimation für Zinsen und Dividenden, erhält man normalerweise die Antwort: Wer anderen Kapital gibt, geht dadurch ein Risiko ein und muss dafür in Form von Dividenden oder Zinsen entschädigt werden. Diese Argumentation hinkt jedoch, ist sehr einseitig und wiederum Propaganda zu Gunsten der Wohlhabenden. Denn ein Arbeitnehmer, der bei einem Unternehmen arbeitet, geht das Risiko ein, entlassen und arbeitslos zu werden. Aber für dieses Risiko fordern die Ökonomen kein Entgelt, sehen keine moralische Legitimation für eine Risikokompensation. Die gängige ökonomische Lehre ist in vielerlei Hinsicht einäugig und vertritt meistens implizit einseitig ideologisch die Interessen der Mächtigen, ohne dies explizit offenzulegen. Sie ist daher auf vielen Gebieten alles andere als eine neutrale, objektive Wissenschaft, sondern ruht auf einseitigen weltanschaulichen Grundannahmen.

Die moralischen Auswirkungen des Zinseszins-Denkens

Das Denken in den Kategorien von Zins und Zinseszins treibt das Wirtschaftswachstum zu Lasten der Umwelt und zu Lasten der Zukunft an. Unternehmen, die Schulden haben, stehen unter Druck zu wachsen, da sie sonst die Zinsen nur schwer bedienen können. Das gleiche gilt für private Haushalte und Regierungen: In dem Maße, in dem sie verschuldet sind, besteht Druck, die Einnahmen zu erhöhen, wenn man nicht seinen Lebensstandard durch die Zinszahlungen senken will. Das heutige Zinseszinssystem beruht also auf einem System des „Mehr und Mehr". Um es am Laufen zu halten, muss auch für eine Mentalität des „Mehr und Mehr" gesorgt werden, eine Mentalität der Gier und Unbescheidenheit. Tausende von Werbebotschaften – jeder Bundesbürger nimmt täglich 3.000 bis 13.000 Werbebotschaften auf – sorgen dafür, diese Mentalität der Gier und Unbescheidenheit hervorzurufen oder zu verstärken. Und von den Lehrkanzeln der Ökonomie wird täglich verkündet, dass wir Konsum- und Wirtschaftswachstum brauchen. Mehr ist besser. Das Dogma des Wirtschaftswachstums ist geradezu ein Credo der Ökonomen. Ich meine das ganz wörtlich. Es ist ein Glaubenssatz, ein Dogma, eine weltanschauliche Grundeinstellung. Es hat nichts mit Wissenschaft zu tun, sondern ausschließlich mit Moralvorstellungen.

Martin Luther bringt gut auf den Punkt, was diese Mentalität auf moralischer Ebene bedeutet. „Und abermal (...) Wilche reich wollen werden, die fallen dem Teufel in den Strick, und in viel unnutze, schädliche Begierde, wilche die Leut versenken ins Verderben und Verdammniss." Luther empfiehlt daher guten Christenmenschen, dass sie „lieber wollten mit Gott arm, denn mit dem Teufel reich sein".[39] Mephisto hat also an denjenigen, die immer mehr haben wollen, die immer reicher werden wollen, seine Freude. Nicht umsonst war avaritia (Geiz, Habgier) eine der sieben Todsünden. Unser derzeitiges Wirtschaftssystem kann ohne das mephistophelische Prinzip der avaritia gar nicht bestehen. Zu erkennen, dass es sich hier um ein Mephisto-Prinzip handelt, das uns Menschen schädigt und uns Menschen schädigen soll, ist wichtig, um im Inneren den Impuls zu finden, es zu ändern.

Zinseszins kombiniert mit unbegrenzter Vermögensanhäufung

Unsichtbare Zahlungsströme: Wer zahlt an wen?

Unser gegenwärtiges Geldsystem verbirgt verschiedene Zahlungsströme, die gewissermaßen unterirdisch, unbewusst in unserem täglichen Wirtschaftsleben stattfinden. Ein bestimmter Teil dieser Zahlungsströme soll daher nun dargestellt werden. Ob wir es wissen oder nicht, ob wir es wollen oder nicht, durch jeden Kaufvorgang werden bestimmte Zahlungsflüsse ausgelöst.

---

[39] Luther, Von Kaufshandlung und Wucher, 1524, WA 15

Erstes Beispiel: Unser täglich Brot

Der Preis eines jeden Produktes, das wir kaufen, enthält Kapital- und Arbeitsanteile. Man kann sich das am Beispiel eines Brotkaufs klarmachen. Um das goldene Korn aus dem Boden hervorzuzaubern, braucht der Landwirt Boden, Kapital und seine Arbeitskraft. Wenn er den Boden pachtet, muss er an den Eigentümer Pacht zahlen. Wenn er das Land mit Kredit gekauft hat, muss er an die Bank Zinsen zahlen, auch wenn diese momentan recht niedrig sind. Wenn der Boden ihm selbst gehört, muss er – das ist für Nicht-Ökonomen anfangs recht unverständlich -, sogenannte kalkulatorische Eigenkapitalkosten dafür ansetzen, denn er könnte sein Land ja verpachten oder verkaufen. Also egal, wem der Boden gehört: Es fallen dafür Kosten an, die in den Produktpreis, das Korn, einfließen. Für sein Betriebskapital, also die eingesetzten Maschinen oder das Saatgut, muss der Landwirt entweder Zinsen zahlen oder, wenn sie mit Eigenkapital finanziert sind, muss er entsprechende Eigenkapitalkosten dafür ansetzen. Auch diese Kosten werden auf das geerntete Getreide umgelegt. So ruht auf jedem geernteten Korn eine bestimmte Summe von Kapitalkosten für Pachten, Zinsen oder Eigenkapital.

Das Korn wandert zur Mühle, dort gilt das Gleiche. Die Mühle steht auf Grund und Boden, für den Kosten anfallen. Die Getreidemühle selbst stellt ein Kapitalgut dar, für das auch Kapitalkosten anfallen. Beim Bäcker passiert das Gleiche. Die Bäckerei steht auf Grund und Boden, benötigt Kapital in Form von Backöfen, Inneneinrichtung, Vorräten usw., wofür wiederum Pacht und Kapitaldienst anfallen.

Leistungslose Einkommen

In der Summe enthält also der Brotpreis einen bestimmten Anteil von Kapitalvergütung. Für jeden Laib Brot, für jedes Brötchen, die wir kaufen, zahlen wir, ob wir wollen oder nicht, ob wir es wissen oder nicht, einen bestimmen Betrag an Geld an die Eigentümer von Boden und Kapital, häufig ohne dass diese Menschen an dem Arbeitsprozess beteiligt sind. Diese Einkünfte bezeichnen die Ökonomen als „Renten", das sind Einnahmen, denen keine Arbeitsleistung gegenübersteht, leistungslose Einkommen, die man einfach dafür erhält, dass man Vermögen besitzt.

Da stellen sich zwei Fragen. Erstens: Wie hoch sind diese Geldströme? Und zweitens: An wen fließen sie?

Nach der Methodik des Sachverständigenrates der deutschen Wirtschaft (die „Fünf Weisen") beträgt die Höhe dieser „Nicht-Arbeits-Einkommenszuflüsse" oder Rentiereinkommen an die Rentiers in Form von Mieten, Pachten, Dividenden, Gewinnentnahmen und Zinsen für die Jahre 2014 bis 2016 546 Mrd. Euro pro Jahr.[40] Das ist sehr viel Geld. Zum Vergleich: Der deutsche Bundesfinanzminister hat 2019 ungefähr 340 Mrd. Euro zur Verfügung, also gut 200 Mrd. Euro weniger. Bezogen auf die Konsumausgaben der privaten Haushalte von etwa 1.680 Mrd. Euro 2016[41] beträgt die Abgabenquote der privaten Haushalte an die Rentiers etwa ein Drittel.

---

[40] Eigene Berechnung: (1-Arbeitseinkommensquote) * Volkseinkommen, Statistisches Jahrbuch 2017, S.328f., Methodik zur Ermittlung der Arbeitseinkommensquote in SVR 2008 S.459
[41] Statistisches Jahrbuch 2017 S.325

Im Durchschnitt beträgt also der Kapitalanteil, den wir mit jedem Produkt- oder Dienstleistungskauf zahlen, etwa ein Drittel des Kaufpreises. Jeder von uns zahlt also täglich Zinsen, Dividenden und Pachten an die Bezieher dieser leistungslosen Einkommen, auch wenn wir keinen Kredit bei der Bank aufgenommen haben und in den eigenen vier Wänden wohnen.

Schaubild Vermögensverteilung in Deutschland[42]

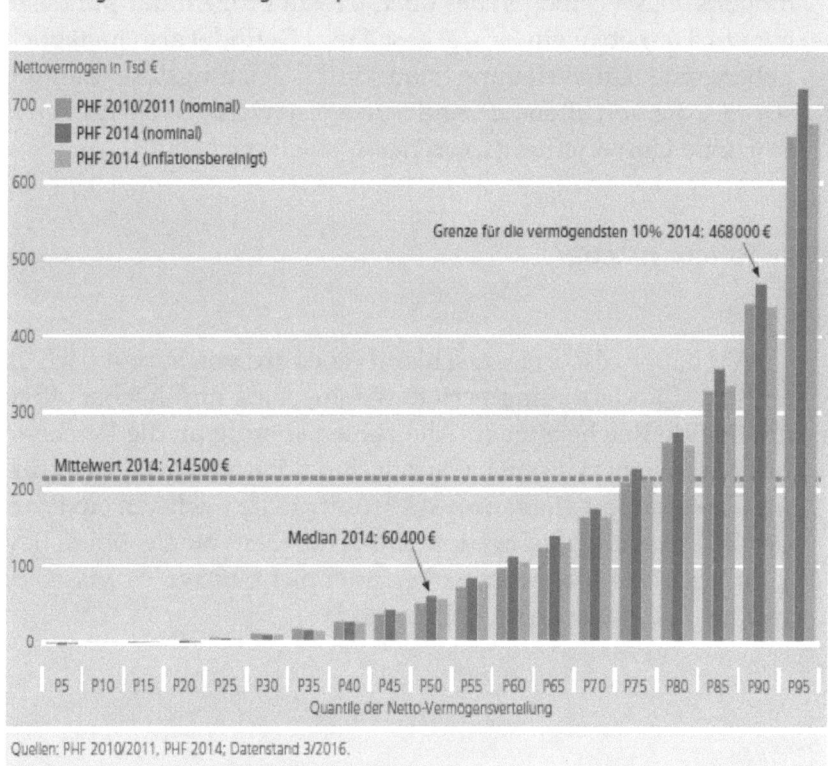

Verteilung der Nettovermögen der privaten Haushalte in Deutschland: 2010 und 2014

Nettovermögen in Tsd €

- PHF 2010/2011 (nominal)
- PHF 2014 (nominal)
- PHF 2014 (inflationsbereinigt)

Grenze für die vermögendsten 10% 2014: 468 000 €

Mittelwert 2014: 214 500 €

Median 2014: 60 400 €

Quantile der Netto-Vermögensverteilung

Quellen: PHF 2010/2011, PHF 2014; Datenstand 3/2016.
Deutsche Bundesbank

An wen fließt dieser riesige Geldstrom von über 540 Mrd. Euro pro Jahr? Der größte Teil, nämlich etwa 60%, das sind über 325

---

[42] Deutsche Bundesbank Monatsbericht März 2016, S.67

Milliarden Euro, also knapp der gesamte Bundeshaushalt, fließt an die wohlhabendsten 10% der Bundesbürger, denn diese besitzen etwa 60% des deutschen Nettovermögens – das ist Vermögen abzüglich Schulden –, während die unteren 50% der Bundesbürger zusammen 2,5% des Nettovermögens besitzen.[43] Das sind die offiziell von der deutschen Bundesregierung verwendeten Zahlen. Frau van der Leyen sagte 2013 als Sozialministerin, die untere Hälfte der Bundesbürger besitze etwa ein Prozent des Gesamtvermögens. Das Vermögen des obersten ein Prozent der Bundesbürger wird auf etwa ein Drittel geschätzt. Es findet also im täglichen Leben eine Umverteilung statt durch leistungslose Zahlungsströme, die von allen zu vergleichsweise wenigen Menschen fließen, eine Umverteilung „von fleißig nach reich".

Reichensteuer

Wir haben also in Deutschland (genauso wie in praktisch allen anderen Ländern) eine perfekt, geräuschlos und höchst effizient arbeitende Reichensteuer. Alle zahlen ständig an die Reichen. Jedes Mal, wenn wir einen Cappuccino oder etwas Anderes für einen Euro kaufen, fließen etwa 10 Cent an die reichsten ein Prozent der Bevölkerung und weitere knapp 20 Cent an das obere Bevölkerungsdrittel. Ob wir es wollen oder nicht, ob wir es wissen oder nicht, spielt dabei keine Rolle.

---

[43] Vgl. Deutsche Bundesbank Monatsbericht März 2016, S.67

Zweites Beispiel: Grund und Boden

Nehmen wir an, fünf Familien wohnen in fünf Häusern. Die Familien 3 bis 5 sind nicht Eigentümer ihrer Häuser, sondern bewohnen sie zur Miete. Die Häuser befinden sich im Eigentum der Familien 1 und 2, wobei Familie 1 vier Häuser besitzt und Familie 2 eines, dasjenige, das sie selbst bewohnt. Diese Eigentumsverteilung an Häusern gibt in etwa die tatsächliche Eigentümerstruktur in Deutschland wieder: Bei uns wohnen 56 bis 62% (je nach Zählung) der Menschen zur Miete, die Eigenheimquote liegt entsprechend bei etwa 38 bis 44 %.[44]

Umverteilung durch Immobilieneigentum

Fami-lie	Häu-ser	Abeits-einkom-men	Miete	Nettoein-kommen	Konsum-ausgaben	Erspar-nisbil-dung
1	4	1.000	+900	1.900	1.300	600
2	1	1.000	0	1.000	800	200
3	0	1.000	-300	700	630	70
4	0	1.000	-300	700	660	40
5	0	1.000	-300	700	690	10

---

[44] Vgl. Frick/Grabka 2009, S. 60. Demnach wohnten 2007 36,3 % der Deutschen in den eigenen vier Wänden und nur 11,4 % verfügten darüber hinaus über weiteres Immobilienvermögen.

In obiger Tabelle wird stark vereinfacht angenommen, dass alle fünf Familien ein Arbeitseinkommen von 1.000 Einheiten pro Jahr erzielen. Die Miete soll 30 % des Einkommens betragen. Dadurch, dass die Familien 3 bis 5 in Wohnungen leben, die Familie 1 gehören, fließen die Mietzahlungen von diesen drei Familien an Familie 1. Familien 3 bis 5 haben dadurch nur noch ein Nettoeinkommen von 700, Familie 1 dagegen ein Nettoeinkommen von 1.900.

Geht man davon aus, dass wohlhabendere Haushalte eine höhere Sparquote haben, wofür es zahlreiche empirische Belege gibt, so zeigt sich, dass Familie 1 aufgrund der Mietzahlungen etwa 600 Geldeinheiten sparen kann. Familie 2, die weder vermietet noch selbst mietet, könnte demnach etwa 200 Geldeinheiten pro Jahr sparen, die Familien 3 bis 5 hingegen deutlich weniger, vielleicht zwischen 10 und 70 Geldeinheiten pro Jahr, obwohl sie schon wesentlich weniger konsumieren als die oberen Familien. Durch diese Zahlungsströme wird im Laufe der Zeit das Vermögen von Familie 1 praktisch von alleine immer höher, die Ungleichverteilung nimmt automatisch immer mehr zu.

Drittes Beispiel: Gewinne und Dividenden

Schaubild: Entwicklung der Unternehmensgewinne in den USA[45]

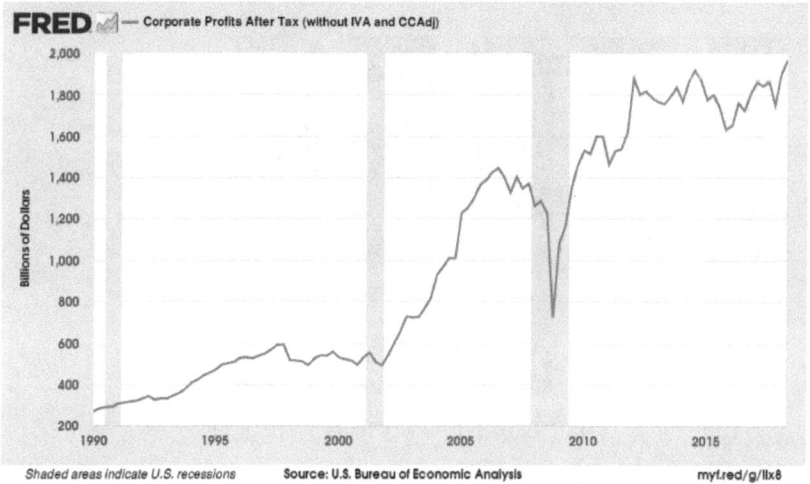

Das obige Schaubild zur Entwicklung der Unternehmensgewinne (nach Steuern) in den USA stammt von der amerikanischen Notenbank, der Federal Reserve Bank von St. Louis. Das Bild zeigt, wie stark die Gewinne in den letzten etwa 30 Jahren gestiegen sind: von etwa 300 Milliarden Dollar im Jahr 1990 auf über 2.000 Milliarden Dollar 2018. Die Unternehmensgewinne haben sich innerhalb einer Generation also etwa versiebenfacht. Im gleichen Zeitraum hat sich die nominale Wirtschaftskraft etwa verdreifacht.[46] Die Gewinne sind also über beinahe dreißig Jahre mehr als doppelt so stark gestiegen wie die Wirtschaftskraft und betragen knapp 10 Prozent der Wirtschaftskraft.

---

[45] https://fred.stlouisfed.org/ Federal Reserve Bank of St. Louis, Stand Februar 2019
[46] https://tradingeconomics.com/united-states/gdp, Stand Februar 2019

Wem fließen die dramatisch gestiegenen Unternehmensgewinne, die 2.000 Milliarden Dollar pro Jahr zu? Hier ist ein Schaubild zur Eigentumsverteilung in den USA:[47]

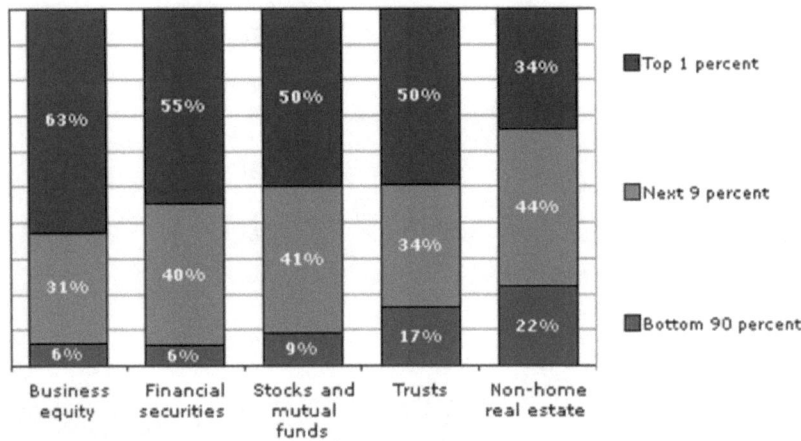

Das Schaubild zeigt, dass weit über die Hälfte der Unternehmensgewinne, also über 1.000 Milliarden Dollar, den oberen ein Prozent der Bevölkerung zufließen, und gut 90% der Unternehmensgewinne oder etwa 1.800 Milliarden Dollar an die oberen 10% der Bevölkerung fließen.

Fazit: Die oberen ein bzw. 10 Prozent der US-Bevölkerung haben während der letzten Generation durch die stark überproportional gestiegenen Unternehmensgewinne einen dramatischen Zuwachs an Einkommen verzeichnet. Sie bekommen dadurch heute einen sehr viel höheren Anteil der erzeugten Güter und Dienstleistungen als vor 30 Jahren. Die Ungleichverteilung ist also durch die überproportional gestiegenen Gewinne stark angestiegen.

---

[47] Domhoff April 2017 http://whorulesamerica.net/power/wealth.html (Stand 22.Feb.2019)

Viertes Beispiel: Zinseszins und die Geschichte vom „Josephspfennig"

Wozu unbegrenzt wachsende Zinszahlungen führen, kann mit der Anekdote vom „Josephspfennig" veranschaulicht werden. Wenn Maria und Joseph bei der Flucht nach Ägypten einen Pfennig zu einem Zinssatz von 4 % angelegt hätten, so wäre daraus bis zum Jahre 1750 über Zins und Zinseszins ein Geldbetrag im Wert unserer gesamten Erdkugel aus Gold geworden.[48]

Eine solche Kapitalvermehrung wäre natürlich nur zu Lasten aller anderen Menschen möglich. Alle Arten von Zinseszins führen im Verlauf langer Zeiträume über die Exponentialfunktion zu explosionsartigem Wachstum, das durch die reale Wirtschaft nicht gedeckt werden kann. Allen Naturwissenschaftlern und Ingenieuren ist das immer unmittelbar einleuchtend, nur den meisten Ökonomen nicht.

Exponentiell wachsende Vermögen funktionieren so ähnlich wie eine Bakterien- oder Vireninfektion. Diese unsympathischen Kleinlebewesen wachsen in unserem Körper häufig eine Weile lang exponentiell. Wenn ihre Menge eine bestimmte Schwelle überschritten hat, bricht das, was vorher kaum wahrnehmbar in uns gewuchert hat, plötzlich als Krankheit offen aus und wir liegen mit Fieber oder Grippe im Bett. Ähnlich ist es bei Krebsgeschwüren. Auch bei Krebs vermehren sich einzelne Zellgruppen eine Weile lang weitgehend unbemerkt, im Stillen, exponentiell, bevor die Krankheit offen ausbricht und sichtbar wird. In dem Moment, wo die Krankheit offen ausbricht, ist es oft zu spät. Wir

---

[48] Vgl. Kennedy 1996, S. 5. Die Zahlen beziehen sich auf DM-Werte aus dem Jahre 1996.

stehen seit spätestens 2007 vor solch einer Situation. Die weitgehend unbemerkte, im Stillen vor sich gehende ungehemmte Geld- und Vermögensvermehrung seit 1948 hat durch den Zinseszinseffekt, mit zuletzt über 540 Mrd. Euro pro Jahr, eine solche Wucht erreicht, dass sie nun als offene Krankheit ausbricht. Und wir stellen plötzlich bestürzt fest: Unser sozialer Organismus ist krank, schwer krank, ist durchwuchert von krebsartigen Gebilden.

Wie wird man reich?

Nehmen wir an, ein tüchtiger Kinderarzt hat ein Jahreseinkommen von 100.000 Euro. Nach Steuern und Konsum kann er 25.000 Euro pro Jahr sparen. Ohne Zins und Zinseszins könnte er auf diese Weise, durch seiner Hände und seines Geistes Arbeit, im Laufe eines 40-jährigen Berufslebens eine Million Euro Vermögen ansparen. Ein darüber hinaus gehendes Vermögen wäre nicht erarbeitet, sondern kann nur aus Nicht-Arbeits-Einkommen bzw. Rentiereinkommen stammen.

Ein anderes Beispiel: Wie wurde Bill Gates einer der reichsten Menschen der Erde? Im Wesentlichen dadurch: Er zahlt den Beschäftigten seines Unternehmens vielleicht 8.000 $ Monatslohn. Die Beschäftigten erwirtschaften jedoch einen Wert von, sagen wir, 12.000 $ pro Monat. Die Differenz fließt an Bill Gates (und seine Miteigentümer von Microsoft), nicht an die Beschäftigten. Auf der Abnehmerseite verkauft das Unternehmen eine Software zum Preis von, sagen wir, 400 $. Die eigentlichen Herstellungskosten betragen jedoch vielleicht nur 250 $. Die Differenz, die der Kunde „zu viel" zahlt, fließt ebenfalls an Bill Gates und seine Miteigentümer, bleibt nicht im Portemonnaie des Kunden. Alle großen Vermögen entstehen solcherart durch Nicht-Arbeits-Leistung, durch Zahlungen anderer Menschen, durch Aneignung des

Ergebnisses anderer Menschen Arbeit. Große Vermögen können nicht durch Arbeit entstehen, sondern entstehen immer durch Aneignung der Leistungen anderer Menschen.

Man kann dieses Übervorteilen oder Betrügen der Arbeitnehmer beispielsweise anhand von Zahlen der Daimler AG darstellen und ausrechnen, welche Größenordnung solche Aneignungsprozesse durch Personen, die nicht zur Wertschöpfung bei Daimler beitragen, haben. Die über 250.000 Beschäftigten im Daimler-Konzern hatten 2017 eine Lohn- und Gehaltssumme von etwa 23 Milliarden Euro. Gewinn und Zinsen (EBIT) betrugen etwa 14,7 Milliarden Euro.[49] Würde man alle Gewinne und Zinsen den Beschäftigten zukommen lassen, so könnte man die Jahreslöhne und -gehälter im Durchschnitt um 64 Prozent erhöhen.[50] Anders ausgedrückt: Die Arbeitnehmer bekommen einen Lohnabzug von 39 Prozent[51], der statt ihnen den Kapitaleigentümern zufließt, die teilweise nicht einmal wissen, wie man Sindelfingen buchstabiert. Den Arbeitnehmern wird mehr als ein Drittel vom Lohn abgezogen und als leistungslose Einkommen an die internationalen Kapitaleigentümer und Geldgeber weitergeleitet.[52] So wirkt ganz konkret die oben angesprochene Reichensteuer, die alle an die Reichen zahlen, durch die unsichtbare Hand des Marktes. Auf diesen Zusammenhang wies der Mathematiker und Philosoph Rudolf Steiner bereits 1919 mit Bezug auf das bestehende Arbeitsrecht hin: „Woher kommen die Schäden im sozialen Leben? [...] Davon, [...] dass wir nicht bemerken, wie wir in der Lebenslüge

---

[49] Geschäftsbericht 2017 Daimler AG

[50] (37,7/23)*100

[51] (1-23/37,7)*100

[52] Mir ist klar, dass man nicht alle Gewinne an die Arbeitnehmer weiterleiten kann, sondern einen bestimmten Anteil einbehalten muss, um Investitionen zu tätigen. Die Rechnung soll nur die Größenordnung demonstrieren.

leben, wie dem Arbeiter sein Teil abgenommen wird. [...] Das heißt ihn betrügen, ihn übervorteilen."[53]

Mit gesundem Menschenverstand gefragt: Wo müssten diese leistungslosen Einkommen von über 540 Milliarden Euro pro Jahr eigentlich zum größten Teil hinfließen? Zu den leistungslosen Menschen, zu unseren Kindern, Senioren und zu den Kranken, also allen denjenigen, die nicht arbeiten können: zu Kindern, Studierenden, Senioren und Kranken. Dann wäre unser sozialer Organismus gesund, das Geld würde wie das Blut im Organismus zirkulieren. Aber etwa ein Drittel der privaten Konsumausgaben fließt nicht in den Organismus, sondern staut sich bei den privaten Vermögens-Eigentümern und ruft dadurch Krankheitsprozesse hervor, wie wir noch sehen werden.

Das Durcheinandermengen von Entrepreneur- und Rentenkapitalismus

Der Hauptgrund für die dramatischen Auswirkungen von exponentiell steigenden Vermögen liegt darin, dass in den gängigen Wirtschaftswissenschaften, wie oben erwähnt, nicht zwischen Groß- und Bagatellvermögen unterschieden wird und damit diese beiden Vermögensarten nicht unterschiedlich behandelt werden. Ob Zahnbürste oder Blackrock mit über 6.000 Milliarden Dollar verwaltetem Vermögen: Eigentum ist Eigentum und Vermögen ist Vermögen. Alles ist Kapital und für alles Kapital müssen die Eigentumsrechte wohldefiniert sein, alles ist gleichberechtigt, alles ist gleich schützenswert. Das ist ein fataler Denkirrtum.

---

[53] Steiner 1989, S.82

Wir müssen dringend lernen, zwischen Entrepreneurkapitalismus und Rentenkapitalismus sowie zwischen Klein- und Großvermögen zu unterscheiden und sie unterschiedlich behandeln.

Die von Vermögensverwaltern betreuten Gelder (assets under management) betrugen 2017 weltweit etwa 173.000 Milliarden US-Dollar.[54] Das war mehr als das Doppelte (216%) des Weltsozialproduktes von knapp 80.000 Milliarden Dollar. Von Dritten verwaltetes Geld bedeutet, dass der Eigentümer im Regelfall nicht weiß, wo genau sein Kapital eigentlich investiert ist: Unter riskreturn-Gesichtspunkten wird verwaltetes Fremdvermögen im Portfoliomanagement in den drei Hauptanlageklassen Immobilien, Aktien und Zinspapiere über die fünf Kontinente hin angelegt. Die Erträge aus diesem Kapital sind daher leistungslose Einkommen in Reinform. Denn der Eigentümer weiß ja im Regelfall nicht einmal, woher die Erträge eigentlich kommen. Ohne jeglichen Arbeitseinsatz der Eigentümer vermehren sich diese Kapitalien exponentiell. Das nenne ich Rentierkapitalismus. Er ist für Land und Leute schädlich und gefährlich, wie gleich gezeigt wird.

Davon unterscheidet sich radikal der Entrepreneurkapitalismus. Wenn sich ein Unternehmer mit seinem Kapital persönlich verbindet, sei es der Handwerker, der Landwirt, der Dienstleister oder der Fabrikant, sind die gesellschaftlichen Folgen komplett anders. Der Entrepreneur baut auf, schafft Produkte und Dienstleistungen, kennt seine Beschäftigten, Kunden, Lieferanten, die Menschen und die Umwelt in der Gegend, in der er schafft und lebt. Der Entrepreneurkapitalist baut auf, der Rentierkapitalist saugt aus. Der Entrepreneurkapitalist ist ein Segen für Land und

---

[54] BCG Global Wealth Report Juni 2018

Leute, der Rentierkapitalist ist ein Fluch. Was im Kleinen, im Aufbau ein Segen ist, schlägt mit zunehmender Größe und zunehmendem Alter um in einen Fluch. Der Rentier ist für John Maynard Keynes ein funktionsloser Investor, eine sinnlose und, wie der ganze Rentierkapitalismus, eine vorübergehende Spezies, die aussterben werde und aussterben möge.[55] Genauso sieht das der ausgezeichnete Alternativ-Ökonom Ernst Friedrich Schumacher: „Bei Großunternehmen ist Privateigentum ein vorgeschobener Begriff, der es funktionslosen Eigentümern ermöglichen soll, schmarotzerhaft von der Arbeit anderer zu leben."[56]

Dadurch, dass die beiden Begriffe Entrepreneur- und Rentierkapitalismus in den gängigen Ökonomiebüchern vollkommen vermengt werden, dadurch, dass keinerlei Differenzierung vorgenommen wird, entsteht eine sehr schädliche Verwirrung der Begriffe. Der mit Recht positiv besetzte Begriff Unternehmer- oder Entrepreneurkapitalismus wird durch die Hintertür auch auf die sinnlosen, nutzlosen und funktionslosen Rentierkapitalien übertragen. Dadurch werden diese äußerst schädlichen Kapitalien in ein völlig falsches positives Licht gerückt und ethisch legitimiert. Das ist ein fataler Fehler, aber meiner Einschätzung nach kein Zufall. Denn diese Weltanschauung begünstigt die Mächtigen, und die Lehren der Mainstream-Ökonomie sollen genau dies auch tun. So stellte Hans Christoph Binswanger einmal die guten Fra-

---

[55] Keynes 1964, S. 376: „I see, therefore, the rentier aspect of capitalism as a transitional phase which will disappear when it has done its work. And with the disappearance of its rentier aspect much else in it besides will suffer a seachange. It will be, moreover, a great advantage of the order of events which I am advocating, that the euthanasia of the rentier, of the functionless investor, will be nothing sudden, merely a gradual but prolonged continuance of what we have seen recently in Great Britain, and will need no revolution" Hervorhebungen CK. Leider lag Keynes mit seiner Prognose völlig falsch.
[56] Schumacher 2013, S.225

gen: „Warum ist die Neoklassik überhaupt so erfolgreich geworden? Weil sie für die Besitzenden eine angenehme Theorie ist?"[57] Mephisto reibt sich über diese Konfundierung die Hände, denn sie öffnet dem Mammon Tür und Tor.

Selbst Martin Luther ist in dieser Beziehung einsichtiger als fast alle heutigen Ökonomen. Er differenziert sehr wohl und sehr klug zwischen großen und kleinen Vermögen. Trotz seiner Polemik gegen Zinsnehmen und Wucher im Allgemeinen, spricht er von einem Notwücherlein („not Wuchelin"[58]), das im Gegensatz zu den Zinseinnahmen aus großen Vermögen, die des Teufels sind, legitim sei („Not bricht Eisen"[59]). Gerade in bestimmten Notfällen, wie bei Witwen und Waisen[60], sei ein Notwücherlein „schier ein halb Werk der Barmherzigkeit" und es wäre „unfreundlich (…), sie zu Bettlern zu machen oder lassen Hungers sterben, weil niemand damit beholffen".[61] Luther bringt trefflich auf den Punkt, dass das, was im Kleinen ein Segen ist, im Großen zum Fluch wird.

Wir müssen dringend unsere Ökonomie-Lehrbücher umschreiben und eine starke Differenzierung zwischen Entrepreneur- und Rentierkapitalismus, zwischen Klein- und Großvermögen einführen. Rentier-Kapitalismus gehört abgeschafft oder zumindest drastisch eingeschränkt. Er hat in seinem heutigen Umfang keine Daseinsberechtigung. Die Mittel und Wege, wie man

---

[57] Heusinger, Robert, Das revolutionäre Papier, Frankfurter Rundschau vom 1.3.2010, in: http://www.fr.de/wirtschaft/dossier/schuldenkrise/iwf-chef-volkswirt-blanchard-das-revolutionaere-papier-a-1047236, abgerufen am 12.2.2019
[58] Luther, WA 51, S.372
[59] Luther, WA 51, S.372
[60] Vgl. Pawlas 2000, S. 28f.
[61] Luther, WA 51, S.372

den Rentierkapitalismus mit Vernunft sozialverträglich abschaffen kann, werden unten besprochen.

Ungleichverteilung und Machtkonzentration

Durch die geschilderten Umverteilungsflüsse im täglichen Leben muss die Ungleichverteilung im Laufe längerer Zeiträume wie durch ein Naturgesetz also immer stärker zunehmen. Und genau das kann man tatsächlich praktisch auf der ganzen Welt feststellen: Fast überall nahm seit etwa 1980 die Ungleichverteilung sowohl der Einkommen wie der Vermögen deutlich zu. So sind acht Männer derzeit etwa so reich wie 3,5 Milliarden Menschen zusammen, die reichsten ein Prozent der Erdbevölkerung sind etwa so reich wie die restlichen 99 Prozent zusammen.[62]

Die Umverteilungsmechanismen bewirken eine enorme Machtanhäufung. Laut einer Studie der ETH Zürich von 2011 werden 40 Prozent des weltweiten Unternehmenswertes von lediglich 147 international agierenden Konzernen gehalten, was wegen vielfacher Eigentumsschachtelungen weitgehend unsichtbar bleibt. So heißt es in der Studie: „Das bedeutet, dass die Netzwerkkontrolle sehr viel ungleicher verteilt ist als das Vermögen. Konkret besitzen die Akteure an der Spitze eine Kontrollmacht, die zehn Mal so groß ist wie aufgrund ihres Vermögens erwartet werden könnte."[63] Einer der drei Autoren der ETH-Studie, James

---

[62] Oxfam Januar 2017 https://www.oxfam.de/ueber-uns/aktuelles/2017-01-16-8-maenner-besitzen-so-viel-aermere-haelfte-weltbevoelkerung Stand August 2019
[63] Vgl. Vitali/Glattfelder/Battiston (2011). Welzer (2013, S. 40) kommentiert diese Studie folgendermaßen: „Diese Gruppe der 147 ist mühelos in der Lage, ganze Volkswirtschaften und ihre Währungen zu ruinieren, und zugleich ist sie in ihrer Vernetzungsarchitektur von bestehenden, gar von internationalen

Glattfelder, ergänzt in einer Untersuchung 2012: „Es zeigt sich, dass 730 top-Aktionäre in der Lage sind, 80% der Umsätze aller transnationalen Unternehmen zu kontrollieren." [64] Kurz: Die durch die täglichen Umverteilungsströme in Form leistungsloser Einkommen zustande kommenden Großvermögen führen zu einer beinahe einzigartigen Machtkonzentration im Wirtschaftsleben und damit in der Gesellschaft.

Die geschilderten Prozesse haben bestimmte ökonomische Auswirkungen. Steigt die Ungleichverteilung, so steigt die Ersparnisbildung bei den wohlhabenden Menschen und damit das Angebot an anzulegendem Kapital, denn wohlhabende Menschen haben eine weit höhere Sparquote als arme Menschen. Zum Beispiel bekommen die zwei Haupteigentümer von BMW, Stefan Quandt und Susanne Klatten, pro Tag etwa drei Millionen Euro Dividende aufs Girokonto.[65] So viele Schnitzel kann man gar nicht essen und so viele Autos kann man sich gar nicht kaufen. Also sparen die beiden vermutlich extrem viel. Durch die steigende Fülle an Kapital entsteht tendenziell Druck auf die Zinsen. Genau dies trat in den letzten Jahrzehnten in fast allen Ländern der Erde ein. Kapital war in großer Fülle vorhanden, die Kreditstandards seitens der Banken wurden teilweise dramatisch gelockert, wie zahlreiche Beispiele zeigen und wie ich selbst in meiner Zeit als Investment Banker von 1995 bis 2002 erlebt habe.

Überwachungsinstitutionen wie Steuerbehörden, Kartellämtern, Transparency-NGOs usw. überhaupt nicht zu kontrollieren."
[64] Glattfelder 2012: „It turns out that 730 top shareholders are able to control 80% of the operating revenue of all TNCs."
[65] Handelsblatt 21.3.2018 https://www.handelsblatt.com/unternehmen/industrie/bmw-grossaktionaere-familie-quandt-verdient-drei-millionen-euro-pro-tag/21096174.html?ticket=ST-1224744-f7EHFapLlbDJXlNuGUTU-ap3

Weltweite Blasenbildungen und Überkapazitäten

Weltweit betrachtet hat das in den letzten etwa 40 Jahren exponentiell wachsende Kapitalangebot zu Druck nach unten auf die Zinsen geführt. Die verstärkt wachsenden Kapitalmassen suchten international nach rentierlichen Anlagemöglichkeiten. Diese (über)reichlich zur Verfügung stehenden „vagabundierenden" Geld- bzw. Kapitalmittel führten zu hohen Investitionen in Sachanlagen aller Art weltweit.

Wo ist das Problem? Sind Investitionen nicht gut und segensreich, weil sie uns einen höheren Lebensstandard in der Zukunft ermöglichen? Nehmen wir den Hausbau: Solange die Menschen kein Dach über dem Kopf haben, ist der Bau neuer Häuser ein Segen. Wenn jedoch schon alle eine Wohnung oder ein Haus haben und wir bauen immer noch mehr neue Häuser, dann wird das zum Fluch. Das sieht man zum Beispiel an Spanien seit 2007. Die Spanier bauten über viele Jahre hin viel mehr Häuser als sie brauchten und stecken daher seit 2007 in einer tiefen Depression, weil die ganze Baubranche kollabierte. Der spanische Ökonom Montalvo sprach daher 2008 von einem „Immobilientumor" in Spanien[66], eine sehr zutreffende Bezeichnung.

Man kann also des Guten zu viel tun und dann wird es schädlich. Und genau hier liegt die Hauptursache der derzeitigen globalen finanziellen und wirtschaftlichen Verwerfungen. Die wachsenden Kapitalmassen führten über niedrige Zinsen zu weltweiten Überinvestitionen, zu krebsartigen Investitionen in praktisch

---

[66] Welt.de 3.4.2008. https://www.welt.de/wirtschaft/article1866056/Spanien-droht-der-Immobilien-Crash.html Stand August 2019

alle Arten von Anlageobjekten: nicht nur in Immobilien, sondern auch in Unternehmensanteile, Rohstoffe, Nahrungsmittel, Gold, und vor allem: In reale Produktionsanlagen wie Maschinen, Produktionsgebäude und Infrastrukturanlagen.

Die Weltwirtschaftslage 2019: Ähnlich wie 1914 oder 1929 ist eine tiefe Bereinigung überfällig

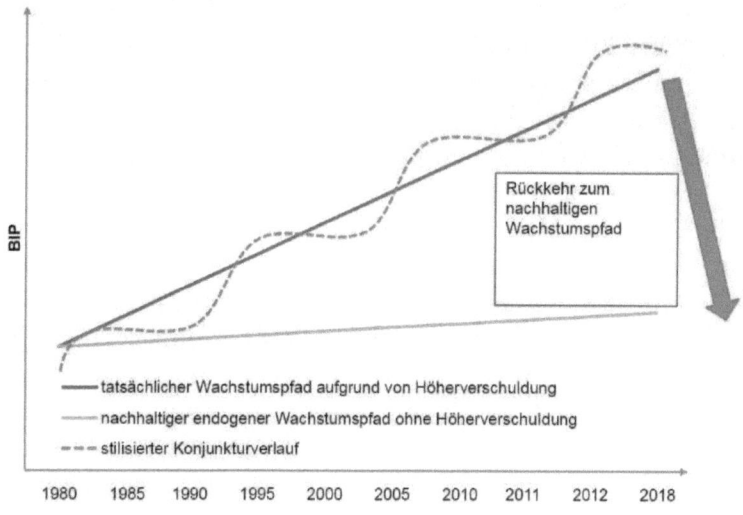

Tatsächlicher vs. nachhaltiger Wachstumspfad (eigene Darstellung)

Die Abbildung „Tatsächlicher vs. nachhaltiger Wachstumspfad" zeigt den stilisierten Verlauf des weltweiten Wirtschaftswachstums von etwa 1980 bis heute. Die untere Linie zeigt das Wachstum der Masseneinkommen und damit den nachhaltigen Wachstumspfad der Nachfrage durch die privaten Haushalte, der aus eigener Kraft, aus nachhaltigem Einkommen möglich gewesen wäre. Die steiler ansteigende, obere, durchgezogene Linie beschreibt den stilisierten tatsächlichen Wachstumspfad der letzten etwa 40 Jahre. Die Lücke dazwischen, der Keil, der sich innerhalb der letzten 40 Jahre bildete, zeigt das durch die gestiegene Ungleichverteilung bewirkte oben geschilderte Zurückbleiben der Masseneinkommen und damit der Massenkaufkraft hinter dem Wachstum des Sozialproduktes.

Ein paar Zahlen dazu aus den USA: Das reale BIP, also die reale Wirtschaftskraft pro Kopf der USA, wuchs in den 40 Jahren von 1978 bis 2017 von 100 auf 186, also real um 86 %[67]. Die Medianeinkommen stiegen im gleichen Zeitraum real laut offiziellen Regierungsangaben dagegen nur von 100 auf 118.[68] Medianeinkommen sind diejenigen Einkommen, die die Menschen genau in der sozialen Mitte bekommen, wenn 50 % der Bevölkerung mehr und 50 % der Bevölkerung weniger verdienen. Da stellt sich die Frage: Wer hat eigentlich die ganzen Burger gegessen? Wer hat die vielen Autos, Bildschirme, Kühlschränke, die produziert wurden, eigentlich mit welchem Geld gekauft, wenn doch die Masseneinkommen nur um etwa 18 % gestiegen sind, das produzierte Angebot aber um 86 %? Denn Massenproduktion ist in einer Industriegesellschaft nur möglich, wenn Massennachfrage zur Verfügung steht. Massennachfrage ist auf Dauer nur möglich, wenn Masseneinkommen vorhanden sind. Die Masseneinkommen in Form von Medianeinkommen sind aber viel weniger gestiegen als die Produktion.

Die Antwort ist einfach: Das wurde über Kredite gekauft. Die Leute sind shoppen gegangen, ohne eigentlich das Geld dafür zu haben. In den Industrienationen erhöhte sich die reale, inflationsbereinigte Verschuldung der privaten Haushalte von 1980 bis

---

[67] https://data.worldbank.org/indicator/NY.GDP.PCAP.KD?locations=US
[68] US Census Bureau September 2018 Income and Poverty in the United States: 2017, 12.Sept.2018 https://www.census.gov/content/census/en/library/publications/2018/demo/p60-263.html

2010 auf das Sechsfache.[69] Vermutlich weit über 100 Millionen Familien weltweit sowie einige Regierungen lebten in den letzten 40 Jahren deutlich über ihre Verhältnisse, gaben mehr aus als sie einnahmen und finanzierten diese künstliche Nachfrage durch höhere Verschuldung. Eigentlich wäre langfristig aber nur die untere Linie des Wirtschaftswachstums möglich gewesen. Dass dennoch die obere Wachstumslinie erreicht wurde, lag an der künstlich überhöhten Nachfrage seitens vieler Millionen von Privathaushalten durch Kredite.

So entstand ein auf Pump und damit auf Sand gebautes Wirtschaftswachstum in Höhe des Keils zwischen den beiden durchgezogenen Linien. Dieser Keil steht nun vor einer Bereinigung. Wie groß dieser Keil in etwa ist, zeigen die Zahlen aus den USA: Der Massennachfrage von 118 stehen Produktionskapazitäten von 186 gegenüber. Teilt man 118 durch 186 ergibt sich 0,63. Das heißt: Zur Befriedigung der Massennachfrage würde eine Kapazität von etwa 63 % ausreichen. Es ist also viel zu viel Kapazität vorhanden. Oder anders ausgedrückt: Da ist eine gewaltige Nachfragelücke aufgebaut worden, die nun vor einer Bereinigung steht. Wenn man ähnliche Zahlen wie für die USA auch für die übrigen Industrieländer unterstellt, heißt das: Etwa zwei von fünf Produktionsanlagen, Hotels, Restaurants usw. brauchen wir nicht und dürften in den kommenden Jahren stillgelegt werden! Was das für Arbeitslosigkeit und soziale Entwicklungen bedeutet, kann man nur erahnen.

Der Begründer der Waldorfschulen, Rudolf Steiner, wies interessanterweise bereits 1914 auf diese ökonomischen Verhältnisse mit eindringlichen Worten hin: „Es wird also heute für den Markt

---

[69] BCG 2011, Back to Mesopotamia? S.3

ohne Rücksicht auf den Konsum produziert [...] und dann wartet man, wie viel gekauft wird. Diese Tendenz wird immer größer werden, bis sie sich [...] in sich selbst vernichten wird. Es entsteht dadurch [...] im sozialen Zusammenhang der Menschen auf der Erde genau dasselbe, was im Organismus entsteht, wenn so ein Karzinom entsteht. Ganz genau dasselbe, eine Krebsbildung, eine Karzinombildung, Kulturkrebs, Kulturkarzinom!"[70]

Was ist also in den letzten 30 bis 40 Jahren in der Weltwirtschaft geschehen? Wir sehen krebsartiges Wachstum. Die riesigen leistungslosen Einkommen fließen von allen zu wenigen Wohlhabenden, diese können das viele Geld nicht ausgeben, suchen nach immer neuen Investitionsmöglichkeiten für Produkte und Dienstleistungen, die schon lange niemand mehr braucht bzw. sich nicht mehr leisten kann. Trotzdem wird über riesigen Werbeaufwand und Kredit der Konsum weiter künstlich angeheizt. Dies alles ist nicht gesundes, sondern krankes, krebsartiges Wachstum, das zu Krankheit im sozialen Organismus führt. Wir stehen heute ökonomisch wieder vor einer solch gefährlichen Situation wie 1914 oder 1929.

Am Rande sei bemerkt, dass sich Schuldenkrisen durch die ganze jüngere Menschheitsgeschichte ziehen. Der britische Soziologe David Graeber weist darauf hin, dass „in den letzten 5.000 Jahren mit bemerkenswerter Regelmäßigkeit Volksaufstände auf gleiche Weise begonnen [haben]: mit der rituellen Zerstörung von Schuldverzeichnissen – Tafeln, Papyrusrollen, Kontobüchern, wo immer die Schulden zu einer bestimmten Zeit an einem bestimmten Ort verzeichnet waren." So hätten alle revolutionären Bewegungen in der Antike ein einziges Programm gehabt: „Streicht

---

70 Steiner 1997, S. 174.

alle Schulden und verteilt das Land neu."[71] Die Geschichte ist voll mit Beispielen von Forderungen nach gerechter Neuverteilung des Landes. Und so stellt sich die Frage: Warum lernen wir nicht aus der Geschichte?

Regelmäßig wiederkehrende Überproduktionskrisen

„Denn alles, was entsteht, ist wert, dass es zugrunde geht"
(Mephisto, in: Faust Teil 1, Studierzimmer)

Eine Ökonomie, die auf Basis der beiden Axiome Zinseszins und ungehinderte Eigentumsanhäufung arbeitet, wird über die geschilderten Prozesse der Ungleichverteilung, Überinvestition, Überschuldung, Vermachtung und Krebsprozesse automatisch nach etwa drei Generationen einen unhaltbaren Zustand von Überkapazitäten herbeiführen, der bereinigt werden muss. Für die Bereinigung gibt es im Wesentlichen drei Möglichkeiten: Wirtschaftsdepression, Bürgerkrieg oder Krieg, denn es muss Kapazität reduziert werden. Es kann durch Unterlassung von Neuinvestitionen geschehen (Depression): Das dauert aber viele Jahre, wenn nicht Jahrzehnte. Oder es geschieht durch Zerstörungsprozesse in Bürgerkriegen oder Kriegen.

Dabei sollten wir uns darüber im Klaren sein, dass es nicht nur Krisengewinner, sondern immer auch Kriegsgewinner gibt. So verdoppelten sich die Unternehmensgewinne in den USA von 1939 bis 1944. 1944 waren die Unternehmensgewinne um über

---

71 Graeber 2012, S. 14

40% höher als im Top-Gewinnjahr 1929.[72] Nicht für alle bedeutet Krieg Elend, Tod und Verzweiflung. Es gibt immer auch einige wenige, oft aber sehr mächtige und einflussreiche Gewinner. Sie haben großes Interesse an Krieg.

In allen drei Fällen der Bereinigung werden oft Zustände mit tragischen Konsequenzen herbeigeführt, Situationen, in denen häufig das Ende der Menschlichkeit gekommen zu sein scheint, da dann vielfach Notstands- oder Kriegsgesetzgebung, Unfreiheit, Zwang, Befehl und Gehorsam, Verzweiflung, Verheerungen in der Zivilbevölkerung und meist Unmenschlichkeit regieren, wie leider die Geschichte zeigt.

Und das ist genau das, was Mephistopheles will: Die Menschen in Not, Elend und Chaos stürzen, sie ihrer Arbeitsfrüchte und vor allem ihrer Freiheit und Menschenwürde, unserer höchsten Güter, berauben. Die beiden Axiome Zinseszins und unbegrenztes Vermögenswachstum, die in den Wirtschaftswissenschaften ständig gepredigt werden, führen also nicht nur zu unethischen, egoistischen und asozialen Entwicklungen, sondern sind darüber hinaus brandgefährlich. Kurz: Es sind in Mephistos Augen wundervolle Axiome.

Die gängige Geschichtsschreibung und Ökonomiedarstellung schildert den auf obigen Axiomen aufbauenden Kapitalismus dagegen als ein wenn auch hartes und konkurrenzbasiertes, so doch ein System, das langfristig praktisch allen Menschen zu Gute kommt, indem es Wachstum und Wohlfahrt für alle schafft. Die

---

[72] The New Republic, January 7, 1946 https://newrepublic.com/article/93520/profits-the-billion

beiden Weltkriege und die Große Depression 1929 bis 1933 werden als unwillkommene, tragische „Ausreißer" oder Fehlentwicklungen dargestellt. Aus Sicht von Mephisto ist es aber genau umgekehrt. Die Phasen des Aufbaus, Friedens und Wirtschaftswachstums sind für Mephisto nur der verführerische Köder, um zu seinen eigentlichen Zielen zu kommen: über Leid, Elend und Not in Depression, Bürgerkrieg oder Krieg Entmenschlichungsprozesse auszulösen, den Menschen tierischer als jedes Tier zu machen und zu entwürdigen.

Papst Franziskus spricht diese Dinge sehr klar aus. In seiner Enzyklika Evangelii Gaudium vom 24.11.2013 sagt er in Ziffer 51: „Wir stehen hier vor einer großen Verantwortung, weil einige gegenwärtige Situationen, falls sie keine guten Lösungen finden, Prozesse einer Entmenschlichung auslösen können, die dann nur schwer rückgängig zu machen sind."[73] Was könnte er damit meinen? Ein Blick in die Geschichte lehrt uns, dass wir heute eine ähnliche Situation haben wie 1914 oder 1929, was die Überkapazitäten betrifft. Was nach 1914 bzw. 1929 geschah, ist gut bekannt: Europa wurde von Diktaturen überzogen, kommunistische und vor allem faschistische. Wenn erst einmal die Rothemden, Braunhemden oder Schwarzhemden marschieren, lösen sie Prozesse einer Entmenschlichung aus, die dann in der Tat nur mehr schwer rückgängig zu machen sind. Der Papst sieht hier meiner Einschätzung nach mit scharfem Blick die starken Parallelen zur Zwischenkriegszeit.

Kurze Zeit später sagte der Papst: „Damit das System [des Kapitalismus] fortbestehen kann, müssen Kriege geführt werden, wie es die großen Imperien immer getan haben. Einen Dritten

---

[73] Evangelii Gaudium Ziffer 51

Weltkrieg kann man jedoch nicht führen, und so greift man eben zu regionalen Kriegen."[74] Papst Franziskus sieht hier ganz klar, dass Krieg integraler Bestandteil des gegenwärtigen kapitalistischen Wirtschaftssystems ist und nicht etwa nur ein "Ausreißer" oder eine unwillkommene Abnormalität. Aus der Perspektive von Mephisto gesprochen sind Krieg und Leid genau das, worum es eigentlich geht, genau das, was beabsichtigt ist. Kurz: "Diese Wirtschaft tötet"[75], wie es in der Enzyklika von 2013 heißt.

Der Verleger Christian Strasser zitiert in seinem 2010 erschienenen sehr lesenswerten Buch „Das erwachende Bewusstsein" einen Professor der Harvard Business School, der im Unterricht „mit größter Selbstverständlichkeit" sagte: „Der Kapitalismus braucht regelmäßig Kriege, damit alles vernichtet wird und die Menschen anschließend wieder verstärkt konsumieren, um alles wiederaufzubauen."[76] Das bringt genau die Absicht Mephistos auf den Punkt.

Ich glaube, viele Menschen spüren mittlerweile, dass die momentane wirtschaftliche und gesellschaftliche Lage in der Tat sehr bedrohlich ist. Um diese Bedrohung zu überwinden, sollten wir mit klarem, mutigem Blick den wahren Ursachen für die Missstände ins Auge schauen, und wenn sie noch so unangenehm o-

---

[74] La Vanguardia 12.6.2014: "un sistema económico que ya no se aguanta, un sistema que para sobrevivir debe hacer la guerra, como han hecho siempre los grandes imperios. Pero como no se puede hacer la Tercera Guerra Mundial, entonces se hacen guerras zonales." https://www.lavanguardia.com/internacional/20140612/54408951579/entrevista-papa-francisco.html Stand August 2019
[75] Evangelii Gaudium Ziffer 53
[76] Strasser 2010 S.52

der beunruhigend sind. Die eigentliche Ursache liegt in dem mephistophelischen Prinzip, das tief in unsere Wirtschafts- und Sozialstruktur eingewoben ist, normalerweise ohne dass wir es wissen. Erst wenn wir dieses Prinzip, dessen Ziele und Wege erkannt haben, können wir das Problem lösen.

Über die beiden simplen, plausibel klingenden Grundannahmen – Zinseszins und unlimitierte Vermögensanhäufung – können die Menschen also etwa alle drei Generationen in soziales Leid, Elend, Chaos und Unfreiheit gestürzt werden. Dieser Schachzug, die Menschen durch schädliche, aber plausibel klingende Gedanken in Unfrieden zu stürzen, ist Mephisto genial gelungen, denn diese Grundannahmen sind in den Köpfen und selbst in den Herzen nicht nur der Ökonomen, sondern der meisten Menschen heute fest verankert und werden absurderweise als gut und sinnvoll angesehen. Sie liegen praktisch sämtlichen Ansätzen und Modellen unserer Mainstream-Ökonomie und unserem ganzen Gesellschaftssystem zugrunde. Erst wenn wir erkennen, wess' Geistes Kind sie in Wahrheit sind, können wir sie ändern und die fatalen Auswirkungen abwenden.

Zins und Religionen

Die Religionen wussten immer, dass die menschenfeindlichen Mächte Zins und Zinseszins nutzen wollen, um Menschen moralisch auf die schiefe Bahn zu bringen und der Gesellschaft zu schaden, indem dadurch Unfrieden, Leid und Elend herbeigeführt wird. Das Zins- bzw. Wucherverbot zieht sich daher wie ein roter Faden durch die Religionsgeschichte. [77] Nach mittelalterlichen

---

[77] Vgl. Geitmann 1989, S.1

Hindu-Gesetzen durften Zinsen das Kapital nicht übersteigen, es gab eine strenge Begrenzung von Zinseszins.[78] Zinsnehmen widerspricht diametral der zentralen Lehre des Buddha vom Mitleid und ist damit ein Unding für jeden Buddhisten, der den achtgliedrigen Pfad betritt.[79] Aus buddhistischer Sicht beruht praktisch unser gesamtes Wirtschaftssystem auf Übervorteilung und Betrug, Zinsnehmen ist nur eine Komponente davon. Mit Blick auf die oben geschilderten riesigen leistungslosen Einkommen, die bei uns fließen, kann man den Buddhisten hier nur zustimmen.

Im Alten Testament wird das Zinsnehmen an vielen Stellen explizit verboten. Nach der rabbinischen Lehre umfasst das Zinsnehmen alles, was über das Geliehene hinausgeht, jegliches Mehr.[80] Im Christentum widerspricht das Zinsnehmen in praktisch allen Formen dem christlichen Geist. Es gibt zahllose Stellen im neuen Testament, päpstlichen Enzykliken und Konzilsbeschlüssen, die das Zinsnehmen verbieten. Zinswucher wurde von der katholischen Kirche mit Raubüberfall, Mord oder Krieg verglichen.[81]

Sehr drastisch drückt sich Martin Luther zu Zinsen, was damals praktisch identisch mit Wucher war[82], aus: „Darum ist ein Wucherer und Geizhals wahrlich kein rechter Mensch; er sündigt auch nicht eigentlich menschlich! Er muss ein Werwolf sein,

---

[78] Vgl. Graeber 2012, S.17
[79] Vgl. Zimmer 1976, S.476
[80] Vgl. Geitmann 1989, S.2
[81] Vgl. Graeber 2012, S.298ff.
[82] Martin Luther zur Definition des Begriffes Wucher: „Wo man Geld leiht und dafür mehr oder besseres fordert oder nimmt, das ist Wucher – in allen Rechten verdammt. Darum sind alle diejenigen, so fünf, sechs oder mehr aufs Hundert vom geliehenen Gelde nehmen, Wucherer." (Luther 1540) Für Luther ist demnach bereits ein Zins von 5% Wucher.

schlimmer noch als alle Tyrannen, Mörder, Räuber, schier so böse wie der Teufel selbst! Es sitzt nämlich nicht als ein Feind, sondern als ein Freund und Mitbürger im Schutz und Frieden der Gemeinde und raubt und mordet dennoch greulicher als jeder Feind und Mordbrenner. Wenn man daher die Straßenräuber, Mörder und Befehder rädert und köpft, um wie viel mehr noch sollte man da erst alle Wucherer rädern und foltern, alle Geizhälse fortjagen, verfluchen und köpfen[...]"[83] Martin Luther forderte dazu auf, Wucherern die Sakramente sowie ein christliches Begräbnis zu verweigern, d.h. sie de facto aus der Gemeinschaft der Protestanten auszuschließen.[84]

Im Islam gilt bis heute das Zinsverbot: In der 2.Sure, 276 heißt es: „Die, welche Wucher verzehren, sollen nicht anders auferstehen, als wie einer aufersteht, den der Satan durch Berührung geschlagen hat [...]" 277: „Auswischen wird Allah den Wucher, und vermehren wird er die Almosen, und Allah liebt keinen Ungläubigen und Sünder." 280: „Wenn jemand in Schwierigkeit ist, so übt Nachsicht, bis es ihm leichtfällt; schenkt ihr's jedoch als Almosen, so ist's besser für euch, so ihr es wisset." 3.Sure, 125: „O, ihr, die ihr glaubt, fresst nicht den Wucher in doppelter Verdoppelung, sondern fürchtet Allah". 30.Sure, 38: „Und was ihr auf Wucher ausleiht, um es zu vermehren mit dem Gut der Menschen, das soll sich nicht vermehren bei Allah. Und was ihr an Armenspende gebt, im Trachten nach Allahs Angesicht – sie sind es, denen es verdoppelt wird."[85] Die Wortwahl zeigt, dass es sich bei Zinsnehmen im Islam nicht um ein Kavaliersdelikt, sondern um ein Kapitalverbrechen handelt. Das Verbot des Zinswuchers wurde in der Geschichte des Islam offenbar gewissenhaft durchgesetzt, so dass

---

[83] Luther 1540, S.229
[84] Vgl. Luther 1540, S.207f.
[85] Koran in der Übersetzung von Max Henning, Leipzig 1979

beispielsweise über lange Zeiträume die Kreditvergabe nie zu einer Vollzeitbeschäftigung von einzelnen Menschen wurde.[86]

Diesen religiös motivierten Einschränkungen von Zins und Zinseszins liegt im Kern die tiefe moralische Ablehnung von Übervorteilung und Ungerechtigkeit zugrunde. Allerdings dürfte auch die Einsicht eine Rolle gespielt haben, dass Zinseszins und ungehemmte Vermögensvermehrung zwangsläufig zu immer größerer sozialer Ungleichheit und damit zu Unfrieden und gesellschaftlichen Verwerfungen führen. Warum glauben die meisten heutigen Mainstream- Ökonomen, sich über die Aussagen praktisch aller Religionen der Erde zu Zins und Zinseszins hinwegsetzen zu können? Warum werden diese Aussagen als überholt belächelt? Warum dünkt man sich den alten Weisheiten praktisch aller Religionen so überlegen? Mephisto kann sich dazu die Hände reiben. Denn, wie es der Koran drastisch ausdrückt, hat „die, welche Wucher verzehren (...) der Satan durch Berührung geschlagen".

---

86 Vgl. Graeber 2012, S.290

Die Folgen der Gewinnmaximierung[87]

„Erstlich haben die Kaufleut unter sich ein gemeine Regel, das ist
ihr Hauptspruch und Grund aller Finanzen, dass sie sagen: Ich mag
meine Waar so theur geben, als ich kann. Das halten sie fur ein Recht.
Das ist dem Geiz Raum gemacht, und der Höllen Thur und Fenster
alle aufgethan. Was ist das anders gesagt, denn so viel: Ich frage nichts
nach meinem Nähisten (Nächsten), hätte ich nur meinen Gewinn und
Geiz voll; was gehet michs an, dass es zehen Schaden meinem Nähisten
thät auf einmal?"[88]
Martin Luther 1524

Gewinn als Ergebnis, nicht als Ziel

Vorneweg zur Klarstellung: Gegen die Erzielung von Gewinn
durch Unternehmen ist nichts einzuwenden. Unternehmen brauchen Gewinne als Rücklage für schlechte Zeiten, für eine solide
Finanzierung, um das Geschäft ausbauen und investieren zu können. Unternehmen, die dauerhaft ohne Gewinn arbeiten, werden
sich in den meisten Fällen vom Markt verabschieden müssen und
können dann ihre Produkte oder Dienstleistungen nicht mehr an-
bieten. Gewinne sind das Ergebnis guten Wirtschaftens. Es ist
aber ein großer Unterschied, ob sie das Ergebnis oder das Ziel, das
Motiv, die Handlungsmaxime wirtschaftlichen Handelns sind.

---

[87] Die schlimmen Auswirkungen des Gewinnmaximierungsprinzips haben
Heinz Siebenbrock und ich in unserem Buch von 2019 ausführlich dargestellt.
Im vorliegenden Kapitel werden ein paar zentrale Punkte daraus aufgegriffen,
aus einer anderen Perspektive, mit den Augen eines Advocatus Diaboli betrachtet und ergänzt.
[88] Luther, Von Kaufshandlung und Wucher 1524, WA 15

Darüber hinaus zu fordern, dass sie *maximal* sein müssen, ist absurd. Hermann Josef Abs (1901-1994), der frühere Vorstandsvorsitzende der Deutschen Bank, wies auf diesen Unterschied hin: „Gewinne zu machen ist so wichtig wie die Luft zum Atmen. Es wäre traurig, wenn wir nur auf der Welt wären, um Luft zu atmen, genauso wie es schlimm wäre, würden wir nur Unternehmen führen, um Gewinne zu machen."[89]

Außerdem ist mir wichtig zu betonen, dass die allermeisten mittelständischen und kleinen Unternehmen anständig wirtschaften und anständige Produkte herstellen. Ich möchte auf keinen Fall Unternehmer oder Manager als solche diskreditieren. Aber das von den internationalen Kapitalmärkten ausgehende, an den Hochschulen gepredigte Gewinnmaximierungsprinzip ist ein Frontalangriff auf das heute noch weit verbreitete anständige, verantwortungsvolle Unternehmertum und Management. Je weniger Unternehmer und Manager sich dem Druck des Gewinnmaximierungsprinzips ausgesetzt sehen, desto verantwortungsvoller und menschlicher können und dürfen sie handeln.

Der Siegeszug der Gewinnmaximierung

"Die Ideen der Ökonomen [...], ob richtig oder falsch, sind einflussreicher als man gewöhnlich meint. In der Tat wird die Welt von kaum etwas Anderem regiert. Praktiker, die sich frei von intellektuellen Einflüssen glauben, sind normalerweise die Sklaven irgendeines verstorbenen Ökonomen."[90] J.M.Keynes 1936

---

[89] Schmidt 1989, S. 58.
[90] Keynes 1936, S.383

74

Die wichtigste Botschaft und das Kernaxiom der heutigen Betriebswirtschaftslehre lautet: Sinn, Zweck und oberstes Ziel von Unternehmen ist Gewinnmaximierung. Alle Analysen und Handlungsempfehlungen beruhen auf diesem Kerndogma.[91] So selbstverständlich dies heute allen Menschen, die sich mit Ökonomie beschäftigen,

beigebracht wird, so ist diese Grundannahmen doch noch nicht besonders alt.

Bis weit in die 1980er Jahre hinein wurde ganz anderes unterrichtet: Dass die zentrale Aufgabe von Managern sei, sich mit Blick auf das öffentliche Wohl um die Kunden zu kümmern und gerade „nicht selbstzerstörerische Gewinnmaximierung"[92] zu betreiben. Führende Ökonomen vertraten noch bis in die 1970er Jahre die Meinung, dass Management auf einem moralischen Fundament ruhen und dessen Entscheidungen im Hinblick auf das öffentliche Wohl getroffen werden müssen. Es hieß ausdrücklich, dass Gewinn nicht das Ziel von Unternehmen, sondern das Ergebnis der Erfüllung von Kundenbedürfnissen sei.[93]

Erst ab den 1980er Jahren setzte sich in der intellektuellen Auseinandersetzung die Theorie der Gewinnmaximierung durch. Besonders wichtige Propagandisten waren Milton Friedman und Alfred Rappaport. Der geistige Siegeszug wurde von den Vertretern des Gewinnmaximierungsdogmas ab den 1950er Jahren mit

---

[91] Auch die Volkswirtschaftslehre (VWL) baut auf diesem Axiom auf. In der VWL ist es aber nur eines von mehreren Axiomen, während es in der BWL das einzige Zentralaxiom ist.
[92] Schmid, Michael, Peter F. Drucker, der Erfinder des Managements, Trend.at Ausgabe 43/2017, in: https://www.trend.at/branchen/karrieren/peter-f-drucker-erfinder-managements-8429211, abgerufen am 12.2.2019
[93] Vgl. Kreiß/ Siebenbrock 2019, S.53 (Skript)

grandioser Weitsicht langfristig und systematisch vorbereitet, vor allem durch die Mont Pèlerin Gesellschaft, die jahrzehntelang bis in höchste Gesellschaftskreise hinein im Hintergrund arbeitete.[94] Die 1947 u.a. von Milton Friedman, Friedrich August von Hayek, Ludwig von Mises, Karl Popper, Wilhelm Röpke und Walter Eucken gegründete Mont Pèlerin Gesellschaft war lange Zeit das geistige Zentrum und Bollwerk der neoliberalen Doktrin, in der Gewinnmaximierung ein wichtiger, aber bei weitem nicht der einzige Grundstein ist. Der geistige Sieg in Sachen Gewinnmaximierung war schließlich so fundamental, dass die gegenteilige Ansicht heute praktisch vollkommen diskreditiert und in den Lehrbüchern ausgestorben ist. Genauer: Die Gegenansicht wurde durch das brillant arbeitende Mont Pèlerin-Netzwerk gezielt eliminiert.

Heute ist die systematisch betriebene Verdrehung der Begriffe so weit gediehen, dass die meisten Ökonomen und viele Nicht-Ökonomen gar nicht mehr wissen, dass die Aufgabe von Unternehmen die Bedürfnisbefriedigung der Menschen ist. In der einflussreichen Wirtschaftszeitschrift Forbes kann man als Antwort auf die Frage „Was ist der Zweck einer Firma?" lesen: „Der gesunde Menschenverstand sagt uns, dass der Zweck von Unternehmen ist, Geld zu machen."[95] Die völlige Pervertierung des Unternehmensziels wird hier sogar als „gesunder Menschenverstand" bezeichnet.

---

[94] Vgl. Mirowski/ Plehwe 2009 und ZDF Die Anstalt 7.11.2017, https://www.youtube.com/watch?v=vzUNwWpk6CE
[95] Forbes Jul 17, 2017, https://www.forbes.com/sites/gradsoflife/2018/11/06/salute-to-skills-workshops-for-warriors-and-hire-heroes-usa/#343e37385a11: What is the purpose of a firm? (…) Common-sense tells us that the purpose of a business is to make money. A conversation with almost any businessman or economist shows it to be so. Why else would a firm be in business? Many experts agree: The Economist has recently declared that the goal of

Nachdem die Schlacht um dieses schädliche Kernprinzip in den Herzen und Geistern der Ökonomen, der Journalisten und der Politiker und damit in der öffentlichen Meinung gewonnen war, war der Weg für die Ausbreitung des Gewinnmaximierungsprinzips als alleiniger Maxime auch in der Realität über den gesamten Globus frei. Heute handeln praktisch alle Großkonzerne nach diesem menschenverachtenden Prinzip. Spitzenmanager, die sich nicht danach richten, werden schnell gefeuert. Andere Namen dafür sind „Shareholder Value", „Economic Value Added", „wertorientierte Unternehmensführung" oder einfach Renditeorientierung.

Die eigentliche Entscheidung über die ökonomische Zukunft der Erde fand also in einem Geisteskampf statt, der mehrere Jahrzehnte dauerte und erbittert geführt wurde. Die eigentliche Schlacht findet immer im Geist statt, in der einzelnen menschlichen Brust, im einzelnen menschlichen Kopf. Nach den Gedanken und Theoriesystemen wird dann für die kommenden Generationen die Wirklichkeit geformt.

Ein besonders interessantes Beispiel dafür ist die Formung der Sowjetunion und Chinas nach den Gedankengebäuden von Marx und Lenin: Die Gedanken ganz weniger sozialistischer Denker haben das Alltagsleben von weit über einer Milliarde Menschen über mehrere Generationen maßgeblich bestimmt. Das zeigt anschaulich, welche Wucht und Strahlkraft Gedanken haben können.

---

maximizing shareholder value, i.e. making money for shareholders, is "the biggest idea in business." Today, "shareholder value rules business."

Viele Menschen werden sich immer mehr bewusst, wie wichtig die Gedanken und die weltanschaulichen Auseinandersetzungen eigentlich sind. In jüngerer Zeit wird immer stärker das Augenmerk gerade auf dieses Ringen gelenkt. Momentan besteht ein starker Geisteskampf um die „Deutungshoheit" des „Narrativs", darum, was und wie die Medien über gesellschaftliche Vorkommnisse berichten und was sie nicht berichten. Es hagelt Anschuldigungen von „fake news" und Vorwürfe von „alternativen Fakten". Eine solche Entwicklung in dieser Breite ist für mich etwas völlig Neues, völlig neu die Verunsicherung, was man überhaupt noch glauben kann und was nicht. Selbst bis vor kurzem als konservativ und seriös geltenden Medien kann man nicht mehr wirklich trauen.

Zurück zur Gewinnmaximierung: Der Siegeszug dieses Prinzips erst in der intellektuellen Auseinandersetzung, dann in der Realität hat das Alltagsleben von Milliarden von Menschen ganz erheblich beeinflusst und zwar zum Negativen. Denn der Gedanke der Gewinnmaximierung ist für mich zutiefst mephistophelisch. Nun soll herausgearbeitet werden, wie dieser schädliche Gedanke konkret Schaden anrichtet.

Ein grundsätzlicher Zielkonflikt

Gewinne kommen betriebswirtschaftlich betrachtet so zustande:

Umsatz(erlöse)
- Materialaufwand
- Personalaufwand
- sonstiger Aufwand

- Steuern
= Gewinn

Werfen wir zunächst einen Blick auf die Aufwandspositionen. Wenn ein Unternehmen seine Gewinne maximieren will, müssen alle Aufwandsposten so stark gedrückt werden wie möglich: Material so billig einkaufen wie möglich, aus den Beschäftigten so viel herausholen wie möglich und ihnen gleichzeitig möglichst wenig Lohn und Gehalt bezahlen. Unter sonstigen Aufwand fallen beispielsweise Anstrengungen des Unternehmens, die Umwelt möglichst wenig zu belasten. Aber Abfälle, Abgase und Müll vermeiden, Klärwerke, Filter einbauen, Recycling, umweltschonende Produkte herstellen usw.: Das kostet alles Geld. Praktisch alle Bemühungen, die Umwelt zu schonen, sind teuer, stellen Unternehmensaufwand dar. Ein rational handelndes, die Gewinne maximierendes Unternehmen wird daher logischerweise alles tun, um diese Aufwände so gering wie nur möglich zu halten, das heißt die Umwelt maximal auszunutzen. Auch Steuern müssen bei dieser Handlungsmaxime mit allen zur Verfügung stehenden Mitteln minimiert werden.

Logisch konsequent zu Ende gedacht führt die Aufforderung, die Gewinne zu maximieren, dazu, dass Unternehmen versuchen sollen, so stark zu Lasten aller übrigen Menschen zu leben, wie möglich: Die Lieferanten in den Konditionen so stark auszupressen wie möglich, die Mitarbeiter so stark auszunutzen wie möglich, die Umwelt so rücksichtslos zu behandeln wie möglich und so wenig Steuern an die Allgemeinheit abzugeben wie möglich, um nur vier wichtige Bereiche aufzuführen. Auf der Einnahmenseite, bei den Umsätzen, gilt: Für die Produkte und Dienstleistungen sollen maximal hohe Preise bei gleichzeitig geringstmöglicher Qualität „durchgeholt" werden, wie es von Vertriebsleuten oft genannt wird.

Kundenbetrug und Konsumentenübervorteilung

Beginnen wir mit der Einnahmenseite und machen wir uns klar, was das Prinzip Gewinnmaximierung letztlich für die Kunden bedeutet. Der Gedanke der Gewinnmaximierung bedeutet, dass es beim unternehmerischen Handeln nicht um die Konsumenten mit ihren Bedürfnissen geht, sondern darum, aus den Kunden so viel Geld wie möglich herauszuholen nach dem Motto: Wir wollen nur dein Bestes, dein Geld. Die Folgen liegen auf der Hand: Man versucht mit aller Energie, Intelligenz, Tricks und Kniffen, die Ware so teuer wie möglich zu verkaufen oder bei gleichbleibenden Preisen die Qualität zu verschlechtern - oder beides gleichzeitig.

Das beste Beispiel sind vielleicht die Privatisierungen der Wasserwerke. Kommunale Wasserwerke haben den Auftrag, die Menschen mit günstigem und sauberem Trinkwasser zu versorgen und Abwasser zu entsorgen. Ziel ist eine gute Versorgung der Verbraucher. Wenn Wasserwerke privatisiert werden, ist das Ziel nicht mehr der Verbraucher, sondern maximale Gewinne und Renditen. Das erreicht man, indem die Investitionen in die Leitungen verringert und die Preise erhöht werden. Und genau das ist in fast allen Fällen von Privatisierungen der Wasserversorgung auch eingetreten: „Fast überall, wo eine solche Privatisierung schon versucht wurde, haben Verbraucher und Kommunen ihr Waterloo erlebt", das heißt steigende Preise bei sinkender Wasserqualität, schreibt die Süddeutsche Zeitung im Juli 2018.[96] Das ist die völlig logische Konsequenz des Gewinnmaximierungsprinzips.

---

[96] SZ 8.7.2018, SOS H2O https://www.sueddeutsche.de/politik/privatisierung-sos-h-1.4045391

Ein anderes Beispiel: Die von Muhammad Yunus gegründete, genossenschaftlich organisierte non-profit Mikrokreditbank hatte das Ziel, ihren Kunden, den Kleinkreditnehmerinnen, so stark wie möglich zu helfen. Die Grameen Bank war ein Segen für ihre Kunden. Ein paar Jahre später entstanden andere Mikrokreditbanken, die nach dem Prinzip der Gewinnmaximierung arbeiteten. Deren Ziel war nie, den Kunden in irgendeiner Art zu helfen, sondern die Kunden maximal auszunehmen. Die Kreditzinsen der gewinnmaximierenden Mikrokreditbanken waren etwa drei- bis zehnmal so hoch wie diejenigen der Grameen Bank, mit entsprechenden üblen Folgen für die Kreditnehmer: hohe Ausfallraten, Elend und Selbstmorde. Der Geist, aus dem heraus ein Unternehmen betrieben wird, ist entscheidend für den Umgang mit den Kunden.[97]

Um die ganze Tragweite zu verdeutlichen, was es in letzter Konsequenz bedeutet, wenn bei Unternehmen konsequent das Prinzip der Gewinnmaximierung umgesetzt wird, soll noch ein drittes, gut dokumentiertes Beispiel, aus der Pharmaindustrie angeführt werden: Der Fall Paroxetin, ein Antidepressivum für Kinder.

Der Hersteller des Medikaments, der britische Pharmakonzern GlaxoSmithKline (GSK), wusste durch interne Studien, dass Paroxetin keinen Nutzen bei der Behandlung von Depressionen bei Kindern erbringt. In einem internen Dokument von GSK heißt es: „Es wäre wirtschaftlich inakzeptabel, einen Vermerk über die Unwirksamkeit aufzunehmen, denn das würde das Profil von Paroxetin unterminieren."[98] Umgangssprachlich ausgedrückt: Wenn man auf die Verpackung schreibt: „Wirkt nicht!" verkauft es sich

---

[97] Vgl. Kreiß/ Splettstößer 2014
[98] Goldacre 2013: S. 89

nicht mehr. Dennoch wurde Paroxetin allein in Großbritannien ein Jahr nach diesem internen Memo 32.000 Mal an Kinder verschrieben. Auch in insgesamt neun (!) weiteren Studien in den Folgejahren konnte durch GSK keine Wirksamkeit des Medikaments bei Kindern festgestellt werden.

Doch nicht nur, dass Paroxetin keine Wirkung bei der Behandlung von Depressionen hatte, es hatte besorgniserregende Nebenwirkungen, insbesondere eine Erhöhung der Suizidgefahr, der Selbstmordgefahr, was GSK durch interne Studien wusste, jedoch nicht nach außen mitteilte: „Bei GSK wusste man, dass das Medikament Kindern verschrieben wurde, und man kannte das Risiko, hatte sich jedoch entschieden, diese Information nicht weiterzugeben."[99] So konnte jahrelang ein wirkungsloses Medikament an Zigtausende Kinder weltweit verschrieben werden, das keine Wirkung, dafür aber signifikante negative Nebenwirkungen hatte.[100]

Aus Sicht konsequenter Gewinnmaximierung macht eine solche Vorgehensweise Sinn. Ich war sieben Jahre lang Investmentbanker. Wenn wir einen Unternehmenskauf finanziert hatten, gab es danach drei Unternehmensziele: Profit, Profit und Profit. Für einen Controller sind Konzernprodukte Gewinnträger. Diejenigen Produkte oder Dienstleistungen mit den höchsten Deckungsbeiträgen bzw. Gewinnbeiträgen müssen über das Marketing gepusht werden. Es geht, wie das Prinzip schon sagt, nicht um Kundennutzen oder Bedürfnisbefriedigung, das sind nur die Randbedingungen. Der eigentliche Unternehmenszweck ist maximale Gewinnerzielung. Das Mittel dazu sind die Produkte. Der Zweck heiligt die Mittel, wie das Paroxetin-Beispiel anschaulich zeigt.

---

[99] Goldacre 2013: S. 91
[100] Goldacre 2013: S. 88-91

Das ist die logische Konsequenz der Gewinnmaximierungsmaxime.

Wir sollten uns das mit aller Deutlichkeit klarmachen: Unternehmen, die der Gewinnmaximierung folgen, geht es nicht um das Wohl der Kunden, sondern um das Wohl der Kapitalgeber. Auch wenn praktisch alle Ökonomie-Lehrbücher versuchen, das zu verschleiern und um den heißen Brei herumreden: Das sind alles nur Ablenkungsmanöver. Der Verbraucher wird durch das Gewinnmaximierungsprinzip herabgewürdigt zum Profitbeschaffer - und sonst nichts. Das ist die bittere Wahrheit und die logische Konsequenz.

Das erklärt die ständig steigende, irreführende und unaufrichtige Marketingflut und die zahllosen, ständig zunehmenden Beispiele von Kundenbetrug und Konsumentenübervorteilung wie Gammelfleisch, Gepanschter (Glykol-) Wein, Abo-Fallen, zu viele Versicherungen zu überhöhten Preisen, falsche, schlechte oder überteuerte Medikamente, wirkungslose Schönheitscremes, sinnlose Impfungen mit gefährlichen Nebenwirkungen, Haustür-Vertreter-Geschäfte, geplanter Verschleiß usw. usw., die Liste ist unendlich lang. Diese Phänomene sind <u>alle</u> die letzte Konsequenz aus dem Gewinnmaximierungsprinzip. Auf einige dieser Missstände werde ich unten noch näher eingehen.

Aus Sicht von Mephisto erweist sich das Prinzip der Gewinnmaximierung als ein geradezu fast unerschöpfliches Füllhorn, um Sand in das Getriebe der Ökonomie zu bringen, um die Verbraucher in großem Umfang und systematisch zu schädigen und so ein Gegeneinander statt Füreinander und Miteinander zu bewirken, um über Kundenbetrug und Verbraucherübervorteilung Misstrauen geradezu zu züchten, die Zerstörung von Treu und

Glauben herbeizuführen und dadurch letztlich die Moral zu zerstören. Gewinnmaximierung ist ein wahrhaft diabolischer Schachzug.

Mitarbeiter als Produktionsfaktoren statt als Menschen

Ein sehr großer Kostenfaktor für Unternehmen sind die Aufwendungen für die Beschäftigten. Um die Gewinne zu maximieren, kann man daher von zwei Seiten her ansetzen: Löhne drücken und die Mitarbeiter zu höherer Leistung antreiben. Beides wird durch die Konzerne auch umfangreich praktiziert. Nicht nur aus Entwicklungsländern erreichen uns ständig Meldungen über die Ausbeutung von Arbeiterinnen und Arbeitern, die für westliche Großunternehmen unter oft menschenunwürdigen Bedingungen arbeiten, sondern auch bei uns erhöht sich, ausgehend von den kapitalmarkt- das heißt renditegetriebenen Großunternehmen, der Stress am Arbeitsplatz bei gleichzeitig möglichst starkem Druck auf die Entlohnung. Besondere Ausprägungen davon sind Zeitarbeit, Werkverträge und Scheinselbständigkeit. In den letzten Jahrzehnten entstand dadurch in Deutschland ein Niedriglohnsektor mit prekären Arbeitsverhältnissen, wie es etwa in den 1960er Jahren undenkbar gewesen wäre. Krankschreibungen wegen Burn-out und Depressionen nahmen dadurch in den letzten Jahren stark zu.

Symptomatisch für diese Entwicklungen ist der Begriff „Human Resources", der sich mittlerweile in der BWL eingebürgert hat und der von vielen Personalabteilungen verwendet wird. Unter Human Resources kann man menschliche Rohstoffe, Menschenmaterial, Menschennachschub, menschliche Reserve oder

Humankapital – das Unwort des Jahres 2004 – verstehen, wie Rügemer und Wiegand richtig ausführen. Die Begriffe stammen aus dem Bergbau, wo man Ressourcen ausbeutet oder aus dem Militärbereich, wo man aufgeriebene Bataillone durch frisches Menschenmaterial ersetzen muss. Schon der Begriff „Human Resources" drückt eine Denkweise aus, „die Menschen als rohe Masse sieht, die gewinnbringend auszuheben ist."[101] Das Wort „Human Resources" wäre für mich ein ganz heißer Kandidat für ein neues Unwort des Jahres.

Diese Entwicklungen sind für mich kein Zufall, sondern von bestimmten Kräften aktiv gewollt und herbeigeführt. Wenn man sich als Advocatus Diaboli die Fragen stellt: Wie gelingt es, in Unternehmen arbeitende Menschen nicht mehr als Menschen anzusehen, sondern als Produktionsfaktoren, die man - wie Maschinen oder Material - möglichst stark ausnützt? Wie kann man es schaffen, steigende Arbeitslast, Misstrauen, hierarchische statt kooperative Strukturen herbeizuführen? Kurz: Wie schafft man es, das Arbeitsleben immer mehr zur Hölle zu machen? So ist die Antwort simpel: Der Königsweg dazu ist die Propagierung des Gewinnmaximierungsprinzips. Mephistopheles hat seine Freude daran.

Karriere und Aufstieg der Rücksichtslosen und Asozialen

Das System der Menschenausbeutung funktioniert nur mit Führungskräften, die diese Denkweise verinnerlichen und umset-

---

[101] Rügemer/ Wiegand 2014, S. 51

zen. Die langjährige Investmentbankerin und Coach von Führungspersonen, Ulrike von Aufschnaiter, hat in ihren umfangreichen eigenen Erfahrungen festgestellt, dass viele hohe Führungskräfte „gravierende Persönlichkeitsstörungen" aufweisen. Sie beschreibt die Spitzenkräfte in Wirtschaft (und Politik) folgendermaßen: „Bei vielen von diesen Charakteren beobachtet man auch narzisstische oder autistische, teilweise sogar psychopathische Züge. Diesen Menschen fehlt es oft an Empathie und jeglichem Gefühl von Verhältnismäßigkeit. Sie haben einen Drang, sich selbst zu verwirklichen und "zu gewinnen". Egal wie."[102] Sie beruft sich dabei nicht nur auf ihre eigenen umfangreichen persönlichen Erfahrungen, sondern auch auf etliche internationale Studien.

Das ist wenig überraschend. Das rücksichtlose Konkurrenzsystem innerhalb der Großunternehmen erzwingt geradezu den Aufstieg von möglichst herrschsüchtigen, skrupellosen, unempathischen und narzisstischen Menschen mit Hang zu Überheblichkeit und Selbstüberschätzung. Das Konkurrenz-, Hau- und Stechsystem um Karriere und Aufstieg in vielen Konzernen sorgt für eine solche Selektion der Asozialen, Unempathischen und Rücksichtslosen. Belohnt wird, wer so rücksichtslos wie möglich die Maximierung der Gewinne durchsetzt. Das geht nicht mit Empathie, Rücksicht und menschlichem, sozialem Denken. Und die Belohnung ist hoch: Millionen-Saläre, Ansehen und Macht über Tausende von Menschen. Mephisto hält seine Versprechen.

---

[102] Aufschnaiter 2019 S.354

Mörderischer Wettbewerb zwischen den Unternehmen

Ausgehend von den Großinvestoren an den internationalen Kapitalmärkten, in erster Linie Wallstreet oder London, wird auf die börsennotierten Unternehmen ständig ein gewaltiger Renditedruck aufgebaut. Quartal für Quartal müssen die Gewinne steigen. Dadurch wird ein gewaltiger Wettbewerbsdruck erzeugt. Diejenigen Unternehmen, die bei diesem Konkurrenzkampf nicht mithalten, bleiben mit ihren Aktienkursen zurück und stehen so ständig unter der Drohung, von Konkurrenten oder Großinvestoren aufgekauft, einverleibt oder zerschlagen zu werden. Dadurch wird eine ständige Stimmung der Angst im Hintergrund aufrechterhalten. So kann permanent Druck auf die oberste Führungsebene ausgeübt werden. Diese gibt ihn weiter nach unten. Und so entsteht ein System der Kundenübervorteilung und Ressourcenausbeutung im Dienste der Renditemaximierung für einige wenige reiche Menschen. Dabei greifen die wirklich großen und mächtigen Konzerne häufig zu fragwürdigen Methoden der Wettbewerbseinschränkung, um ihre Gewinne vor Wettbewerb zu schützen.[103]

Hauen und Stechen zwischen Zulieferern und Abnehmern

Das Hauen und Stechen in einem Grundklima der Angst, das von den internationalen Großinvestoren geschürt wird, hat auch Auswirkungen auf die Beziehungen zwischen Endfertigern und

---

[103] Vgl. u.a. WEO 2019 Chapter 2 file:///C:/Users/00413/AppData/Local/Temp/text.pdf Stand August 2019

Zulieferern. Auch hier zieht immer stärker eine Drück- und Kampfkultur ein, eine Stimmung des Misstrauens und Übervorteilens statt Kooperation. Das ist die logische Konsequenz des Gewinnmaximierungs-Denkens: je stärker ich die Einkaufspreise drücken kann, desto höher wird mein Gewinn. Einer der prominentesten Vertreter dieser rücksichtslosen Vorgehensweise war der Automobil-Manager José Ignacio Lopez, der durch seine rüden Methoden im Einkauf als Kostenkiller bekannt wurde.

Ich möchte noch einmal betonen, dass die in den letzten Punkten – Kundenbetrug, Mitarbeiter als Produktionsfaktoren, Auslese der Rücksichtslosen, Hauen und Stechen zwischen Zulieferern und Abnehmern - geschilderten Zustände gottseidank bei weitem noch nicht unsere gesamte Wirtschaft erreicht haben. Gerade unser Mittelstand, die Kleinunternehmen und Selbständigen machen bei diesen Methoden zum größten Teil nicht mit, ja wehren sich teilweise verzweifelt gegen diese zielgerichtete Verunmenschlichung des Wirtschaftslebens. Aber was wir beobachten können, ist, dass diese schädlichen Entwicklungen, ausgehend von den Kapitalmärkten und den börsennotierten Großunternehmen, in den letzten Jahren immer stärker um sich greifen, immer größere Teile unserer Wirtschaft unterwerfen - und unterwerfen sollen. Ich schildere daher das Umsichgreifen dieser Strukturen, ihre Ursachen und ihre Ziele, damit wir uns dieser Prozesse bewusstwerden, sie stoppen und, noch besser, sie umkehren. Denn für mich haben diese Prozesse einen höchst intelligenten, mephistophelischen, menschenverachtenden Ursprung.

Steuersparmodelle, Steuerflucht und Betrug an der Allgemeinheit

Gewinnmaximierung bedeutet für Unternehmen die Aufforderung, so wenig Steuern wie möglich zu zahlen, der Allgemeinheit von den Millionengewinnen so wenig wie möglich abzugeben und sie stattdessen möglichst gering oder am besten unbesteuert einer kleinen Minderheit von Millionären zuschieben zu können – denn der Großteil des Unternehmenseigentums ist in den Händen von sehr wenigen, sehr reichen Familien.[104] Zu diesem Zweck wird ein ganzes Heer von hochbezahlten Steuerberatern, Wirtschaftsprüfern und Firmenanwälten beschäftigt, die sich raffinierte, extrem intelligente Steuersparmodelle ausdenken mit dem Ergebnis, dass beispielsweise einige international bekannte Unternehmen durch Steueroasen und Steuerflucht beinahe überhaupt keine Steuern mehr zahlen. Das Vermögen vermehrt sich dadurch bei den Vermögenden immer weiter und so soll es auch bleiben - das lehren die Ökonomen tagtäglich Millionen von jungen Menschen. Auch bei vielen Privatpersonen hat sich diese Denkweise eingebürgert. Dahinter steckt im Kern das ständige Predigen von Egoismus durch das Lehrgebäude der Ökonomen und ganz besonders das Propagieren der Gewinnmaximierung.

Dadurch werden langfristig die öffentlichen Finanzen geschwächt, das Gemeinwesen ausgehöhlt, und der langsame Zerfall der Gesellschaft durch immer stärkere Ungleichverteilung ge-

---

[104] Vgl. Wehler, 2013, S.74; demnach kontrollieren in Deutschland 7700 Haushalte, das sind 0,02 Prozent aller deutschen Haushalte, über die Hälfte des deutschen Betriebsvermögens.

fördert. So lautet auch hier die Antwort auf die Frage eines Advocatus Diaboli: Wie kann ich eine Menschengemeinschaft langfristig gravierend schädigen? Durch die Propagierung der Gewinnmaximierung.

Systematische Umweltzerstörung

Im Kapitel „Zinseszins" wurde dargestellt, wie Zinseszins und Kurzfristdenken dazu führen, dass die Umwelt systematisch ausgebeutet und zerstört wird. Der Turbo in diesem Prozess ist die Gewinnmaximierung. Zinseszins ist erst in Kombination mit Gewinnmaximierung der wirkliche Todesstoß für unsere Umwelt. In der Gewinn- und Verlustrechnung der Unternehmen stellen alle Maßnahmen zur Schonung der Umwelt Aufwand dar. Kläranlagen, Filter, Müllentsorgung, Abwasserentsorgung, Abgasvermeidung usw. usw. sind alles Kostenfaktoren, die den Gewinn mindern. Aus Sicht eines rational gewinnmaximierenden Konzernchefs müssen alle diese Ausgaben so stark reduziert werden wie möglich. Im Normalfall gilt: Je stärker die Umwelt ausgebeutet wird, je rücksichtsloser die natürlichen Ressourcen angeeignet werden, umso besser für die Gewinne. Umweltzerstörung, soweit sie legal ist, ist die logische Konsequenz.

Durch Umweltschutzgesetze und Auflagen versuchen viele Regierungen, der Umweltzerstörung Einhalt zu gebieten. Ein Blick in die Welt zeigt jedoch, dass erstens eine komplette Erfassung aller Lebens- und Umweltbereiche durch Gesetze unmöglich ist, so dass ständig Lücken bleiben, durch die umweltbelastende Handlungen möglich sind. Zweitens werden viele Gesetze in Industrieländern durch Industrie-Lobbyismus zu Gunsten der Konzerngewinne und zu Lasten der Umwelt beeinflusst. Drittens gibt es zahlreiche Möglichkeiten, gesetzliche Vorgaben zu umgehen. In Entwicklungsländern ist die Situation noch viel trostloser. Dort fehlen Umweltgesetze oft ganz oder die Umgehungsmöglichkeiten sind Legion.

So lautet die Antwort auf die Frage: Wie kann man Unternehmen dazu bringen, Natur, Kreatur und Schöpfung möglichst rücksichtslos auszubeuten und zu zerstören? Durch das Propagieren von Zinseszins in Kombination mit Gewinnmaximierung.

Gesundheit

Pharmaindustrie

Ein besonders dunkles Kapitel betrifft Gewinnmaximierung und Gesundheit. Oben wurde das Beispiel Paroxetin geschildert, wo Gewinninteressen eines Pharmakonzerns wichtiger waren als die Gesundheit der Patienten. Das gilt für alle gewinnmaximierenden Pharmakonzerne: Sie versuchen systematisch diejenigen Medikamente durch massive Marketingmaßnahmen in den Markt zu drücken, die für die Konzerngewinne die besten sind, ohne Rücksicht darauf, ob sie auch für die Patienten die besten sind.

Der unabhängige britische Arzt Ben Goldacre fasst die Ergebnisse seiner jahrelangen Untersuchungen folgendermaßen zusammen: „Ein Viertel der Pharmaausgaben fließt ins Marketing, zweimal so viel wie in Forschung und Entwicklung, und das Geld dafür liefern wir über unsere Medikamente. Wir bezahlen für

Arzneimittel den enormen Aufschlag von 25 %, damit viele Milliarden Euro jährlich für die Herstellung von Materialien ausgegeben werden können, die Ärzte gezielt verwirren und die evidenzbasierte Medizin untergraben."[105] Was ist damit gemeint? Durch massive Medikamentenwerbung im Dienste der Gewinnmaximierung werden nicht diejenigen Medikamente, für die gesicherte medizinische Erkenntnisse vorliegen, verschrieben, sondern diejenigen, die die höchsten Gewinne bringen. „Gewinn geht vor Gesundheit" ist das Grundprinzip gewinnmaximierender Pharmakonzerne. Dafür gibt es zahllose Beispiele.

Aber nicht nur das. Für einen gewinnmaximierenden Pharmakonzern gibt es keine schlimmere Horrorvorstellung als lauter gesunde Menschen. Denn dann würde ja die Geschäftsbasis zusammenbrechen. Es ist bekannt, dass daher immer wieder von der Pharmaindustrie versucht wird, neue Krankheiten zu erfinden, das sogenannte disease mongering. Beispiele dafür sind überhöhte Cholesterinwerte als Volkskrankheit, das Zappelphilipp-Syndrom bzw. ADHS oder Sexualprobleme. Denn je mehr Krankheiten diagnostiziert werden, umso mehr Medikamente dagegen kann man verkaufen.

Am besten für die Gewinne sind Patienten mit chronischen Leiden, die ständig auf Medikamente angewiesen sind. Werden daher Methoden gefunden, die durch eine einmalige Behandlung die Krankheit aus der Welt schaffen, ist das im Grunde genommen katastrophal für die Gewinne. Daher werden die Preise für diese extrem effizienten Medikamente in astronomische Höhen getrieben. Beispielsweise kostet eine Spritze gegen Netzhautdegeneration 850.000 Dollar. Auch andere Gentherapien kosten

---

[105] Goldacre 2013, S. 349

etwa eine Million Dollar, bei einmaligen Therapien gegen die Bluterkrankheit geht man von Preisen zwischen einer und drei Millionen Dollar aus.[106] Ähnlich wie Autos, Waschmaschinen, Bügeleisen, Fahrräder, Möbel usw., die jahrzehntelang halten, eine Katastrophe für die Gewinne sind, sind chronisch gesunde Menschen ein Alptraum für gewinnmaximierende Pharmakonzerne.

Peter Gøtzsche, der langjährige Leiter des Nordischen Cochrane Centers in Kopenhagen und intimer Kenner der Pharmaindustrie-Praktiken, zieht folgendes Resümee: „Wenn Journalisten mich fragen, was ich von den ethischen Standards der Pharmaindustrie halte, antworte ich oft mit einem Scherz, oder ich sage, ich hätte keine Antwort, weil ich nicht beurteilen könne, was nicht existiert. Der einzige Standard der Branche ist das Geld, und der Wert eines Menschen hängt davon ab, wie viel Geld er einbringt."[107]

Diese Aussage bringt gut auf den Punkt, was die Umsetzung des Gewinnmaximierungsprinzips in letzter Konsequenz bedeutet: Es geht nicht mehr um die Verbraucher, Konsumenten oder Patienten, sondern nur noch um Geld. Logisch konsequent zu Ende gedacht und umgesetzt führt es zur Zerstörung aller Moral. Und das ist genau das eigentliche Ziel von Mephisto. Luther fasst das treffend zusammen: „Das ist dem Geiz Raum gemacht, und der Höllen Thur und Fenster alle aufgethan. Was ist das anders gesagt, denn so viel: Ich frage nichts nach meinem Nähisten, hätte ich nur meinen Gewinn und Geiz voll".[108] Da ist der Hölle Tür und Fenster aufgetan. Luther erkennt intuitiv das Wirken von

---

[106] https://www.aargauerzeitung.ch/wirtschaft/roche-kauft-us-biotechfirma-und-prescht-in-das-feld-der-gentherapien-vor-134133796
[107] Gøtzsche 2014, S. 80f.
[108] Luther, Martin, Von Kaufshandlung und Wucher 1524, WA 15

Mephistopheles, dem Herrn der Hölle, der hinter dieser Vorgehensweise steckt.

Aus Sicht eines Advocatus Diaboli könnte man noch einen Schritt weitergehen und die Frage stellen: Wie kann man Menschen krank und abhängig machen? Laut konservativen Medienberichten haben große US-Pharmakonzerne über massives verharmlosendes Marketing für legal verschriebene opioide Schmerzmittel Patienten vorsätzlich in Abhängigkeit und Drogensucht getrieben.[109] Das Pharmamarketing hat maßgeblich zu dem starken Anstieg der Drogentoten von 12.100 1999 auf 43.500 2017 in den USA[110] beigetragen. Im Mai 2019 wurde erstmals in der US-Geschichte ein Vorstandsvorsitzender (und Milliardär) eines börsennotierten Pharmaunternehmens, Insys Therapeutics, wegen organisierter Kriminalität von einem Gericht für schuldig befunden.[111] Manche Pharmaunternehmen wie Purdue haben von der marketinggetriebenen rasanten Zunahme der Verschreibung opioider Schmerzmittel offenbar gleich doppelt profitiert: Erst wurden viele Patienten mit hohen Gewinnen in opioide Abhängigkeit getrieben und dann gleich ein profitables Entwöhnungsmedikament hinterherverkauft.[112] Der Anstieg an Drogentoten und Selbstmorden in den USA war in den letzten Jahren so stark, dass zum ersten Mal in den letzten etwa 100 Jahren die Lebenserwartung in den USA sank, von 78,9 Jahren 2014 auf 78,6

---

[109] https://www.vox.com/future-perfect/2019/1/25/18188542/opioid-epidemic-marketing-overdose-death-purdue
[110] https://www.washingtonpost.com/national/health-science/us-life-expectancy-declines-again-a-dismal-trend-not-seen-since-world-war-i/2018/11/28/ae58bc8c-f28c-11e8-bc79-68604ed88993_story.html?noredirect=on&utm_term=.590f050b30e3
[111] https://www.bostonglobe.com/metro/2019/05/02/jury-returns-verdict-insys-trial/KeiTKLXZnnBZnOulLED17M/story.html
[112] https://www.nbcnews.com/news/us-news/unredacted-lawsuit-against-oxycontin-maker-reveals-they-pushed-opioid-low-n965721

Jahre 2017.[113] Dieser Rückgang über drei Jahre hinweg in Friedenzeiten ist einzigartig für ein Industrieland.

Eines der Ziele von Mephisto ist, die Menschen unfrei und abhängig zu machen. Unfreie, abhängige und willensgeschwächte Menschen kann man sehr viel leichter manipulieren und auf die schiefe Bahn bringen, man denke nur an die Beschaffungskriminalität oder Beschaffungsprostitution. Eine gute Methode dafür sind Drogen oder ihre Vorstufe, opioide Schmerzmittel. Aus Sicht von Mephisto sind Gewinne für die Konzerne dann nur der Köder. Das wichtigere Ziel ist die moralische Schwächung der Menschen.

Impfstoffhersteller

Ein Teilbereich der Pharmaindustrie sind die Impfstoffhersteller. In Deutschland haben sich die Impfungen im ersten Lebensjahr von 1970 bis heute versechsunddreißigfacht. 1970 gab es für Säuglinge und Kleinkinder in der Regel eine Impfung, heute werden sie innerhalb des ersten Lebensjahres 36 Mal geimpft. Selbstverständlich gibt es sehr gute und vernünftige Impfungen. Es ist ein Segen, dass Pocken, Kinderlähmung, Wundstarrkrampf und einige andere üble Krankheiten besiegt sind. Aber es gibt auch sehr viele fragwürdige, und vor allem zu früh verabreichte Impfungen.

---

[113] https://www.washingtonpost.com/national/health-science/us-life-expectancy-declines-again-a-dismal-trend-not-seen-since-world-war-i/2018/11/28/ae58bc8c-f28c-11e8-bc79-68604ed88993_story.html?noredirect=on&utm_term=.590f050b30e3

Wieviel und wann in Deutschland geimpft wird, entscheidet die Ständige Impfkommission am Robert Koch Institut in Berlin, die Stiko. Die Stiko ist mehrheitlich mit Vertretern besetzt, die finanzielle und geistige Verflechtungen mit den Impfstoffherstellern haben.[114] Im Zweifelsfall entscheidet die Stiko daher meiner Einschätzung nach für die Gewinne der Impfstoffhersteller statt für die Gesundheit unserer Kinder. So erzählte mir einmal in einem persönlichen Gespräch ein früheres Mitglied der STIKO auf die Frage, weshalb ein fragwürdiger Impfstoff (gegen Hepatitis B) in der dreimal verabreichten Sechsfachimpfung für Neugeborene enthalten sei: „Weil sie den Impfstoff sonst wenig verkaufen könnten." Die Stiko gehört in ihrer derzeitigen Zusammensetzung meiner Meinung nach sofort wegen Befangenheit geschlossen.[115]

Auf dem Gebiet der Impfung geht meiner Einschätzung nach, ebenso wie im gesamten Pharmabereich, Gewinn vor Gesundheit. Mephisto, der Lügen- und Verderbensgeist, hat seine Freude daran.

Lebensmittelindustrie

„Die Essensfälscher – Was uns die Lebensmittelkonzerne auf die Teller lügen" lautet der Titel eines 2011 erschienenen Buches von Thilo Bode, dem Leiter von foodwatch und früheren Chef von

---

114 Vgl. Kreiß/ Siebenbrock 2019, und Kreiß Stellungnahme im Bundestag 29.10.2015 https://www.bundestag.de/re-source/blob/393618/96c6fc69db611847737844016d571193/stellung-nahme_kreiss-data.pdf Stand August 2019
115 Vgl. Kreiß, Stellungnahme Bundestag 29.10.2015

Greenpeace.[116] Darin zeigt er eindrucksvoll auf, was das Prinzip der Gewinnmaximierung für unsere Ernährung bedeutet: Es werden über massive Marketingmaßnahmen diejenigen Lebensmittel entwickelt und verkauft, die gut für die Konzerngewinne, aber schlecht für unsere Gesundheit sind. Das Ergebnis: „Unsere kranken Kinder" nennt Ulrike von Aufschnaiter ihr 2019 erschienenes Buch[117], das sich mit der durch die Lebensmittelkonzerne herbeigeführten strukturellen Fehlernährung vor allem unserer Kinder auseinandersetzt.

Der Grund dafür ist einfach: Gesunde, vollwertige, unverarbeitete Lebensmittel sind für die Konzerne im Regelfall nicht lukrativ. Ungesunde, raffinierte, mit zahllosen chemischen Zusätzen versehene Lebensmittel haben dagegen meist sehr hohe Gewinnspannen.[118] Das Ergebnis: Sehr viele Menschen essen zu viel, zu süß, zu fett, zu salzig, zu stark mit Pestiziden belastete und mit viel zu vielen krankmachenden chemischen Additiven versehene Lebensmittel.

Natürlich müssen wir Verbraucher bei diesem Spiel mitmachen. Das Fatale an der Sache ist, dass gerade die besonders ungesunden, mit unnatürlichen Zusatzstoffen versehenen, stark raffinierten Lebensmittel auch häufig besonders gut schmecken: Süßigkeiten, Snacks, Cola, Limo, alkoholische Getränke, Fertiggerichte, fastfood usw. usw. Die Lebensmittelkonzerne unternehmen mit Milliardenaufwand alles, um uns Konsumenten und der Öffentlichkeit weiszumachen, dass ihre Produkte gar nicht so ungesund sind und uns Lebensfreude schenken. Das Marketing der

---

[116] Bode 2011
[117] Aufschnaiter 2019
[118] Vgl. Kreiß/ Siebenbrock 2014

Lebensmittelkonzerne lügt und fälscht systematisch, wie praktisch alle unabhängigen Sachverständigen regelmäßig bestätigen.[119] Es handelt sich dabei nicht um Einzelfälle, sondern die Konzerne betreiben systematische, <u>strukturelle</u> Fehlinformation und Irreführung.

Übergewicht und Fettsucht

Eine der Folgen der beschriebenen Praktiken sind die seit einigen Jahrzehnten dramatisch steigenden Zahlen von übergewichtigen und fettsüchtigen Menschen. Nun war eine der sieben Todsünden des Mittelalters „gula" oder Völlerei, Gefräßigkeit, Maßlosigkeit, Unmäßigkeit (kommend von „Kehle" bzw. „Speiseröhre"), zu denen Mephisto versucht, die Menschen zu verführen, damit sie schwach, unbeherrscht und unfrei werden. Angesichts der beeindruckenden Zahlen zu Übergewicht und Fettsucht (Adipositas) scheint das Thema „gula" des Mittelalters an Aktualität kaum zu schlagen zu sein. Der Name „Fettsucht" beinhaltet bereits das Wort „Sucht", das Unfreiheit, Unselbständigkeit, Abhängigkeit und Willensschwäche impliziert.

Aus Sicht eines Advocatus Diaboli könnte man also die Frage stellen: Wie schaffe ich es, dass so viele Menschen wie möglich der gula verfallen? Ein Blick auf die Marketingstrategie der Lebensmittelkonzerne und Fastfoodketten liefert dafür gute Antworten: durch die soeben skizzierten Marketing-Praktiken. Oberflächlich betrachtet geht es in der Lebensmittelindustrie und in der Großgastronomie um Gewinnmaximierung. Tiefer betrachtet

---

[119] Weiß/ Klein/ Schauff/ Löbel (Verbraucherzentrale NRW) 2013

kann man die Sache auch so sehen, dass die Gewinne nur das Ve-
hikel oder der Köder von Mephisto sind, um Menschen zu maß-
losem Verhalten zu verleiten.

Volkssuchten und Volksdrogen

Ich glaube daher, dass Mephisto ein großes Interesse daran hat,
uns Menschen in alle Arten von Volkssuchten und Volksdrogen
zu treiben. Alle Arten von Sucht machen uns Menschen unfrei,
schwächen unseren Willen und machen uns anfälliger für die Ver-
suche von Mephisto, uns moralisch auf die schiefe Bahn zu bringen. Und das scheint ihm ganz gut zu gelingen. So hieß es beispielsweise in der Apotheken-Rundschau 2016, dass etwa 90 Prozent der Menschen etwas hätten, worauf sie nicht mehr verzichten könnten, von Schokolade und Kaffee über Nikotin, Glück-
spiel, Internet oder Einkaufen.[120]

Momentan gibt es in Deutschland etwa 16 Millionen Raucher, das
ist etwa jeder Fünfte, etwa 1,8 Millionen im Alter zwischen 18 und
64 Jahren Alkoholabhängige, das entspricht über drei Prozent.
Pro Jahr werden über 300.000 Alkoholiker ins Krankenhaus ein-
geliefert, was häufig sehr teure Behandlungen mit sich bringt.
Etwa 2,3 Millionen Menschen gelten als medikamentenabhängig,
weitere 4,6 Millionen zeigen einen entsprechenden Medikamen-
ten-Missbrauch, das entspricht über fünf Prozent der Bevölkerung. Und es gibt etwa 100.000 bis 150.000 Drogenabhängige.[121]

---

[120] https://www.neurologen-und-psychiater-im-netz.org/psychiatrie-psycho-
somatik-psychotherapie/stoerungen-erkrankungen/suchterkrankung-stoffge-
bunden/was-ist-sucht/
[121] https://www.tk.de/techniker/service/gesundheit-und-medizin/behand-
lungen-und-medizin/sucht/medikamentenabhaengig-2015704, Stand Mai 2019
und

Zum Vergleich: In den USA gibt es derzeit etwa 11,5 Millionen Menschen oder etwa 3,5 Prozent der Bevölkerung, die allein bei opioiden Schmerzmitteln Substanzmissbrauch betreiben und etwa eine Million Heroinkonsumierende (0,3 Prozent der Bevölkerung). Laut dem Drogen- und Suchtbericht der Bundesregierung von Oktober 2018 ist „bei 5,8 Prozent aller 12- bis 17jährigen Jugendlichen von einer Computerspiel- oder Internetabhängigkeit auszugehen", wobei Mädchen mit 7,1% stärker betroffen sind als Jungs. Fast jeder zwanzigste Junge und jedes vierzehnte Mädchen! Die tägliche Nutzungsdauer von sozialen Medien beträgt derzeit knapp drei Stunden. Außerdem gibt es in Deutschland etwa 500.000 Glücksspielsüchtige.[122]

Das sind beeindruckende Zahlen. Mir stellt sich da die Frage: Sind wir denn so unglücklich? An diesen ganzen millionenfachen Abhängigkeiten und Süchten verdienen einige Konzerne viele Milliarden. Selbstverständlich nutzen die Großunternehmen ihre Möglichkeiten, vor allem das Marketing, um ihre Abnehmer so abhängig wie möglich zu machen, damit ihre Gewinne maximiert werden. Aus Sicht von Mephisto schwächt das den Willen der Menschen und macht sie damit meist auch moralisch schwächer, was ja das eigentliche Ziel von Mephisto ist. Unsere Aufgabe ist es meiner Meinung nach, diese Mechanismen und Absichten zu erkennen und die Anfechtungen zu überwinden. Dann können wir daran wachsen und stärker werden. Wenn wir gar eine Sucht dauerhaft überwinden, können wir daran ganz besonders stark werden. Der eigentliche Kampf findet für mich in der menschlichen Brust statt. Wir sind nicht wehrlose Opfer von Mephisto,

https://www.neurologen-und-psychiater-im-netz.org/psychiatrie-psychoso-matik-psychotherapie/stoerungen-erkrankungen/suchterkrankung-stoffge-bunden/was-ist-sucht/, Stand Mai 2019
[122] https://www.drogenbeauftragte.de/fileadmin/dateien-dba/Drogenbeauf-tragte/Drogen_und_Suchtbericht/pdf/DSB-2018.pdf

sondern können die Herausforderungen annehmen und sie nutzen, um dadurch stärker zu werden. Das ist meiner Meinung nach
eine unserer wichtigsten Aufgaben als Menschen. Die mephistophelischen Kräfte und Mächte haben durchaus ihren Zweck und
ihre Berechtigung: Wir sollen sie überwinden, daran wachsen und
dadurch stärker werden.

Volkskrankheiten

In dem Maße, in dem wir den Volkssüchten und Volksdrogen
jedoch verfallen, folgen die Volkskrankheiten dann auf den Fuß.
Ein paar Zahlen[123]:

„Ca. 20% bzw. 2,6 Millionen der Kinder sind übergewichtig,
ca. 10% bzw. 1,3 Million Kinder haben eine Fettleber, ca. 15% bzw.
knapp 2 Millionen Kinder leiden unter Neurodermitis, ca. 50%
bzw. 6,5 Millionen der Schulkinder leiden regelmäßig unter Kopf-
schmerzen, ca. 10% bzw. 1,3 Millionen der Kinder haben Asthma,
ca. 4% bzw. 520 000 der Kinder haben regelmäßig Migräne, ca. 1%
bzw. 130 000 der Kinder und Jugendlichen haben Krebs, ca. 10%
bzw. 1,3 Million der Kinder haben Heuschnupfen, mehr als 0,2%
bzw. 30.000 Kinder und Jugendliche haben Diabetes Typ 1. Die
Zahl der Typ-2-Diabetes-Neuerkrankungen bei Jugendlichen hat
sich in den letzten Jahren verfünffacht. ... Bis zu 50% bzw. 6,5 Millionen Kinder zeigen Verhaltensauffälligkeiten bei der Einschulung, bei ca. 25% bzw. über drei Millionen Kindern besteht ein
Verdacht auf eine Essstörung bzw. liegt eine bestätigte Essstörung
vor, ca. 4% bzw. 500 000 der Kinder haben ADHS, 2 bis 4% bzw.

---

[123] Aufschnaiter 2019, S.21f.

bis zu 5200 000 Kinder sind Legastheniker. Eine rapide wachsende Zahl unserer Kinder gilt als nicht mehr beschulbar und gewalttätig. ... Ca. 8 % bzw. ca. eine Million der Kinder haben Hörschäden, Kurzsichtigkeit bei Kindern steigt rapide an. In der Summe sind also geschätzt irgendwas über 80 % der Kinder in Deutschland in einem oder mehreren der beschriebenen Symptombilder auffällig, belastet oder gestört. Tendenz in allen Bereichen steigend."

Das klingt nicht gerade beruhigend und stimmt nicht sehr optimistisch für die Zukunft. Man könnte in diesem Zusammenhang die Frage stellen: Was würde geschehen, wenn es diese ganzen Volkskrankheiten nicht gäbe? Nun, dann könnten wir vermutlich vielen unserer Laster und Süchten umso ungehemmter frönen. Man könnte in diesem Sinne viele dieser Krankheiten geradezu als einen Weckruf ansehen, uns vernünftiger und moralischer zu verhalten.

Gewinnmaximierung und Wahrheit

„O glücklich, wer noch hoffen kann, aus diesem Meer des Irrtums aufzutauchen!"

(Faust, in Faust I, Osterspaziergang)

Der (VW-)Dieselskandal zeigt eindringlich, was geschieht, wenn Wahrheit und Gewinnmaximierung aufeinanderprallen: Die Wahrheit zieht da leicht den Kürzeren. Der Dieselskandal ist bei Weitem kein Einzelfall. Die Tabakindustrie log systematisch über Jahrzehnte über ihre Produkte, beschönigte Rauchen, bestach (und besticht) dutzendweise scheinbar unabhängige Wissenschaftler an Hochschulen, um „wissenschaftliche" Studien vorzulegen, dass Rauchen bzw. Passivrauchen wenig schädlich sei. Dadurch konnten Schutz-Gesetze wie Tabakwerbeverbote, Rauchverbote in Gaststätten, Tabaksteuern usw. jahrzehntelang erfolgreich verhindert werden. Das systematische Lügen hat der Zigarettenindustrie auf diese Weise bis 2006 Zusatzgewinne von über 700 Milliarden US-Dollar verschafft. Die Tabakindustrie wurde daher von einer US-Richterin 2006 offiziell als „kriminelle Vereinigung"[124] bezeichnet.

Ein anderes Beispiel: Nestlé und andere Lebensmittelkonzerne bewerben seit mehr als einem halben Jahrhundert künstliche Babymilch mit dem Slogan, sie sei gesund für den Säugling. Das ist jedoch eine Lüge. Durch die milliardenschweren Marketingmaßnahmen werden viele Millionen junge Mütter mit Erfolg vom Stillen abgebracht – zu Gunsten der Unternehmensgewinne und zu Lasten der Gesundheit der Säuglinge und der Mütter: durch künstliche Muttermilch sterben jährlich viele tausend Säuglinge in Entwicklungsländern.[125] Nestlé wurde von ARD und Focus daher 2015 als „Babymilch-Dealer" bezeichnet, der gegen WHO-Regeln verstößt und mit Pseudokrankenschwestern – als Krankenschwestern verkleidete Marketingmitarbeiterinnen – verkauft.[126] Kurz: Gewinnmaximierung treibt die Beschäftigten in den Unternehmen in Unehrlichkeit und häufig sogar zur Lüge, bringt sie auf die schiefe Bahn. Das schadet zunehmend dem Ruf der Großkonzerne.

---

[124] Adams 2007, S. 392ff.
[125] Sukhdev 2013 S. 137
[126] http://www.focus.de/finanzen/boerse/schwere-vorwuerfe-nestle-im-markencheck-das-sind-babymilch-dealer_id_4977867.html, abgerufen 4.2.16.

Gekaufte Wissenschaft: Unterwanderung der Wahrheit durch subtile Bestechung[127]

Das ist ein Schalk - Der's wohl versteht -
Er lügt sich ein - So lang' es geht -
(Faust II, Gemurmel des Volkes über Mephisto)

Da die Wissenschaft und mit ihr vor allem unabhängige Wissenschaftler an Universitäten den Ruf der Aufrichtigkeit und Ehrlichkeit haben, versuchen die Konzerne in den letzten Jahren zunehmend, deren Glaubwürdigkeit für eigene Zwecke zu nutzen. Ein großer Teil der Drittmittelgelder von Unternehmen an Universitäten verfolgt das Ziel, verdeckt die öffentliche Meinung und die Politik unter Verschleierung der eigentlichen Gewinnabsichten für ihre Absichten und Interessen zu gewinnen. Die Beispiele sind zahlreich und stark zunehmend, die negativen Folgen für unser aller Leben gravierend und von Jahr zu Jahr steigend. Universitäten werden immer stärker und immer systematischer in die Verschleierungs- und Unehrlichkeitsstrategie einbezogen.

Prominente Beispiele sind außer der Tabakindustrie die Automobilkonzerne, Facebook, Glyphosat, Stromkonzerne, Arbeitgeberverbände, Gen-Food, Lebensmittelkonzerne, Pharmakonzerne, die Finanzindustrie usw. Sie alle fördern industriefreundliche Lehrstühle. Durch subtile Anreizsysteme und Auswahl industriefreundlicher Professoren wird versucht, auf unehrliche Weise mit Milliardenbeträgen die Universitäten vor den Karren der Gewinnmaximierung zu spannen. Einseitige Studienergebnisse werden als unabhängige Wissenschaft präsentiert, um hö-

---

[127] Vgl. Kreiß 2015

here Gewinne machen zu können. Dabei wird selten mit Lüge gearbeitet, im Normalfall wird die Wahrheit durch Einseitigkeit und Weglassen bestimmter Daten oder Fragestellungen verdreht. Mephisto, der Lügengeist und Menschheitsschädiger, hat seine Freude daran.

Der Missbrauch der Begriffe „Wert" und „value"

Die Wirtschaftswissenschaften tragen zur Unehrlichkeit schon durch die Begriffswahl bei. „Ein Zyniker ist ein Mensch, der von allem den Preis und von nichts den Wert kennt", ist ein treffender Spruch von Oscar Wilde.[128] Nach diesem Motto handelt praktisch die gesamte BWL-Literatur zu Gewinnmaximierung, Shareholder Value und Wertorientierter Unternehmensführung. Der Begriff „Wert" wird systematisch missbraucht und mit den Begriffen „Profit", „Rendite" oder „Geld" gleichgesetzt, was streng genommen genau das Gegenteil ist. Das Gleiche geschieht im Englischen. Auch dort wird der Begriff „value" missbraucht, beispielsweise bei „shareholder value", gemeint sind aber die Profite der Aktionäre, nicht etwa „values", Werte.

Der Begriffsmissbrauch, die bewusste Begriffsverdrehung ist für mich kein Zufall. Wenn man ständig von „Profit" statt von „Wert" sprechen würde, kämen die Menschen viel eher darauf, was damit beabsichtigt wird. Das Wort „Profit" ist ja seit Karl Marx sehr negativ besetzt. Daher wird es in der deutschen Ökonomie-Literatur systematisch vermieden. Man betreibt lieber gezieltes Schönfärben und Beschwichtigen, indem man von „Wer-

---

[128] https://de.wikiquote.org/wiki/Zyniker, Stand 15.4.2019

ten" spricht. Dadurch macht man dieses schädliche Prinzip in Politik und Öffentlichkeit salonfähig. Durch Begriffe irreführen und Worte verdrehen ist ja eines der Hauptbetätigungsfelder von Mephisto, dem Lügengeist.

Werbung: Irreführung, Unehrlichkeit und Lüge werden zum Massenphänomen

„Es ist die sprichwörtliche Suche nach der Nadel im Heuhaufen oder nach der Kontaktlinse im Swimmingpool, wenn man nach ehrlicher und aufrichtiger Werbung sucht."
Werbeprofi Jean Wade Rindlaub 1969[129]

Kommerzielle Werbung ist für mich das beste Beispiel dafür, wie das Prinzip der Gewinnmaximierung alle Arten von Ehrlichkeit und Aufrichtigkeit bis ins Mark korrumpiert. Bereits 1984 schrieb der damals führende Werbeprofi David Ogilvy: „All diejenigen von uns, die regelmäßig die Meinungsumfragen lesen, sind sich bewusst, dass die breite Öffentlichkeit uns Werbeleute für Gauner hält."[130] Heute ist es nicht anders. Das überrascht mich wenig. Denn in kaum einer anderen Branche herrscht so viel systematische Irreführung, Manipulation, Einseitigkeit und Lüge. Der sehr erfolgreiche und seinerzeit führende Werbeprofi Samm Baker, bringt die Vorgehensweise der Werbeleute bereits 1969 gut auf den Punkt: „Um die Umsätze hochzufahren, ist so ziemlich alles erlaubt – Falschdarstellung, Täuschung, Lügen –, außer es ist strafbar. Normalerweise geht man so vor, die Kampagne, die die besten Verkäufe bringt, zu fahren, ohne nachweisbaren Betrug zu

---

[129] Baker 1969, S. 59. Jean Rindlaub war eine der ersten Frauen, die eine führende Rolle in der Werbebranche einnahm.
[130] Ogilvy 1984, S.40.

verüben. Diese Einstellung führt unweigerlich zur erlaubten Lüge. [...] Der Werbemann gewöhnt sich so sehr an die erlaubte Lüge, dass sie sein natürliches Konzept wird beim Planen von Werbeanzeigen und Verkaufen von Produkten."[131] Daran hat sich bis heute nichts geändert. Nur die Methoden sind raffinierter geworden.

Irreführung, Unwahrhaftigkeit und Lüge werden dadurch zum alltäglichen Massenphänomen: Jeder Bundesbürger nimmt pro Tag zwischen 3000 und 13000 von diesen uninformativen, einseitigen und zutiefst unehrlichen Werbebotschaften auf.[132] Die Werbebranche spiegelt das ganze Ausmaß des Übels, das durch Gewinnmaximierung bewirkt wird, besonders gut wieder, da es hier bereits seit vielen Jahrzehnten praktiziert wird. Sowohl für die in der Werbebranche Beschäftigten ist es schlimm, mit so viel Unehrlichkeit und Sinnlosigkeit leben zu müssen,[133] wie auch für betroffenen Bürger. Ein Nebeneffekt der systematisch irreführenden Werbung ist, dass viele junge Frauen versuchen, Schönheitsidealen nachzustreben, die es gar nicht gibt (weil praktisch sämtliche Fotos in der Kosmetikwerbung gefälscht sind) und so zu Magersucht, Schönheitsoperationen, Silikon-Busen usw. animiert

---

[131] Baker 1969, S. 14f.: „To increase sales, most anything goes – misrepresentation, deception, lies – unless actionable. The approach is usually to produce the hardest-selling campaign without perpetrating recognizable fraud. This attitude inevitably breeds the permissible lie. [...] The adman becomes so accustomed to using the permissible lie that it becomes his natural approach in creating an ad and selling a product."

[132] Vgl. Kreiß 2016, Werbung nein danke

[133] Graeber, 2018, S.38f. schreibt: „In advertising, marketing, and publicity, discontent of this sort runs so high that there is even a magazine, *Adbusters*, produced entirely by workers in the industry who resent what they are made to do for a living and wish to use the powers they've acquired in advertising for good instead of evil".

werden. Die meisten Menschen fühlen sich durch Werbung belästigt. Durch die ständige Unehrlichkeit und Lügenhaftigkeit der Werbung im Dienste der Gewinnmaximierung werden auf Dauer Wahrheitsempfinden, Aufrichtigkeit und Ehrlichkeit der Menschen untergraben.

Was steckt dahinter?

Wir leben also durch Werbung ab dem jüngsten Kindesalter ständig in einer Atmosphäre der Unaufrichtigkeit, Unehrlichkeit und Unwahrhaftigkeit. Selbst neunjährige Kinder sagen schon: Das stimmt doch gar nicht, die Werbung lügt doch. Was bewirkt das in uns Menschen auf Jahrzehnte, auf Generationen hin? Wir werden durch Werbung systematisch zu Unaufrichtigkeit, Unehrlichkeit, Unwahrhaftigkeit erzogen, die Empfindung für Ehrlichkeit wird untergraben und langsam aufgelöst. Wahrheit verliert durch Werbung ihren Selbstzweck, ihre Selbstheiligung. Wahrheit wir dadurch degradiert zum Instrument, wird Mittel zum Zweck.

Im Johannes-Evangelium gibt es den wunderbaren Satz: „Ich bin der Weg und die Wahrheit und das Leben". Ohne Wahrheit ist Christentum unmöglich. Nicht nur das Christentum, alle Religionen sind ohne Wahrheit undenkbar. Werbung ist für mich ein Frontalangriff auf Religiosität und Christentum – und alle anderen Religionen. Darüber hinaus treibt uns Werbung in Gier, Habsucht und Respektlosigkeit, untergräbt moralisches Empfinden und Verhalten. Aus Sicht eines Advocatus Diaboli ist das der Hauptzweck von kommerzieller Werbung zu Gewinnzwecken. Meiner Einschätzung nach geht es bei kommerzieller Werbung nur vordergründig um Absatz, Umsatz und Gewinn. Letztlich geht es Mephisto nicht um Geld. Geld ist nur der Köder, um die

Menschen ins moralisch Verwerfliche zu treiben. Mephisto geht es um die Seele, um Gut und Böse im Herzen des Menschen.

Fazit

Aus Sicht der literarischen Figur Mephisto ist das Prinzip der Gewinnmaximierung kaum zu toppen. Wir wollen noch einmal die obige Fragestellung eines Advocatus Diaboli aufgreifen: Wie müsste man die Regeln und Verhaltensweisen im Wirtschaftsleben so einfädeln, dass die Menschen möglichst stark geschädigt werden? Konkret:

1. Wie kann man Konsumenten systematisch mit schlechten, unnötigen, kurzlebigen Produkten zu überhöhten Preisen versorgen?
2. Wie gelingt es, in einem Unternehmen arbeitende Menschen nicht mehr als Menschen anzusehen, sondern als Produktionsfaktoren, die man möglichst stark ausnützt? Wie kann man steigende Arbeitslast, Misstrauen, hierarchische statt kooperative Strukturen herbeiführen? Kurz: Wie kann man das Arbeitsleben immer mehr zur Hölle machen?
3. Wie gelingt eine Auswahl von möglichst herrschsüchtigen, rücksichtslosen und unempathischen Menschen in die obersten Führungsetagen der Unternehmen?
4. Wie kann man Unternehmen gegeneinander in einen mörderischen Wettbewerb hetzen, einen Konkurrenzkampf, bei dem dasjenige Unternehmen mit dem geringeren Börsenwert vom Gegner aufgekauft und einverleibt oder zerschlagen werden kann?
5. Wie kann man eine Stimmung der Drück- und Kampfkultur und des Misstrauens zwischen Endfertiger und Zulieferer erzeugen, statt Kooperation und Vertrauen?

6. Wie kann man Unternehmen dazu bringen, so wenig wie möglich ihrer Gewinne an die Allgemeinheit abzugeben, sie stattdessen minimal- oder unversteuert an Multimillionäre weiterzuleiten durch Steuerminimierung, Steuerflucht, Steueroasen oder gar Steuerbetrug?

7. Wie kann man Unternehmen dazu bringen, die Natur möglichst rücksichtslos auszubeuten und zu zerstören?

8. Wie kann man Unternehmen dazu bringen, systematisch Produkte in die Welt zu setzen, die schlecht für die Gesundheit sind?

9. Wie kann man Unternehmen dazu bringen, dass ihre PR so unaufrichtig wie möglich wird, dass die Wahrheit immer weniger zählt?

Die Antwort auf alle obigen Fragen lautet: Durch das Prinzip der Gewinnmaximierung. Je mehr es Mephistopheles gelingt, in den Köpfen und Herzen der Menschen zu verankern, dass Gewinnmaximierung gut und richtig ist, desto größer wird der Schaden für die Menschheit. Deshalb findet die eigentliche Entscheidung in den Köpfen der Menschen, im Geist statt. Der eigentliche Kampf ist ein Gefecht der Argumente, eine Auseinandersetzung im Denken. Sind die Köpfe, und, ihnen folgend, die Herzen der Menschen gewonnen, dann folgen die geschilderten Übel ganz von allein.

Deshalb ist das Dogma der Gewinnmaximierung möglicherweise die schädlichste aller Grundannahmen der Ökonomen. Deshalb hat auch ein tief im Christlichen verankerter Mensch wie Martin Luther das Prinzip der Gewinnmaximierung so vehement bekämpft: „Erstlich haben die Kaufleut unter sich ein gemeine Regel, das ist ihr Hauptspruch und Grund aller Finanzen, dass sie sagen: Ich mag meine Waar so theur geben, als ich kann. Das halten sie fur ein Recht. Das ist dem Geiz Raum gemacht, und der

Höllen Thur und Fenster alle aufgethan". Deshalb war das Prinzip der Gewinnmaximierung jahrhundertelang im Abendland zu Recht verpönt. Denn zusätzlich zu allen oben aufgeführten schädlichen gesellschaftlichen Entwicklungen fördert das Denken in Kategorien der Gewinnmaximierung auch noch Egoismus und Geiz und ist ein Frontalangriff auf das Christentum: „Was ist das anders gesagt, denn so viel: Ich frage nichts nach meinem Nähisten (Nächsten), hätte ich nur meinen Gewinn und Geiz voll; was gehet michs an, dass es zehen Schaden meinem Nähisten thät auf einmal?" Da ist der Hölle Tür und Fenster aufgetan: Mephistopheles, der Lügner und Verderber, reibt sich die Hände. Nur wenn wir erkennen, wess' Geistes Kind das Axiom der Gewinnmaximierung ist, können wir es richtig einordnen und bekämpfen.

Unnötige Arbeit

„Wenn wir mit einem etwas wachen Auge durch die Straßen laufen und in die Schaufenster schauen: 90 Prozent aller Produkte brauchen wir nicht und sie sind uns sogar schädlich."[134]
Joseph Beuys 1985

---

[134] Beuys 1985, S. 35

Das große Versprechen: Das kommende Zeitalter der Freizeit und der Fülle

Unsere Maschinen heute sind um ein Vielfaches produktiver als diejenigen unserer Eltern. Die Maschinen unserer Eltern waren ebenfalls um ein Vielfaches produktiver als die unserer Großeltern. Die reale Produktivität je Arbeitnehmer-Stunde ist in Deutschland aufgrund des enormen technischen Fortschritts von 1970 bis 2018 um über 120 Prozent gestiegen, von 100 auf über 220.[135] Mit anderen Worten: Ein Arbeitnehmer produziert heute pro Arbeitsstunde inflationsbereinigt mehr als doppelt so viel wie vor 48 Jahren. Und trotzdem haben wir seit diesen 48 Jahren praktisch unverändert die 40-Stunden-Woche in Deutschland. Die Jahresarbeitszeit von Vollbeschäftigten ist von 1991 bis 2017 weitgehend unverändert geblieben[136], obwohl allein in diesen 26 Jahren die Stundenproduktivität um über 40 Prozent gestiegen ist.[137] Seit Mitte der 1990er Jahre ist die Arbeitszeit in einigen Branchen und Anfang der 2000er Jahre in manchen Bundesländern im öffentlichen Dienst sogar wieder angehoben worden. Warum haben wir den Anstieg der Produktivität nicht genutzt, um 40 Prozent weniger zu arbeiten? Dann hätten wir heute die Drei-Tage-Woche bei ebenso vielen Gütern wir 1991. 1991 war der Lebensstandard bei uns nicht schlecht, einer der höchsten der Welt. So stellt sich mir immer wieder die Frage: Warum arbeiten wir eigentlich so viel? Es geht im Folgenden nur um bezahlte Erwerbsarbeit.

---

[135] https://www.blickpunkt-wiso.de/schaubilder/1107
[136] https://www.deutschlandinzahlen.de/tab/deutschland/arbeitsmarkt/arbeitszeit/jahresarbeitszeit: 1991 1.643 Stunden, 2017 1.637 Stunden
[137] https://www.deutschlandinzahlen.de/fileadmin/diz/content_data/Startseite/Printversion/DIZ2018_eBook.pdf

Der Ökonom John Maynard Keynes beschäftigte sich 1930 mit dieser Frage. Keynes ging damals davon aus, dass um das Jahr 2030 aufgrund des technischen Fortschritts der 3-Stunden-Arbeitstag und die 15-Stunden-Woche kommen würden. „In wenigen Jahren – damit meine ich, noch zu unseren Lebzeiten [Keynes war damals etwa 47 Jahre alt] – werden wir in der Lage sein, alle Tätigkeiten in der Landwirtschaft, im Bergbau und im Produzierenden Gewerbe mit einem Viertel der menschlichen Anstrengungen durchzuführen, an die wir gewöhnt waren. [...] Auf lange Sicht bedeutet dies, dass die Menschheit dabei ist, ihr wirtschaftliches Problem zu lösen. Ich möchte voraussagen, dass der Lebensstandard in den fortschrittlichen Ländern in hundert Jahren vier- bis achtmal so hoch sein wird wie heute. [...] Zum ersten Mal wird der Mensch damit vor seine wirkliche, seine beständige Aufgabe gestellt sein – wie seine Freiheit von drückenden wirtschaftlichen Sorgen zu verwenden, wie seine Freizeit auszufüllen ist, [...] damit er weise, angenehm und gut leben kann." Dann werde das Zeitalter der Freizeit und der Fülle, „the age of leisure and of abundance" gekommen sein.[138]

Am Rande sei bemerkt, wie Keynes, als er diese Ausführungen machte, die Liebe zum Geld als einen Wert an sich einschätzte: als eine Geisteskrankheit, ein widerliches, krankes Leiden, das man mit Schaudern dem Psychiater überlässt.[139] Die Prognosen Key-

---

[138] Keynes 1930
[139] Keynes 1930: „Wir sollten wagen, den Geldtrieb nach seinem wahren Wert einzuschätzen. Die Liebe zum Geld als ein Wert an sich – was zu unterscheiden ist von der Liebe zum Geld als einem Mittel für die Freuden und die wirklichen Dinge des Lebens – wird als das erkannt werden, was sie ist, ein ziemlich widerliches, krankhaftes Leiden, eine jener halb-kriminellen, halb-pathologischen Neigungen, die man mit Schaudern den Spezialisten für Geisteskrankheiten überlässt."

nes' zum Anstieg des materiellen Wohlstands in den fortschrittlichen Ländern sind weitgehend eingetreten. Was allerdings nicht eingetreten ist, ist seine Prognose zur Reduktion der Arbeitszeit.[140] Die Frage ist: Warum?

Eine Generation später (1957) sagte der amerikanische Ökonom Vance Packard, dass infolge der zunehmenden Automation die Menschen in den USA 1980 nur mehr etwa 30 Stunden wöchentlich arbeiten würden statt der 40 Stunden zu seiner Zeit.[141] Und 2014 sagte der US-Ökonom Vivek Wadhwa von der Stanford University angesichts der zunehmenden Automatisierung und Industrie 4.0: „Die einzige Lösung, die ich sehe, ist eine sinkende Wochenarbeitszeit. Wir werden vielleicht 10 bis 20 Stunden die Woche arbeiten anstelle der 40 Stunden heute."[142] Das klingt wie ein déja-vu, genauer ein déja-entendu, schon mal gehört, von Keynes, etwa drei Generationen früher.

Man kann die Rechnung auch rückwärts vornehmen: Der Ökonom Tomas Sedlacek schrieb 2012: „Wenn die USA den Lebensstandard von vor 20 Jahren beibehalten und den technologischen

---

[140] Vgl. Skidelsky 2013, S. 34 f.; auch Mössner (2011) greift diese Fragestellung auf: "An sich ist es ja geradezu eine Ironie der Wirtschaftsgeschichte, dass der Traum der Menschheit, durch Produktivitätssteigerungen immer weniger arbeiten zu müssen, durch den Wachstumswahn und Defizite in Wirtschaft und Politik zu so viel Elend und Frust durch Arbeitslosigkeit führt."
[141] Vance Packard 1957, S. 137
[142] Vivek Vadwha. The Washington Post, July 21, 2014: „The only solution that I see is a shrinking work week. We may perhaps be working for 10 to 20 hours a week instead of the 40 for which we do today" https://www.washingtonpost.com/news/innovations/wp/2014/07/21/were-heading-into-a-jobless-future-no-matter-what-the-government-does/?utm_term=.94b77ae0c4ef Stand August 2019

Fortschritt dieser 20 Jahre in Freizeit umgewandelt hätten, so hätten sie heute die Drei-Tage-Woche."[143]

Führende Ökonomen, die über dieses Thema nachdenken, kommen immer wieder zum gleichen Ergebnis: Erwerbsarbeit muss aufgrund des rasanten technischen Fortschritts, der zu einer ständigen Erhöhung der Stundenproduktivität führt, dramatisch sinken. Trotzdem tut sie das seit beinahe zwei Generationen, seit etwa 50 Jahren nicht mehr. Im Gegenteil. In jüngerer Zeit nehmen Stress, burn-out und Arbeitsbelastung in vielen westlichen Ländern gar noch zu.[144] Und das, obwohl die Produktivität aufgrund immer besserer Maschinen und künstlicher Intelligenz immer weiter steigt, obwohl uns die Maschinen immer mehr Arbeit abnehmen. So stellt sich mir immer wieder die Frage: Warum arbeiten wir eigentlich so viel?

Die Antwort lautet: Weil wir heute in riesigem Umfang unnötige Arbeit verrichten.

Der große Künstler Joseph Beuys sagte 1985 einmal: „Wir wissen, dass heute dieses Wirtschaftssystem, das vom Profit getrieben ist und an die Rentabilität des investierten Kapitals denkt und nur an das denkt: 90 Prozent der Produkte sind Schund! Wenn wir mit einem etwas wachen Auge durch die Straßen laufen und in die Schaufenster schauen: 90 Prozent aller Produkte brauchen

---

[143] Sedlacek 2012, S.306
[144] Vgl. Kreiß/ Siebenbrock 2019

wir nicht und sie sind uns sogar schädlich. Das wird heute produziert!"[145]

Unproduktive Erwerbstätigkeiten

Auch wenn man die Zahlen von Beuys für übertrieben halten mag: Was gibt es nicht alles an Produkten, die wir bei gesundem Menschenverstand und kritischem Nachdenken eigentlich nicht für gut befinden können? Weiter unten gehe ich auf ein paar Beispiele ein. Je mehr unnötige und teilweise schädliche Produkte in einem Land hergestellt werden, desto teurer werden die notwendigen Produkte und als desto sinnloser empfinden die Menschen ihre Arbeit. Dies könnte erklären, warum in Deutschland, obwohl es eines der reichsten Länder der Erde ist, immer mehr Menschen mit ihrem Geld nicht auskommen. Die Armutsquote und der Niedriglohnsektor in Deutschland (und den meisten anderen Industrieländern) steigen seit Jahrzehnten an. Kein Wunder: Wenn immer mehr unnötige und unsinnige Produkte und Dienstleistungen hergestellt werden und die Ungleichverteilung zunimmt, wird das Leben für viele unerschwinglich teuer, da wertvolle Arbeitskraft, Fleiß, Energie und Intelligenz für Sinnloses verschwendet wird und daher an anderer, sinnvoller Stelle fehlt, vor allem im Sozialen, für Kultur, für die Umwelt und vieles andere mehr.[146]

---

[145] Beuys 1985, S. 35. Ähnlich schätzt das Charles Eisenstein (2013), S.50 ein: „Auf der anderen Seite ist das allermeiste, was wir Menschen tun, entweder überflüssig, oder es macht uns unglücklich."

[146] Ein Beispiel ist die Frage der Kleinkinderbetreuung vor dem Kindergarten. Das wäre denkbar einfach und kinderfreundlicher als heute zu lösen: Wenn wir uns kollektiv darauf einigen könnten, die Hälfte unserer Erwerbsarbeit einzustellen, diejenige Hälfte, die Unnötiges oder Schädliches produziert, so könnten wir problemlos mit einer 20-Stunden-Arbeitswoche auskommen, ohne nennenswerten Verlust an materiellen Gütern. Bei regulärer 20-Stundenwoche, auch für Männer, bräuchten wir kaum mehr Kindertagesstätten, weil Väter und Mütter

Ein Beispiel zur Verdeutlichung: Angenommen, durch sinkende Moral- Standards steigt die Kriminalität in einem Land. Angenommen, deshalb werden mehr Polizisten und Security-Kräfte eingestellt und viele neue Überwachungskameras installiert. Was geschieht ökonomisch auf den ersten Blick? Arbeitsplätze entstehen, die Security- Branche floriert, die Unternehmen, die Überwachungskameras produzieren, wachsen, es scheint mit der Wirtschaft bergauf zu gehen. Wir lesen in der Zeitung: Die Wirtschaft wächst, das BIP steigt.

Was geschieht jedoch real? Durch das zusätzliche Polizei- und Security- Personal wird gegenüber der ursprünglichen Situation mit niedriger Kriminalitätsrate kein Vorteil für die Menschen geschaffen, ebenso wenig durch die neu installierten Überwachungskameras. Wer bezahlt die zusätzlichen Arbeitsplätze und Überwachungskameras tatsächlich? Alle Bürger, denn zum einen steigen die Steuern, um die zusätzlichen Polizisten zu bezahlen. Zum anderen steigen die Preise bzw. wird das Leben teurer. Werden z.B. in U-Bahnen oder Supermärkten mehr Überwachungskameras installiert, verteuern sich die U-Bahn- Fahrkarten oder die in den Supermärkten angebotenen Waren, weil die Kosten für die Überwachung auf die Produktpreise aufgeschlagen werden müssen. Dadurch sinkt die reale Kaufkraft der Löhne, real geht es uns schlechter, obwohl offiziell Wirtschaft und Beschäftigung wachsen. Der Grund dafür ist, dass Arbeitskraft aus produktiven in unproduktive Bereiche verschoben wird.

Das Grundprinzip kann man verallgemeinern: Je mehr Menschen in unnötigen, unproduktiven, keine Werte schaffenden oder sinnlosen Bereichen tätig sind, desto unproduktiver wird die

---

plötzlich problemlos Zeit hätten, sich um ihre Kinder zu kümmern, wenn sie das wollen.

gesamte Wirtschaft. Das Fatale daran ist: Die Messung des gängigen Bruttosozialproduktes zeigt genau das Gegenteil und verschleiert diese Problematik.

Geplanter Verschleiß

Ich möchte noch kurz auf zwei weitere Beispiele zur Verdeutlichung des Grundprinzips eingehen, geplanten Verschleiß und Werbung. Eine heimliche Verkürzung der Produktlebensdauer durch die Hersteller wird normalerweise gemacht, um eine verdeckte Preiserhöhung durchzuführen. Bestes Beispiel dafür ist das Glühbirnenkartell von 1926, durch das die führenden Glühlampenhersteller der Erde die Brenndauer von etwa 1800 Stunden auf 1000 Stunden beschlossen und umsetzten. Bei gleichbleibenden Preisen bedeutet das eine Preiserhöhung um 80 Prozent. Die Gewinne der Konzerne dürften sich dadurch weit mehr als verdoppelt haben. Das Gleiche gilt, wenn die Reparierbarkeit der Produkte verunmöglicht, erschwert oder verteuert wird. Letztlich läuft alles immer auf eine Preiserhöhung und damit auf eine Gewinnerhöhung hinaus. Der eigentliche Treiber hinter allen Formen von geplantem Verschleiß ist also die Gewinnmaximierungsabsicht.

Ende der 1950er Jahre sagte einer der führenden Entwicklungsingenieure der USA, Brooks Stevens: "Our whole economy is based on planned obsolescence", unsere gesamte Wirtschaft beruht auf dem Prinzip des geplanten Verschleißes.[147] Seit den Zeiten von Brooks Stevens ist das noch viel stärker geworden und hat längst auch die anderen Industrieländer erfasst. Nach meinen

---

[147] Slade, 2007, S.153

Schätzungen werden durch diese unlauteren Methoden in Form von überhöhten Preisen jedem Bundesbürger, vom Säugling bis zum Greis, pro Monat 110 Euro Kaufkraft aus der Brieftasche gezogen. Wir verbrauchen dadurch ein sinnloses Mehr an Energie, das 16-18 Großkraftwerken entspricht und produzieren etwa zehn Millionen Tonnen vollkommen unnötigen Abfall. Das entspricht etwa fünf bis sieben Müllverbrennungsanlagen, die unnötig laufen. Wenn wir diese unnötige Erwerbsarbeit einstellen würden, hätte jeder Beschäftigte etwa drei Wochen Tage (Wochen oder Tage?) zusätzlichen bezahlten Urlaub, ohne dass wir ein einziges Produkt oder eine einzige Dienstleistung entbehren müssten.[148] Der Grund dafür ist, dass wir Erwerbstätige aus produktiven Wirtschaftszweigen in unproduktive, sinnlose Bereiche verschieben. So beginnen wir zu ahnen, warum wir heute so viel arbeiten, obwohl unsere Maschinen immer besser werden.

Geplanter Verschleiß ist daher ein Musterbeispiel für vollkommen sinnlose, unnötige Arbeit. Sie ist so sinnvoll wie Löcher ausheben und wieder zuschütten. Die derzeitige Messung des Bruttoinlandsprodukts (BIP) erfasst geplanten Verschleiß nicht. Das BIP tut so, als wenn die Verkürzung der Produktlebensdauer unsere Wohlfahrt erhöhen würde. Das ist natürlich ganz absurd. Am Rande sei erwähnt, dass der heute noch oft zitierte wissenschaftliche Schlüsselaufsatz zu geplantem Verschleiß des US-Ökonomen Jeremy Bulow von 1986[149], der das Phänomen auf mangelnden Wettbewerb reduziert, an Absurdität und Irrealität schwer zu überbieten ist. Manchmal ist es faszinierend zu beobachten, in welch weltfernen Gedankengebäuden sich Ökonomen verlieren

---

[148] Vgl. Kreiß 2014 S.111ff.
[149] Vgl. Bulow, 1986

können. Leider werden diese Ökonomen jedoch für ganz reale Politikentscheidungen vollkommen ernst genommen. Mit entsprechend schlimmen Folgen.[150]

Unnötige Werbung

Das letzte konkrete Beispiel für unnötige Arbeit ist Werbung.[151] Weit über 90 Prozent aller kommerziellen Werbung für Gewinnzwecke ist so genannte kompetitive Werbung, bei der es nur um Marktanteilskämpfe geht, also Auto A gegen Auto B, Waschmittel A gegen Waschmittel B, Softdrink A gegen Softdrink B. Diese Werbung ist nach Ansicht von Fachleuten absolut uninformativ oder enthält nur belanglose Informationen. Das Tragische an der Situation ist, dass der Spruch „Wer nicht wirbt, stirbt" stimmt. In unserem Wirtschaftssystem ist es individuell für fast jedes einzelne Unternehmen rational, zu werben, kollektiv ist es aber leider Unsinn. Unser Wirtschaftssystem belohnt unsinniges Werbeverhalten. Frühere führende Nationalökonomen haben das glasklar gesehen und waren sich einig, dass kompetitive Werbung nicht nur sinnlos, sondern auch schädlich ist, weil sie die Produkte verteuert. Sie plädierten daher konsequenterweise für eine Besteuerung von Werbung oder für Werbeverbote.[152] Das macht Sinn.

Werbung schafft bunte Bilder und flotte Sprüche, aber keine irgendwie nützlichen realen Produkte, die man für irgendetwas Reales verwenden könnte. Realwirtschaftlich betrachtet ist Werbung daher völlig sinnlos. Trotzdem arbeiten etwa eine Million

---

[150] Vgl. Kreiß 2014
[151] Vgl. Kreiß 2016
[152] Beispielsweise Alfred Marshall und Arthur Pigou, vgl. Kreiß 2016, S.90ff.

120

Menschen in Deutschland für Werbung. Die Arbeitskraft dieser Menschen wird aus produktiven Tätigkeiten in einen völlig sinnlosen Bereich verschoben. Dadurch müssen alle anderen etwas mehr arbeiten als eigentlich nötig wäre. Wenn wir kompetitive kommerzielle Werbung zu Gewinnmaximierungszwecken einstellen würden, hätte jeder von uns etwa eine Woche mehr bezahlten Urlaub pro Jahr, ohne dass wir ein einziges reales Produkt weniger hätten. Wir ahnen erneut, weshalb wir immer noch so viel arbeiten, obwohl immer mehr und immer bessere Maschinen uns immer mehr Arbeit abnehmen: Weil wir sinnvolle Arbeit durch sinnlose ersetzen.

Mindestens 50 Prozent bullshit jobs?

Der Britische Soziologe David Graeber spricht in diesem Zusammenhang von „bullshit jobs", die seiner Einschätzung nach mindestens 50 Prozent aller Jobs ausmachen.[153] Damit bezeichnet er Tätigkeiten, die gesellschaftlich gesehen absolut unsinnig sind und über deren Unsinnigkeit sich die meisten Betroffenen bewusst sind. Ja, er definiert sie geradezu so, dass die Betroffenen selbst sie als unsinnig und überflüssig ansehen, spätestens nach ein paar Drinks. Als Beispiele nennt er endlos wachsende Verwaltungstätigkeiten, beispielsweise im Hochschul- und Gesundheitswesen, Finanzdienstleistungen, Telemarketing, Firmenanwälte, Personalabteilungen, Public Relations-Tätigkeiten sowie Menschen, die für diese Tätigkeiten technische Dienste oder Sicherheitsdienste liefern sowie Hilfsindustrien wie Hunde-Waschsalons oder 24-Stunden-Pizza-Service. Er spricht von „bezahlten Papier-Schiebern" (salaried paper-pushers), privaten Equity-Chefs,

---

[153] Graeber 2018

Lobbyisten, PR-Forschern, Versicherungsmathematikern, Gerichtsvollziehern oder Rechtsanwälten, die allesamt unsinnig oder überflüssig seien.

Ich würde unter der Rubrik schädliche, fragwürdige, sinnlose oder unnötige Tätigkeiten noch anregen, über folgende Bereiche nachzudenken: große Teile der „Sin Industries" (Alkohol, Tabak, Glücksspiel, Sexindustrie etc.), der Luxusgüterhersteller, der Kosmetikbranche (inklusive Tierversuche), der Pharmaindustrie, der Chemieindustrie (v.a. Pestizide und Kunstdünger), der Fernreisebranche, der Autoindustrie (derjenige Teil, der beispielsweise für Design von Aschenbechern zuständig ist), der Medienbranche und insbesondere Computerspiele, diverse umweltschädliche Güter sowie die Rüstungsindustrie. Mit Blick auf unsere vielen weggeworfenen Lebensmittel – an die 50 Prozent – scheint auch ein beachtlicher Teil der Lebensmittelindustrie und der Landwirtschaft umsonst zu arbeiten. Dazu kommen diejenigen Tätigkeiten, die Zulieferdienste für diese Branchen leisten. Alles in allem glaube ich, dass weit mehr als die Hälfte aller unserer beruflichen Tätigkeiten nicht nur sinnlos und unnötig, sondern zum guten Teil schädlich sind.

Das Ziel von aller Produktion ist Konsumtion. Aber die ganzen unsinnigen, unnötigen Tätigkeiten, die wir ausführen, sind Selbstzweck oder Mittel zum Zweck der Gewinnerzielung. Sie sind eine Perversion des Wirtschaftslebens.

Was steckt dahinter?

„Staub soll er fressen, und mit Lust.“
(Mephisto, Faust I, Prolog)

Die Frage nach den Hintergründen von unnötiger Arbeit möchte ich auf zwei Ebenen beantworten, die Machtebene und die Moralebene. Für die Machtebene gibt David Graeber interessante Hinweise. Zum einen sagt er: „Die herrschende Klasse hat herausbekommen, dass eine glückliche und produktive Bevölkerung mit freier Zeit zu ihrer Verfügung eine tödliche Gefahr darstellt".[154] Also nach dem römischen Motto „Brot und Spiele" soll die große Masse der Bevölkerung in Lohn und Brot gehalten und mit Vergnügungen versorgt werden, sonst kommen die Menschen auf dumme Gedanken und begehren auf oder begehen gar Revolutionen. Und den eigentlichen Grund dafür sieht er darin: „Wenn sich jemand eine Arbeitswelt ausgedacht hätte, die perfekt geeignet ist, um die Macht des Finanzkapitals aufrechtzuerhalten, könnte man sich kaum eine bessere Lösung vorstellen."[155] Also auf der Machtebene dient das System dem Machterhalt des Finanzkapitals. Ich denke, damit bringt er die Machtfrage ziemlich gut auf den Punkt.

Auch für die moralische Ebene gibt David Graeber wertvolle Hinweise: Wenn riesige Teile der Bevölkerung ihr gesamtes Er-

---

[154] Graeber 2018, S.xvi: „The ruling class has figured out that a happy and productive population with free time on their hands is a mortal danger."
[155] Graeber 2018, S.xix: „If someone had designed a work regime perfectly suited to maintaining the power of finance capital, it's hard to see how they could have done a better job."

werbsleben mit Tätigkeiten verbringen, von denen sie selbst glauben, dass sie in Wirklichkeit überflüssig sind, so führe das zu tiefen moralischen und geistigen Schäden. Es sei eine Narbe in unserer kollektiven Seele.[156] Es sei eine mögliche Vision der Hölle, wenn große Menschenmengen ständig berufliche Tätigkeiten ausübten, für die sie weder geeignet seien, noch sie mögen.[157]

Das trifft den Nagel auf den Kopf. Mephisto, der Herr der Hölle, hat seine Freude an dieser Art von Arbeitswelt. Man könnte sagen, große Teile der Arbeitswelt sind nach dem mephistophelischen Prinzip organisiert. Dadurch werden wir Menschen um die Früchte der großartigen Leistungen des menschlichen Geistes, der ganzen Erfindungsleistungen, gebracht.

Als Wirtschaftshistoriker möchte ich sagen: Der ökonomische Sinn und Zweck von Maschinen und technischem Fortschritt ist, uns Menschen die Arbeit zu erleichtern oder gar ganz zu ersparen. Es ist ein Segen, dass wir heute nicht mehr an Handwebstühlen sitzen müssen, sondern Webmaschinen haben, dass wir Hochöfen einsetzen können und Eisen nicht mehr von Hand gewinnen müssen. Der Sinn der großartigen technischen Erfindungen des Menschengeistes ist, wie Keynes ausführt, dass der Mensch von drückenden wirtschaftlichen Sorgen entlastet wird und sich dadurch seinen eigentlichen Aufgaben widmen kann,

---

[156] Graeber 2018, S.xv, „Huge swathes of people, in Europe and North America in particular, spend their entire working lives performing tasks they secretly believe do not really need to be performed. The moral and spiritual damage that comes from this situation is profound. It is a scar across our collective soul."

[157] Graeber 2018, S.xvii:„I came up with one possible vision of hell. Hell is a collection of individuals who are spending the bulk of their time working on a task they don't like and are not especially good at."

nämlich, um es mit Schiller zu sagen, das Wahre, Schöne und Gute anzustreben.

Aber genau davon hält uns die riesige Menge an unnötiger Arbeit, die wir tagtäglich ausführen, ab. Genau das will Mephistopheles mit brillanter Intelligenz bewirken. Er will uns Menschen zum homo faber machen, zum Arbeitstier, das arbeitet, arbeitet, arbeitet, und wenn es noch so großer Unsinn ist. Für die ganzen wichtigen Dinge im Leben fehlt uns dann die Zeit. Ja, selbst für unsere Kinder haben wir in den letzten Jahren immer weniger Zeit, sie werden mittlerweile zum großen Teil ab dem ersten Lebensjahr in KiTas gesteckt, oft mit 40- oder 50-Stundenwoche. Wir haben zu wenig Zeit für unsere Senioren – die Pflegeschlüssel in den Altenheimen sind miserabel. Wir haben zu wenig Personal in den allermeisten Sozialeinrichtungen; zu wenig Zeit, Geld und Personal für die Umwelt, für Kultur – gerade im Kulturbereich wird immer mehr gestrichen. Aber um auf dem Rücksitz der neuesten Luxusautos die neuesten Bildschirme mit perfekter Technik einzubauen, damit unsere Kinder auch im Auto ungestört Computerspiele spielen können, dafür sind Milliarden von Euro und Zigtausende von Ingenieursstunden vorhanden. Wir könnten heute schon längst problemlos im verheißenen „Zeitalter der Freizeit und der Fülle" leben, mit 15-Stunden-Woche und 3-Stunden-Tages-Schichten – wenn wir es nur wollten.

Ein Ziel von Mephisto ist die moralische Verödung, er will den Menschen, wie er es bei Faust versucht, ins moralisch Böse führen. Wenn Menschen in ihrem Berufsleben unsinnige oder gar schädliche Tätigkeiten ausführen müssen, werden sie dadurch geistig-seelisch geschwächt. Wenn jemand Landminen herstellt und dann Bilder von verstümmelten Jungs mit nur einem Bein sieht, richtet das bewusst oder unbewusst seelische Verheerungen in ihm an. Wenn jemand weiß, er stellt schlechte oder überteuerte

Produkte her; wenn jemand weiß, er übervorteilt die Abnehmer: Wir nehmen diese Gedanken über unsere Tätigkeiten mit in den Schlaf, mit in die Träume. Wenn wir tagsüber Sinnloses oder Schädliches tun, leiden wir nachts darunter, bekommen womöglich Alpträume. Bei Nietzsche heißt es in Zarathustras Nachtlied: „Nacht ist es: nun reden lauter alle springenden Brunnen. Und auch meine Seele ist ein springender Brunnen. Nacht ist es: nun erwachen alle Lieder der Liebenden. Und auch meine Seele ist das Lied eines Liebenden."[158] Doch was ist dann mit unserem Lied eines Liebenden, was ist dann in unserer Seele, wenn wir tagsüber schuften mussten für Unsinniges oder Schädliches? „Dann ist der Hölle Tür und Fenster aufgetan", wie Luther es treffend ausdrückte. Und genau das ist die Absicht von Mephistopheles.

Macht, Geld, Erfolg, Karriere und Aufstieg sind für Mephisto die Mittel, um diesen Zweck zu erreichen. Er will bestimmten Menschen und Menschengruppen Macht geben, um das System, wie es heute besteht, zu etablieren und so den eigentlichen Zweck zu erreichen: moralische Verödung und moralischen Verfall. Ein besonders gutes Mittel dafür ist das Finanzkapital, das David Graeber anspricht. Es gibt einer kleinen Finanzelite ungeheure Macht, ist auf Zinseszins und Gewinnmaximierung aufgebaut und führt dadurch, von den Börsenzentren der Erde ausgehend, maßgeblich all die verheerenden Ergebnisse im Gesellschaftsleben herbei, die oben geschildert wurden und die letztlich die Menschen in die moralische Verödung treiben sollen. Da Mephistopheles nicht selbst in der Welt handeln kann, braucht er dafür Menschen, die diese Ideen aufgreifen und umsetzen. Der Köder ist: Wer sich den Ideen hingibt, wird belohnt mit Aufstieg, Geld und Macht. Der Kampf findet in der Brust, im Herzen und im

---

158 Nietzsche 1981, Zarathustra, S.636

Geist der einzelnen Menschen statt. Letztlich ist es ein Kampf um Gut und Böse.

Ein besonders brillanter Schachzug der mephistophelischen Kräfte ist in diesem Zusammenhang die Vernebelung der Begriffe, die Ablenkung von gesellschaftlich elementar wichtigen Prozessen. Der Begriff „unnötige Arbeit" existiert in der gesamten Ökonomie nicht - David Graeber ist bezeichnenderweise kein Ökonom, sondern Soziologe. Wenn der Begriff nicht existiert, kann das Phänomen nicht erkannt, nicht analysiert

und daher auch nicht therapiert werden. Nur wenn wir das Phänomen „unnötige Arbeit" in all seiner Tragweite erkennen, können wir sinnvolle Gegenmaßnahmen ergreifen.

Trivialität und innere Leere

„Den schlepp ich durch das wilde Leben,
durch flache Unbedeutendheit"
(Mephisto, Faust I, Studierzimmer).

Am 8.2.2014 titelte die Bild-Zeitung: „Au Backe! PO-OP bei Ribéry". Diese Überschrift ist an journalistischer Brillanz nur schwer zu überbieten, sie ist ein ganz ausgezeichnetes Wortspiel zu einer Popo-Operation bei einem Fußballspieler des FC Bayern München. Die Bild-Zeitung ist die mit Abstand auflagenstärkste Zeitung Deutschlands, sie wird von vielen Millionen Menschen täglich gelesen. Auf welches Thema werden also hier zahllose Menschen gebracht, womit sollen sie sich beschäftigen? Mit einer

Popo-Operation eines Fußballspielers. Wie trivial kann man eigentlich noch werden? In welche Flachheit können Menschen eigentlich getrieben werden? Den Schilderungen nach sind Sendungen wie Deutschland sucht den Superstar, Germany's Next Topmodel, Dschungelcamp, die ich nicht kenne, offenbar nicht viel besser.

Mephisto sagt im ersten Teil von Faust, dass er versucht, uns Menschen von wichtigen Lebensfragen abzuziehen und in billige Vergnügungen und triviale Beschäftigungen zu treiben: „Den schlepp ich durch das wilde Leben, durch flache Unbedeutendheit" (Studierzimmer). Und der „Herr" sagt im Prolog zu Mephistopheles: „Zieh diesen Geist von seinem Urquell ab, und führ ihn, kannst du ihn erfassen, auf deinem Wege mit herab". Das Ablenken vom Urquell, von wichtigen Lebensfragen ist eine wichtige Aufgabe von Mephisto. Ein Blick in die Regenbogen- und Boulevardpresse und vor allem in die privaten, gewinnmaximierenden Fernsehsender zeigt beeindruckend, wie weit wir auf diesem Weg in die Nichtigkeit bereits fortgeschritten sind. Wie viel großartige Intelligenz von Journalisten, Redakteuren, Moderatoren usw. wird hier verbrannt für totale geistige Leerheit?

Eine der sieben Todsünden des Mittelalters war Acedia: Faulheit, Ignoranz, Überdruss, Trägheit des Herzens. Ein großer Teil unserer Massenmedien fördert diese menschlichen Eigenschaften 24 Stunden pro Tag, sieben Tage die Woche. Und Werbung ist der Turbo. Ein großer Teil der kommerziellen Werbung zu Gewinnzwecken ist an Trivialität, Aussagelosigkeit, Respektlosigkeit und Flachheit nur mehr schwer zu überbieten. Hand in Hand mit der Trägheit des Herzens geht eine andere der sieben Todsünden, Gula: Völlerei, Gefräßigkeit, Maßlosigkeit, Unmäßigkeit, Selbstsucht.

Die sieben Todsünden des Mittelalters sind meiner Einschätzung nach alles andere als überholt, im Gegenteil, sie sind aktueller denn je. Mephisto geht es letztlich genau darum: uns Menschen in diese Laster, ins moralisch Verwerfliche zu treiben. Die heutigen Boulevard-Medien mit ihrer unglaublichen, häufig bösartigen Trivialität, gepaart mit den zahllosen sinnlosen Tätigkeiten in unserer Arbeitswelt erzeugen in den Menschen eine ungeheure innere Leere, ein Vakuum, gigantische Orientierungslosigkeit und moralische Leere - und sollen sie erzeugen. In diese Leere und Sinnlosigkeit können sich dann nach dem Spruch „Müßiggang ist aller Laster Anfang" leicht diverse Laster festsetzen. Und das ist letztlich das eigentliche Ziel von Mephistopheles: Uns von unserem Urquell abzuziehen und ins moralisch Verwerfliche zu bringen. Der Weg, den Mephisto dafür einschlägt, nennt er selbst ja ganz offen, dass er uns durch flache Unbedeutendheit schleppen will. Auf diesem Weg sind wir leider schon sehr sehr weit fortgeschritten. In dem Maße, in dem wir das erkennen und uns bewusstmachen, können wir es aber auch ändern. (Im „Faust" steht „Unbedeutendheit"

Verwirrung hervorrufen

„Von hier aus hoff ich allgemeine Gunst,
Einbläsereien sind des Teufels Redekunst."
(Mephistopheles, Faust II)

Ich habe in den bisherigen Ausführungen immer wieder hervorgehoben, wie wichtig es ist, klare Begriffe zu haben, die Dinge klar zu erkennen. Mephistopheles, der Lügengeist, will genau das natürlich verhindern. Er setzt alles daran, uns im Trüben zu lassen, damit er umso besser im Trüben fischen kann. Je mehr wir von der Wahrheit und vom Wichtigen abgelenkt werden, umso leichter wird es Mephisto, seine Ziele zu erreichen, die Menschen in die verschiedenen Spielarten des Bösen zu treiben, vor allem in den Egoismus.

Eine wichtige Rolle spielen dabei selbstverständlich die Medien, denn sie sind das Haupttor, durch das wir uns heute informieren. Bevor wir Informationen über die Medien bekommen, unterliegen sie einem vielfachen Auswahl- und Filterprozess.[159] Ich möchte zunächst vier besonders wichtige Filter beschreiben, die zu Verzerrungen in der Berichterstattung führen.

Die erste Verzerrung: Verfälschung durch Einschalt- oder Leserquoten

Stellen wir uns einen einfachen Sachverhalt vor Augen, einen Autounfall mit ein paar Augenzeugen. Wie würde man vor Gericht oder für die Versicherung den Vorgang schildern? Beispielsweise: Zwei Autos prallen aufeinander, weil der eine Fahrer eine rote Ampel nicht beachtet hat. Der Aufprall verursacht einen Toten, mehrere Verletzte und an beiden Autos einen Totalschaden. Vielleicht hat einer der Beobachter mit seinem Smartphone ein Foto von den beiden Autos gemacht, das könnte man dem Bericht noch anhängen.

Wie würden die Bild-Zeitung und andere Boulevardmedien den Vorgang darstellen? Sie würden eine „Story" daraus machen mit möglichst dramatischer Darstellung, möglichst dramatischen

---

[159] Vgl. Mausfeld, Rainer, Vortrag München 4.6.2018

Fotos oder Filmaufnahmen in Nahaufnahme der Betroffenen, möglichst mit den letzten Worten des Sterbenden. Vermutlich würde es Schuldzuweisungen oder Verunglimpfungen geben, Empörung, Mitleidsbezeigungen und viele weitere Wertungen und Emotionen, Tränenfotos und so weiter. Warum? Weil gewinnorientierte Medien möglichst hohe Leser- oder Einschaltquoten brauchen.

Es macht einen gewaltigen Unterschied, ob man der Sache wegen berichtet, beispielsweise für ein Gericht, oder um die Quote hochzutreiben. Alle Arten von gewinn- und quotengetriebenen Medien führen zu einer systematischen Verfälschung der Informationen. Zum einen in der Art der Darstellung, die dadurch reißerisch, platt und unobjektiv wird, zum anderen, und das ist womöglich noch deutlich schlimmer, durch die Themenauswahl. Über viele Themen wird absichtlich nicht oder nur marginal berichtet. Es werden bevorzugt Themen ausgewählt, die gut für die Quote sind, nach dem Motto Masse statt Klasse. Das bewirkt außer einer Verfälschung der Inhalte außerdem ein niedriges, plattes Niveau in den privaten Fernsehsendern.

Das niedrige Niveau der Berichterstattung im Privatfernsehen hat auch Auswirkungen auf unsere öffentlich-rechtlichen Sender. Seit der Einführung von Privatsendern unter der Regierung Kohl 1984 sinkt auch dort das Niveau, weil man sich immer stärker an den Einschaltquoten orientieren muss. Es geht immer mehr um Masse statt Klasse. Nicht mehr die Qualität einer Berichterstattung zählt, sondern wie viele Zuschauer sie anzieht.

Das Gleiche gilt auch für die Printmedien. Auch in den Qualitäts- und Leitmedien wie Süddeutsche Zeitung, Frankfurter Allgemeine, Die Zeit oder Der Spiegel wird einseitig ausgewählt und werden Berichte ständig mit wertenden Kommentaren durchsetzt, einerseits um bewusst weltanschaulich zu beeinflussen, andererseits um damit gute Verkaufszahlen zu bekommen.

Wir sollten uns daher ganz klar darüber sein, dass sämtliche Medien, die auf Umsätze angewiesen sind, nicht objektiv berichten, sondern eine verzerrende Auswahl treffen und emotional statt sachlich berichten. Also praktisch alle unsere Medien.

Im Vorgriff auf den Schlussteil, in dem Lösungsansätze vorgestellt werden, möchte ich schon hier darauf hinweisen, dass man Medienberichterstattung auch ganz anders organisieren könnte: durch ein Fonds-Modell. Öffentliche Gelder, beispielsweise aus einer Werbeabgabe, fließen in unabhängige Fonds, die durch unabhängige, pluralistisch besetzte Gremien unabhängige, möglicherweise akkreditierte Journalisten auswählen, die dann unabhängige Artikel schreiben oder Sendungen erstellen.[160]

Die zweite Verzerrung: Rücksichtnahme auf die Interessen der Werbegeldgeber

In meinen bisherigen Büchern habe ich wiederholt die schädlichen Folgen von Werbung auf unsere Pressefreiheit geschildert.[161] Deshalb kommt hier nur eine kurze Zusammenfassung. Werbefinanzierte Medien können es sich nicht leisten, kritisch über ihre Anzeigenkunden zu berichten. Daher wird durch die Werbegeldgeber, also vor allem die Großkonzerne, direkt und indirekt ein

---

[160] Vgl. Kreiß 2016 und Felber 2010, S.108
[161] Vgl. Kreiß 2016 und Kreiß/ Siebenbrock 2019

Auswahlprozess auf die Inhalte der Berichterstattung genommen, sowohl was, als auch wie über bestimmte Sachverhalte berichtet wird. Je höher die Werbegelder sind, die in unsere Medien fließen, desto schlimmer ist es um die Pressefreiheit bestellt. In dieser Hinsicht sind praktisch sämtliche auf Werbeeinnahmen angewiesene Medien tendenziös und einseitig, also fast alle unsere Medien.

Die dritte Verzerrung: Rücksichtnahme auf die Eigentümer

Acht der zehn größten Medienkonzerne in Deutschland sind in Privathand bzw. stehen unter Privateinfluss: Bertelsmann, ProSiebenSat1, Axel Springer, Bauer Media, Burda, Verlagsgruppe Georg von Holtzbrinck, Funke und DuMont.[162] Gegen die Weltanschauung der Eigentümer oder deren Vertreter wird man in diesen Medien sehr selten etwas lesen. Die Auswahl der Journalisten erfolgt selbstverständlich absolut undemokratisch und grundsätzlich im Sinne der Weltanschauung der Eigentümer.

Laut dem Nobelpreisträger der Ökonomie Joseph Stiglitz sind die Medien „kontrolliert durch Mogule [...]. Die Medien sind das Reich, wo die oberen ein Prozent das Sagen haben. Sie haben die Ressourcen, um die relevanten Medien zu kaufen und zu kontrollieren [...], das ist eine Investition, um ihre ökonomische Position aufrechtzuerhalten." [163] Noch radikaler drückt es der Soziologe Krysmanski aus: „Milliardäre bestimmen – mittels eines Geflechts von Stiftungen und Organisationen und durch die Informationsindustrie – das Bildungswesen ganzer Länder; ihnen gehören [...]

---

[162] https://www.mediadb.eu/rankings/deutsche-medienkonzerne-2017.html, Stand April 2019
[163] Stiglitz 2012, S. 128ff.

die wichtigsten Zeitungs-, Fernseh- und Filmkonzerne. [...] Wissenschaftliche Berater, Kunst- und Kulturstrategen, Politiker werden ohne große Unterschiede „eingekauft".["164] Christian Felber fordert daher konsequenterweise eine starke Beschränkung der Einflussnahme durch private Machtinteressen: „Kein Unternehmen darf Eigentum an mehr als einem Medienunternehmen besitzen; kein Medium darf zu mehr als 0,5 Prozent von einem Inserenten abhängig sein".[165] Für mich ist das ein sehr guter und vernünftiger Vorschlag.

Die vierte Verzerrung: Das Oligopol der Nachrichtenagenturen ap, reuters-thomson und afp

Besonders schlimm ist für mich der vierte Verzerrungsfaktor, weil er auch die öffentlich-rechtlichen Medien miteinbezieht. Die drei Nachrichtenagenturen American Press (ap), reuters-thomson und agence france press (afp) versorgen mit zusammen etwa 11.000 Auslandsjournalisten fast die gesamte westliche Presse mit Auslandsnachrichten. Zum Vergleich: renommierte westliche Tageszeitungen können sich etwa 50 bis 100 Auslandsjournalisten leisten. Alle drei Agenturen berichten äußerst einseitig NATO-freundlich und diese einseitige Berichterstattung durchzieht daher den Großteil der westlichen Medien.[166] Es besteht nach Aussagen renommierter Medien wie Spiegel oder New York Times eine enge Zusammenarbeit zwischen dem Pentagon und den

---

[164] Krysmanski 2012, S. 18
[165] Felber 2010, S. 93
[166] Vgl. Forschungsgruppe zu Propaganda in Schweizer Medien, in: Wernicke S.154-178, Dirk Müller S.36ff, und 57ff.

Pressagenturen. Nach serösen Quellen wird die Zahl der PR-Mitarbeiter des US-Militärs auf 27.000 geschätzt.[167]

Verzerrte Berichterstattung bei wikipedia

Nun könnte man die Hoffnung haben, dass das Internet durch seine unermessliche Fülle von Informationen Abhilfe schafft gegenüber der strukturell verzerrten Berichterstattung in den konventionellen Medien. Aber trotzdem es eine große Fülle ausgezeichneter Informationsquellen im Internet gibt, berichtet beispielsweise die überragend wichtige kostenlose Informationsplattform wikipedia bei ökonomischen, politischen, militärischen oder anderen weltanschaulichen Sachverhalten strukturell interessegeleitet, verzerrt und einseitig.

Ein Beispiel: die Berichterstattung über geplante Obsoleszenz bei wikipedia. Ich bin Spezialist auf diesem Gebiet, habe zu geplantem Verschleiß 2014 ein Buch veröffentlicht und so versuchte ich, zusammen mit einem Studenten im Rahmen einer Bachelorarbeit bestimmte wissenschaftlich erwiesene Sachverhalte zu geplanter Obsoleszenz auf wikipedia einzustellen.

Der Bachelor-Student, der die Arbeit schrieb, war kein von der Wikipedia-Autorengemeinschaft zum „Administrator" gewählter Teilnehmer mit erweiterten Rechten, insbesondere hatte er nicht das Administratoren vorbehaltene „Recht, die Bearbeitung

---

[167] Vgl. https://www.rubikon.news/artikel/die-propaganda-fabrik Stand Mai 2019

von umstrittenen Artikeln für nicht angemeldete Benutzer zu sperren oder auch Bearbeiter zeitweise auszuschließen".[168]

Seine Aufgabe bestand darin, einige inhaltliche Ergänzungen bei dem Artikel „Geplante Obsoleszenz" vorzunehmen und zu beobachten, wie dies angenommen oder abgelehnt wird. Er loggte sich dazu wie auch praktisch alle anderen Wikipedia-Autoren, die zu dem Artikel „Geplante Obsoleszenz" bei Wikipedia beitragen unter einem Pseudonym ein, da alle Einträge dort anonym vorgenommen werden.

Bestimmte Einträge, die durch seriöse Quellen gut unterlegt waren, wurden anfangs zugelassen, von anderen Benutzern aufgegriffen und mit weiteren Belegen und Beispielen ergänzt. Doch nach knapp zwei Monaten wurde der Abschnitt durch einen Nutzer namens „Hadhuy", der den Status eines aktiven Sichters hatte[169], kurzerhand wieder gelöscht mit der Begründung, dass zu dem Thema mittlerweile eine eigene Diskussionsseite eröffnet sei.

Der wiederholte Versuch des Studenten, den Abschnitt wiederherzustellen, war vergeblich, da „Hadhuy" den Status des aktiven Sichters hatte. Dagegen war der Student immer auf die Bestätigung dritter Personen desselben oder eines höheren Ranges angewiesen, die er nicht in ausreichendem Umfang bekam.

---

[168] www.wikipedia.de Stand April 2019
[169] Der Status eines aktiven Sichters liegt zwischen dem eines Neulings und dem eines Administrators.

Das Endergebnis der Bachelor-Arbeit war, dass ein Großteil der Änderungsvorschläge bis heute nicht bei Wikipedia aufgenommen wurde. Industriekritische Inhalte werden auf der Wikipedia-Seite zu "geplante Obsoleszenz" besonders beargwöhnt und daher fast nicht aufgenommen. Offenbar wird wikipedia bei diesem Thema von industriefreundlichen Autoren dominiert, während in der Gesamtbevölkerung ein breiter Unmut zu diesem Thema festzustellen ist. Es wäre interessant zu erfahren, wer die Autoren sind, die den Wikipedia-Artikel maßgeblich gestalten. Das kann jedoch leider aufgrund der Anonymität nicht überprüft werden.

Hersteller haben ein großes finanzielles Interesse daran, dass über geplante Obsoleszenz industriefreundlich berichtet wird, beispielsweise um etwaige Gesetzesverschärfungen zu vermeiden. Die Frage, ob Industriegeld an einzelne Autoren des Wikipedia-Artikels zu geplanter Obsoleszenz fließt, um die Einträge industriefreundlich zu gestalten, kann wegen der Anonymität nicht beantwortet werden. Aber ausgeschlossen werden kann es nicht, wie ja auch zahlreiche andere aufgedeckte Manipulationsfälle bei Wikipedia zeigen. Aufgrund der Anonymität der Autorenschaft werden Einträge bei Wikipedia normalerweise nicht als wissenschaftliche Quelle im Hochschulbereich anerkannt. Auffallend ist, dass die Darstellungen von Unternehmen bei Wikipedia allgemein äußerst unkritisch sind.[170]

Für mich ist wikipedia wegen der Anonymität keine seriöse Quelle, sondern eine stark interessengeleitete Plattform, die sich

---

[170] Vgl. Greenpeace-Magazin Nr. 6., 2010: „Wiki will's nicht wissen. Im Online-Lexikon Wikipedia sind viele Firmen auffällig unkritisch dargestellt. Ist das Zufall?"

den Anschein der Objektivität gibt, in Wirklichkeit jedoch systematisch mit Halb- und Zehntelwahrheiten arbeitet. Die kostenlose Informationsplattform wikipedia bezahlen wir mit einem hohen Preis: systematisch verzerrte, einseitige Berichterstattung. Das gilt meiner Erfahrung nach für einen Großteil aller wikipedia-Artikel.

Fazit zu Pluralität und Objektivität unserer Medien

Die geschilderten vier Verzerrungen führen dazu, dass die Berichterstattung im Großteil unserer Medien weder echte Pluralität aufweist noch objektiv ist. Der Psychologe Rainer Mausfeld weist darauf hin, dass aufgrund der Filter- und Auswahlprozesse bei Journalisten unsere Presse äußerst einseitig zugunsten der herrschenden Klasse und im Sinne transatlantischer hegemonialer Interessen berichtet.[171] Das trifft meiner Meinung nach den Nagel auf den Kopf. Rainer Mausfeld steht mit dieser Ansicht nicht alleine da. Viele kritische Beobachter sind sich einig, dass unsere Medienberichterstattung einseitig zu Gunsten der Wohlhabenden und Mächtigen verzerrt ist. Aufgrund der geschilderten Verzerrungen beruht das Bild, das wir Menschen uns von Vorgängen in der Gesellschaft im In- und Ausland machen, in den seltensten Fällen auf objektiven Darstellungen.

Selbstverständlich gibt es sehr viele Länder, in denen die Pressefreiheit direkt und unmittelbar mit Füßen getreten wird, in denen Journalisten ihrer Freiheit oder ihres Lebens nicht mehr sicher sind, in denen es um die Pressefreiheit viel schlechter steht als bei

---

[171] Vgl. Mausfeld in: Wernicke S.134-153

uns. Doch zu glauben, unsere Presslandschaft sei frei und objektiv, ist doch reichlich naiv. Die bei uns angewandten Methoden sind sehr viel subtiler als in Diktaturen oder autokratisch beherrschten Ländern. Aber sie sind äußerst effektiv im Hervorbringen einer zutiefst tendenziösen Berichterstattung. Und das Fatale daran ist, dass sie den Anschein einer freiheitlichen Informationsgesellschaft erzeugen, obwohl das schon lange nicht mehr zutrifft. Rainer Mausfeld bringt die Situation gut auf den Punkt: „Entgegen ihrer Selbstdarstellung als „vierte Gewalt" üben sie [die Medien] durch ihre politischen und ökonomischen Verflechtungen mit den herrschenden Eliten gegenüber den politischen Zentren keine wirksame Kontrollfunktion aus; sie sind keine Wachhunde des öffentlichen Interesses gegenüber den Zentren der Macht, sondern vielmehr ihre Schutzhunde."[172]

Mephisto und die Wahrheit

Aus Sicht eines Advocatus Diaboli können wir fragen: Wie würde Mephistopheles, der Lügengeist, unsere Medienlandschaft unter dem Deckmantel oder gar im Namen von Demokratie und Freiheit organisieren, so dass die Bürger möglichst einseitig, verzerrt und tendenziös unterrichtet werden, ohne es zu merken? Nun, unsere heutige Presse- und Medienlandschaft kommt diesem Ideal schon ziemlich nahe.

Spätestens seit Donald Trump sind die Begriffe „fake news" und „alternative facts" zum Allgemeingut bei uns geworden. Es wird in diesem Umfeld immer schwieriger, herauszubekommen, was denn nun wirklich stimmt, was wirklich ehrlich gemeint ist.

---

[172] Mausfeld 2017, S.138

Selbst renommierte Medien verlieren zunehmend an Glaubwürdigkeit.[173] In diesem Umfeld wird es dem Lügengeist immer leichter, Unsicherheit zu erzeugen, Ängste zu schüren und Gerüchte zu streuen. Im fünften Akt in der Tragödie zweiten Teil sagt Faust: „Nun ist die Luft von solchem Spuk so voll, dass niemand weiß, wie er ihn meiden soll." Durch ein Meer von fake news wird das Denken immer verwirrter, werden viele Menschen immer orientierungsloser und damit leichter manipulierbar. Ist den Menschen erst der Kompass der Wahrheit genommen, so kann Mephisto umso leichter seine Ziele erreichen: uns in Unehrlichkeit, Unwahrhaftigkeit und Lüge treiben. Man kann sich dann immer damit herausreden, dass es ja alle so machen. Auf welche Weise konkret die Unehrlichkeit die Menschen schädigt, will ich nun an Hand von ein paar Beispielen gezeigt.

Am Rande sie bemerkt, dass wir an diesen Dingen lernen und wachsen können. Wir können sie als eine Chance für einen Aufwachprozess begreifen, einen Bewusstseinsbildungsprozess, an dem wir den eigenen Wahrheitssinn ausbilden lernen, die eigene Wahrhaftigkeit üben lernen.

Haupt- und Nebeneffekt vernebeln, vom Wesentlichen ablenken

„Die Schwachen und Missratenen sollen zugrunde gehen: erster Satz unsrer Menschenliebe. Und man soll ihnen noch dazu helfen.
Was ist schädlicher als irgendein Laster? – Das Mitleiden der Tat mit allen Missratenen und Schwachen – das Christentum..."
Friedrich Nietzsche, Der Antichrist

---

[173] Vgl. Mausfeld 2017, S.134ff.

Ich habe oben erwähnt, dass heute die allermeisten Menschen noch große Skrupel haben, das moralisch Böse zu bejahen und offen dazu zu stehen. Kaum jemand würde heute offen dieselben Konsequenzen ziehen wie Nietzsche im „Antichrist". Zu stark sind noch Gewissen, Skrupel und Moralvorstellungen verankert, als dass man offen Egoismus gutheißen würde. Deshalb muss Mephisto auf Schleichwegen arbeiten, den Egoismus durch die Hintertür einführen, getarnt, verkappt oder beschönigt, wie es beispielsweise die ökonomischen Lehrbücher tun, die individuell egoistisches Verhalten predigen und salonfähig machen, indem sie behaupten, es käme dabei für alle das Gute heraus – was eine großartige mephistophelische Verdrehung der Wahrheit ist.

Mephisto muss also vorsichtig sein, er darf den Skrupeln der Menschen nicht zu viel auf einmal zumuten, sondern muss langsam vorgehen – steter Tropfen höhlt den Stein. Er darf seine eigentlichen Absichten nicht offenlegen, sondern muss andere Absichten vorschieben. So werden Haupt- und Nebeneffekt oft gezielt vernebelt, um vom Wesentlichen abzulenken.

Computerspiele

„Er nennts Vernunft und brauchts allein,
nur tierischer als jedes Tier zu sein."
(Mephisto, Faust I)

Nehmen wir als Beispiel eine bestimmte Art von Computer-oder Videospielen: Ego-Shooter-und Strategiespiele, besser: Kriegsspiele. Viele unserer männlichen Jugendlichen erliegen dem starken Reiz und der enormen Anziehungskraft dieser meistens brillant und aufwendig designten Kampfspiele. Wenn wir fragen, weshalb diese Spiele so weit verbreitet sind, erhält man meist die Antwort: 1. Die jungen Männer lieben das eben. 2. Das ist ein gutes Geschäft, eine Milliardenindustrie mit hohen Umsätzen und hohen Gewinnen. Also werden Unternehmen, die solche Spiele mit hochtalentierten Designern und gewaltigem Aufwand entwickeln, mit viel Kapital ausgestattet. Dann werden die Spiele über massives, hochintelligentes Marketing in den Markt gedrückt. In den Medien lesen wir, der Grund, weshalb das gemacht wird, seien die verlockenden Gewinne, die man sich nicht entgehen lassen wolle. Es gehe eben um viele Milliarden. Und im Namen des Geschäftes wolle man Absatz, Umsatz und vor allem Gewinne maximieren. So funktioniere nun Mal die freie Marktwirtschaft. Diese Argumentation stimmt, ist aber bestenfalls die halbe Wahrheit.

Ich erinnere mich noch gut an eine Szene in dem Film Fahrenheit 9/11 von Michael Moore. Er zeigt darin, wie im US-Militär junge Soldaten vor Kampfeinsätzen im Krieg durch solche Spiele vorbereitet wurden. Dazu läuft Musik mit den Versen „Burn motherfucker burn".[174] Diese Art von Kriegsspiel wird von den militärischen Vorgesetzten gezielt eingesetzt, um die jungen Männer gefühllos und unempathisch zu machen, um ihnen Mitleid abzuerziehen, um gegenüberstehende Soldaten nicht mehr als Mensch, sondern als zu eliminierenden Feind anzusehen. Aus Soldaten- bzw. Kriegssicht macht das Sinn. Soldaten sollen in Kampfeinsätzen töten, dazu sind Mitleid und Empathie hinderlich. Soldaten sollen zu Kampfmaschinen erzogen werden. Skrupel zu schießen, zu töten, sollen durch solche Spiele aberzogen werden. Kurz: Diese Spiele werden zur Förderung von Skrupellosigkeit, zur Entmenschlichung, zur Verrohung, zur Erziehung zum Tier, zur Bestie verwendet. Die professionellen Ausbilder von Soldaten wissen ganz genau, was sie da tun und warum sie es tun. Genau das will auch Mephisto: uns Menschen unter Einsatz hoher Intelligenz *„tierischer als jedes Tier"* zu machen.

Das Verblüffende daran: Wir lassen, in den meisten Fällen völlig ahnungslos unsere 14-jährigen, zwölfjährigen, ja häufig schon achtjährigen Jungs ähnliche Spiele spielen. Die offiziellen Altersbeschränkungen sind in der Regel leicht zu umgehen. Was tun wir da den Seelen unserer Kinder an? Schon erwachsene junge Männer, US-amerikanische Berufssoldaten, sprechen auf diese Spiele an und werden skrupelloser und unmenschlicher. Um wieviel mehr minderjährige Kinder? Je früher solche Spiele an die Kinder herangebracht werden, umso katastrophaler die seelischen Auswirkungen. Und genau das ist das Ziel von Mephisto. Er will uns Menschen entmenschlichen, ins moralisch Böse führen. Je früher wir unsere Kinder an diese Art von Spielen führen, umso besser gelingt Mephisto seine Absicht.

---

[174] https://www.popmatters.com/fahrenheit-911-2496241180.html Stand April 2019

Ein Beispiel dafür ist für mich fortnite battle royale, das kostenlos und praktisch ohne offizielle Altersbeschränkung gespielt werden kann. Auf wikipedia heißt es dazu in Lobeshymnen, dass das Spiel bis März 2019 von über 250 Millionen Leuten gespielt worden sei und über zwei Milliarden Dollar eingespielt habe. Das Spiel sei zum „kulturellen Phänomen" geworden, das durch viele celebrities propagiert würde.[175] Auch Fußballstars tanzen mittlerweile nach einem Tor den L-Tanz von fortnite. In dem Spiel geht es um einen Krieg aller gegen alle. Von 100 Teilnehmern, die auf einer Insel abgesetzt werden und gegeneinander spielen, überlebt nur einer. Es wird eine Atmosphäre ständiger Angst erzeugt, in der die Teilnehmer versuchen, einander umzubringen. Im Hintergrund hört man leisen Kanonen- und Geschützdonner. Über vier Fünftel der Spieler sind unter 25.[176] Das Spiel erzeugt starken Suchtcharakter.[177]

Aus Sicht der literarischen Figur Mephisto ist das Ergebnis genial. Junge Menschen werden in einem Ausmaß geschwächt, skrupellos und abhängig gemacht sowie ins Untermenschliche geführt, das bis vor Kurzem unvorstellbar war. Denn fortnite ist in gewisser Beziehung noch diabolischer als viele andere Killerspiele. Fortnite wirbt auch ganz offen an zentraler Stelle mit einem Teufelsgesicht.[178] Das zeigt eigentlich gut, wess' Geistes Kind das

---

[175] „By March 2019, the game had been played by over 250 million people and had generated over 2 billion dollars worldwide. The game has gone on to become a cultural phenomenon, with promotion through social media and several celebrities, including Ninja, Marshmello, and Drake, contributing to the game's popularity, achieving record high viewerships on streaming websites in the process." Wikipedia Stand 21.April 2019

[176] https://sportwetten.bild.de/news/fortnite-statistik/ Stand 21.4.2019

[177] https://www.derstandard.de/story/2000092687987/immer-mehr-kinder-muessen-wegen-fortnite-sucht-in-therapie Stand 21.4.19

[178] https://www.epicgames.com/fortnite/de/home Stand April 2019

Spiel ist. Dadurch, dass es relativ harmlose, comicartige Charaktere verwendet, zieht es zum einen eine deutlich jüngere Fangemeinde an und wird dadurch auch von vielen Eltern und Medienbeauftragten als harmloser wahrgenommen. So wird der Altersdurchschnitt stark nach unten gezogen, das Anfixalter wird sehr viel niedriger. Zum anderen werden dadurch auch deutlich mehr Mädchen als sonst bei Killerspielen angezogen.[179] Das Spiel ist und bleibt jedoch ein Killerspiel, bei dem jeder gegen jeden Krieg führt (teilweise auch in Gruppen), bei dem jeder jeden umbringen muss, um selbst zu überleben. Das Verharmlosen durch comicartige Figuren und weniger brutal aussehende Tötungswaffen ist eines der Täuschungsmanöver, das typisch ist für den Lügengeist Mephisto, der vom Wesentlichen ablenken will, um seine Ziele dadurch umso besser und sicherer zu erreichen.

Meiner Einschätzung nach ist es kein Zufall, dass die Diskussion um Ursachen und Hintergründe von Computerspielen häufig auf die ökonomische Ebene gelenkt wird. Dadurch werden Haupt- und Nebeneffekt vernebelt und das, was nach meiner Einschätzung die Hauptabsicht Mephistos, der eigentliche Zweck dieser Spiele ist, nämlich Kinder, Jugendliche und Männer zu ruinieren, vertuscht. Durch das Reduzieren der Motive auf die rein ökonomische Ebene wird die Diskussion um Computerspiele von den zentralen seelischen und gesellschaftlichen Fragen geschickt abgelenkt. Mephistopheles hat seine Freude daran, kommt er doch dadurch seinem Ziel, den Menschen „tierischer als jedes Tier" zu machen, mit großen Schritten näher. Nach dem Motto „den Teufel spürt das Völkchen nie, und wenn er sie beim Kragen hätte" kann Mephisto seine Ziele umso besser erreichen, je weniger die Menschen darüber nachdenken.

---

[179] https://www.piqd.de/pop-kultur/dank-der-mobile-version-spielen-mehr-madchen-fortnite-battle-royale-doch-nicht-allen-gefallt-das Stand 22.4.19

Mephisto denkt strategisch und langfristig. Nach ein paar Kohorten von Kindern und Jugendlichen, die mit diesen entseelenden Spielen besonders früh angefixt wurden, kommen schlimme gesellschaftliche Folgen auf uns zu. Ich gehe davon aus, dass die langfristigen Schäden in Form von Suchtverhalten, Rücksichtslosigkeit und Egoismus dadurch stark zunehmen werden. Unsere Kinder und Jugendlichen werden ja allein durch fortnite bereits heute zu hunderten Millionen auf den Krieg aller gegen alle eingeschworen und vorbereitet. Durch fortnite, das mit höchster Intelligenz, brillantem Design und genialem Marketing arbeitet, ist es erstmalig gelungen, Legionen von Minderjährigen so früh für gegenseitiges Umbringen zu begeistern wie nie zuvor. Bei Millionen von jungen Männern werden dadurch die Moralstandards gesenkt.

Was da mittelfristig auf uns zukommt, was langfristig sinkende Moralstandards für eine Gesellschaft auf Dauer bedeuten, kann man gut an der Mafia oder an manchen Elendsvierteln in Südamerika studieren. Wenn wirklich Kernelemente von Moral und Anständigkeit zerstört sind, können Mafia-Systeme und andere organisierte kriminelle Banden ihre Blüten treiben. In einigen Favelas in Südamerika zählt nur mehr das Recht des Stärkeren, es herrscht der blanke Egoismus oder, was vielleicht noch schlimmer ist, Gruppen-Egoismus, Banden-Egoismus. In Rio de Janeiro beispielsweise sind etwa ein Viertel der Fläche bzw. gut zwei Millionen Menschen unter der Kontrolle solcher Banden-Strukturen. [180] Auch die Mafia ist ja eine Form des Gruppen-Egoismus. Sowohl die Mafia wie einige Slums in vielen Städten dieser

---

[180] Economist May 30th 2019 https://www.economist.com/the-americas/2019/05/30/mafias-run-by-rogue-police-officers-are-terrorising-

Welt zeigen, was Egoismus im Endstadium bedeutet. Egoismus zerstört langfristig alles soziale Miteinander und führt letztlich in einen Krieg aller gegen alle. Und genau den Krieg aller gegen alle üben heute bereits millionenfach über fortnite unsere minderjährigen Jungs ein – und wir sehen einfach zu.

Selbstverständlich kann man einwenden, dass das übertriebene Szenarien sind, dass das ja „nur" Spiele sind und dass unsere Jungs sehr wohl zwischen Spiel und Wirklichkeit unterscheiden können. Diese Argumente sind häufig bewusst erlogen, und zwar, wenn sie von den Industrielobbyisten oder von gekauften Wissenschaftlern kommen. Wenn sie ehrlich gemeint sind, finde ich sie reichlich naiv und meistens von dem Willen zum Wegschauen, von Vogel-Strauß-Politik geprägt. Es ist viel bequemer, zu verharmlosen und sich nicht mit den unangenehmen Folgen dieser Killerspiele auseinandersetzen zu müssen. Man kann dadurch auch Konflikten mit seinen eigenen Kindern aus dem Weg gehen, das ist sehr viel bequemer, aber letztlich sehr feige. Ein weiteres, oft angeführtes Argument ist Medienkompetenz: Wir müssten unsere Kinder so früh wie möglich an die Wirklichkeit heranführen und sie zu Medienkompetenz erziehen. In den meisten Fällen wird der Begriff Medienkompetenz dabei bewusst missbraucht. Es geht bei dieser Diskussion in Wirklichkeit normalerweise um Bedienungskompetenz, was rein gar nichts mit Medienkompetenz zu tun hat. Von Seiten der Medienindustrie wird hier, genau wie in der Tabak- oder Pharmaindustrie, oft bewusst und aktiv mit Lüge und Verharmlosung gearbeitet.

rio?cid1=cust/dailypicks/n/bl/n/20190531n/owned/n/n/dailypicks/n/n/n/248147/n Stand April 2019

Nur wenn wir uns klarmachen, was bei solchen Killerspielen eigentlich geschieht, worum es eigentlich geht, nämlich um Moral, um Gut und Böse, können wir diesem Übel entgegenwirken. Ich gehe davon aus, dass hier mephistophelische Kräfte am Werk sind, die unsere Kinder und jungen Männer gezielt schädigen wollen und sollen. Das ist das eigentliche Ziel von Mephisto, nicht Geld und Kommerz. Geld und Gewinn sind nur die Köder für die Hersteller und andere Profiteure. Wenn wir uns das klarmachen, können wir mit aller Kraft dagegen angehen.

Pressefreiheit und Medien in Privateigentum

Wir lesen immer wieder, dass Medien in Privateigentum unentbehrlich für die Pressefreiheit seien, ja, das sei geradezu der Grundpfeiler der Pressefreiheit. Mit erhobenem Zeigefinger deutet man gerade in unseren Leitmedien gern auf Diktaturen und Autokraten, die genau die Medien in Privateigentum einschränkten, um die Pressefreiheit in ihrem Sinne einzuschränken. Das stimmt in manchen Fällen, vor allem in Diktaturen, beispielsweise in China oder Nordkorea. Allerdings stimmt es schon sehr viel weniger für Autokratien und Halbdiktaturen. In vielen ärmeren Ländern arbeiten die Autokraten gerade besonders gerne mit den wenigen Millionärsfamilien, die die Presse besitzen, eng zusammen und stärken ihr Regime dadurch, indem einseitige Propaganda verbreitet wird. Das gilt meiner Einschätzung nach für die allermeisten Autokratien oder Scheindemokratien. Reiche Medienmogule und reiche Presseeigentümer sorgen gerade für eine Scheinfreiheit der Medien. In Wirklichkeit werden dadurch in der Regel nur die Ansichten der Reichen, Mächtigen und Regierenden verbreitet. Das gilt auch und ganz besonders für die westlichen Demokratien. Paul Sethe, einer der fünf Gründungsherausgeber der „Frankfurter Allgemeinen Zeitung", schrieb bereits 1965 in einem Leserbrief an den „Spiegel": „Pressefreiheit ist die Freiheit von 200 reichen Leuten, ihre Meinung zu verbreiten".[181] Heute sind es in Deutschland längst nicht mehr 200, sondern nur mehr ein knappes Dutzend.

Das Argument, Pressefreiheit braucht Privateigentum an Medien, wird bei uns bewusst missbraucht und ist in dieser verallgemeinerten Form heute schlichtweg eine Lüge. Das Privateigentum-Argument gilt für kleine Verlage und Medien-Unternehmer, Neugründungen in der Medienbranche, kleine Sender oder Nachrichtenmagazine, die für Pluralität der Meinungen sorgen. Aber in einer Welt, in der wenige Multimillionäre riesige Medienkonzerne kontrollieren und die öffentliche Meinung massiv im Sinne ihrer Weltanschauung beeinflussen, wird die Pressefreiheit gerade durch das Privateigentum an Medienkonzernen zerstört und die Demokratie ausgehöhlt. Hier wird bewusst mit der Lüge gearbeitet „Pressefreiheit braucht Medien in Privateigentum", ganz im Sinne von Mephisto, dem Lügengeist. Je stärker diese Unwahrheit verbreitet wird, desto ungestörter kann man die Machtinteressen einer kleinen Gruppe durchsetzen. Wie bei Orwell wird hier durch newspeak das Gegenteil der Wahrheit im Namen der Wahrheit verbreitet.

Wir brauchen ganz dringend eine starke Beschränkung der Einflussnahme durch private Machtinteressen auf unsere Medien. Große Medienkonzerne dürfen auf keinen Fall in Händen von wenigen Menschen oder in Händen von Aktionären sein. Information und Kultur sind öffentliche Güter und dürfen ab einer bestimmten Größe nicht in Privathand oder Privateinfluss sein, sondern in Hand von beispielsweise Kulturräten, die unabhängig und möglichst viele Gesellschaftsgruppen repräsentierend besetzt sind.

---

[181] Der Spiegel Nr. 19/1965 vom 05.05.1965.

Meinungsfreiheit für Konzerne

Ein anderes Einfallstor, um strukturelle Unehrlichkeit in die Welt zu bringen, ist die Forderung, den Konzernen ein gesetzliches Recht auf freie Meinungsäußerung zu geben. Das wird insbesondere von der Werbeindustrie immer wieder verlangt und ist mittlerweile auch weitgehend realisiert. So fordert der deutsche Verband der Werbewirtschaft: „Das Grundrecht der Meinungsfreiheit bedeutet auch Werbefreiheit: Kommerzielle Kommunikation ist in freien Gesellschaften unverzichtbar!"[182] Für mich ist das ist ein fataler Fehler. Grundrechte stehen nur Menschen zu, dürfen niemals anonymen Aktiengesellschaften zugesprochen werden. Das Ergebnis ist ganz im Sinne von Mephisto: Die PR der Konzerne ist, genau wie alle kommerzielle Werbung im Dienste der Gewinnmaximierung, in hohem Ausmaß von Unehrlichkeit, Einseitigkeit, Beschönigung und Verzerrung geprägt. Dadurch werden Unwahrhaftigkeit und Unehrlichkeit zum Alltagsgut.

Aus Sicht eines Advocatus Diaboli kann man fragen: Wie schaffe ich es, Unwahrhaftigkeit und Unehrlichkeit zum Alltagsphänomen zu machen und damit die Menschen in Lüge und Irrtum zu treiben? Antwort: Indem ich das Grundrecht auf Meinungsfreiheit für Konzerne fordere. Das klingt gut, überzeugend und harmlos. Dadurch werden Haupt- und Nebeneffekt vernebelt und vom eigentlichen moralischen Ziel intelligent abgelenkt.

---

[182] http://www.zaw.de/zaw/zitate_texte/Zitat_Schubert_ZAW_Werbefreiheit-ist-Meinungsfreiheit.php; Aussage von Andreas F. Schubert, Präsident ZAW am 13.03.2015, abgerufen am 26.4.2019

Nationalismus, Völkerfeindschaften und Kriege fördern

Völker gegeneinander aufbringen

„FAUST: Schon wieder Krieg! der Kluge hört's nicht gern.
MEPHISTOPHELES: Krieg oder Frieden. Klug ist das Bemühen,
zu seinem Vorteil etwas auszuziehen." (Faust II)

Nun möchte ich die Frage stellen: Wie würde Mephisto die internationalen Beziehungen regeln wollen? Wie sollen sich die Nationen zueinander verhalten, wie sollte der Umgang der Völker miteinander in den Augen eines Advocatus Diaboli aussehen? Da es Mephisto nicht gut mit uns Menschen meint, dürfte er alles unternehmen, um die Völker und Nationen in größtmöglichen Unfrieden zu stürzen, am besten Krieg. Aber auch hier gilt: Die allermeisten Menschen haben viel zu starke Moralvorstellungen und ein zu starkes Gewissen, als dass man offen für Kampf und Krieg plädieren kann. Mephisto muss das also langsam und subtil vorbereiten: Völkerfreundschaft in Völkerfeindschaft verwandeln, Wohlwollen in Missbilligung, Vertrauen in Misstrauen. Ganz besonders schlimm sind für Mephistopheles, den Lügner- und Verderbergeist, Schüleraustausch, Auslandsstudium und Kulturreisen in andere Länder. Denn diese Auslandsaufenthalte fördern Empathie, Einfühlungsvermögen und Verständnis für andere Kulturen und damit Völkerverständigung. Wie soll ich ein Volk hassen, wenn ich öfter in dem Land war und dort einige Menschen persönlich kennengelernt habe? Das unterminiert Feindbilder, ist also ganz schlecht für Mephistos Absichten.

Auf der emotionalen Seite muss also durch einen Advocatus Diaboli eine Stimmung des Gegeneinander statt Miteinander, Misstrauen statt Vertrauen, Marktkampf und Konkurrenz statt Kooperation, Neid und Missgunst gefördert werden, um eine Stimmung der Antipathie, Völkerfeindschaft und schließlich des Hasses zustande zu bringen, damit die Menschen schließlich an abstrakte Feindbilder glauben statt die konkreten Menschen in den anderen Ländern zu sehen.

Auf der politisch-ökonomischen Ebene, worum es ja in diesem Buch vor allem geht, müsste ein Advocatus Diaboli also folgendermaßen vorgehen. Man müsste ein Wirtschaftssystem aufsetzen, in dem die Menschen in den Volkswirtschaften gegeneinander in Kampf gestürzt werden. Der Volkswirt und frühere Staatssekretär im Finanzministerium Heiner Flassbeck bringt diesen Wettkampf, in den die Nationen durch unsere Wirtschaftsordnung gehetzt werden, gut auf den Punkt. Er zeigt in seiner online-Zeitschrift Makroskop [183] immer wieder auf, in welchen Wettkampf um Dumpinglöhne und möglichst niedrige Arbeitsstandards die einzelnen Volkswirtschaften getrieben werden, in welchen Kampf um Absatz, Marktanteile und Leistungsbilanzüberschüsse, der zu gegenseitigem Misstrauen, Neid und Vorwürfen führt. Jeder fühlt sich durch jeden übervorteilt und unter Beschuss genommen. Dieser Wirtschaftsordnung liegt die irrige neoliberale Doktrin mit ihren oben geschilderten falschen und schädlichen Axiomen zu Grunde, insbesondere, dass Kapitaleigentümer in allen Formen und in unlimitierter Höhe sakrosankt sind und Vorrang vor allem anderen, insbesondere vor den Arbeitenden und der Umwelt haben. Ich habe weiter oben ausgeführt, dass diese

---

[183] https://makroskop.eu/ Stand Mai 2019

etwa sieben Grundannahmen, auf denen die heutigen ökonomischen Theorien ruhen, Mephisto großartig in die Hände arbeiten, ja geradezu von ihm eingeflüstert sein könnten.

Ist dieses auf schädlichen Axiomen aufgebaute Wirtschaftssystem einmal eingeführt, so werden, wie oben geschildert, langsam aber sicher schuldenfinanzierte Überkapazitäten aufgebaut. Durch den Druck der Überkapazitäten wird der Kampf um Marktanteile und der Kampf um Verlagerung der Arbeitslosigkeit in andere Länder zwischen den Nationen weiter verschärft. Wenn schließlich ein Crash und eine Depression einsetzen wie 1929, kommt es zu Abwertungswettkämpfen, beggar-my-neigbour-Strategien „(„seinen Nachbarn zum Bettler zu machen"; wörtlich: ruiniere deinen Nachbarn)"[184], die die nationalen Spannungen verschärfen, Nationalismus fördern, Neid, Missgunst, ja Hass und Völkerfeindschaft weiter schüren. Schließlich ist man da, wo Mephisto von Anfang an sein wollte: bei Völkerfeindschaft und Hass, dann ist es nur noch ein Steinwurf bis zum Krieg. Die Vorstufen zu Kriegen sind also unter anderem Wettbewerb bzw. Wettkampf, Misstrauen, gesteigerter Nationalismus, dann Hass und Feindbilder.

Oben habe ich Papst Franziskus mit folgender Aussage zitiert: „Damit das System [des Kapitalismus] fortbestehen kann, müssen Kriege geführt werden, wie es die großen Imperien immer getan haben. Einen Dritten Weltkrieg kann man jedoch nicht führen, und so greift man eben zu regionalen Kriegen." [185] Papst Franziskus bringt hier ganz klar eine zentrale Grundeigenschaft unseres Wirtschaftssystems auf den Punkt. Das heutige, auf den sieben mephistophelischen Axiomen aufgebaute

---

[184] https://de.wikipedia.org/wiki/Beggar-thy-Neighbor-Politik, Stand 7.5.2019
[185] Lavanguardia.com 12.6.2014

Wirtschaftssystem kommt ohne Krieg nicht aus, führt zwangsläufig zu Krieg. Kurz: *"Diese wirtschaft tötet"*[186], wie er in der Enzyklika von 2013 treffend schreibt.

Wenn man einen Angriffskrieg plant, muss man im Normalfall die Bevölkerung langsam und gezielt vorbereiten, weil, wie erwähnt, die meisten Menschen eine gewisse moralische Scheu vor Krieg haben. So wurde beispielsweise der Krieg gegen Saddam Hussein in den Medien unter anderem dadurch vorbereitet, dass man behauptete, der Irak besitze Giftgasfabriken. Es wurden über die oben geschilderten internationalen Presseagenturen gefälschte Fotos der Giftgasanlagen und immer wieder Stories dazu in den Medien praktisch der gesamten westlichen Welt lanciert. Als Saddam Hussein lange genug als "Böser" dargestellt war, konnten die Panzer rollen. So läuft es häufig: Erst schießen die Medien, dann schießen die Kanonen.

Mephisto und der Euro

„MEPHISTOPHELES: O heil'ger Mann! Da wärt Ihr's nun! Ist es das erste Mal in eurem Leben, dass Ihr falsch Zeugnis abgelegt?"
(Faust I)

Wirft man einen Blick auf den Euroraum seit der Finanzkrise, so muss man heute ernüchternd feststellen, dass Nationalismus und Ressentiments zwischen den Euroraum-Völkern so stark

---

186 Evangelii Gaudium Ziffer 53

sind wie seit vielleicht 70 Jahren nicht mehr. Rechte, nationale Parteien verzeichnen seit 2007 in praktisch allen Euroländern starke Zuwächse. Gegenseitige Vorwürfe, teilweise Beschimpfungen und Verunglimpfungen zwischen einzelnen Ländern, Misstrauen und Antipathie sind so stark wie seit Jahrzehnten nicht. Das ist frappierend. Ist der Euro doch angetreten mit dem Versprechen: Nie wieder Krieg zwischen den Ländern Europas, wir werden eine große europäische Familie, voll Wohlwollen und gegenseitigem Respekt, aller Nationalismus wird überwunden, wir schaffen ein starkes, geeintes Europa. In Wirklichkeit ist ziemlich genau das Gegenteil eingetreten. Wie kann das sein?

Dadurch, dass die nationalen Währungen im Euroraum abgeschafft wurden, gibt es keine Wechselkurse mehr, die „atmen" können, die unterschiedliche Inflations- und Lohnentwicklungen zwischen den Ländern über Abwertungen oder Aufwertungen ausgleichen können. Daher trifft nun der oben geschilderte internationale Kampf um Marktanteile über Preisschlachten und Lohndumping die Euroländer mit voller Wucht, ohne jegliche Abfederung in Form von Währungsauf- oder -abwertungen. Und so wird der Kampf zwischen den Nationen um Leistungsbilanzüberschüsse und den Export von Arbeitslosen dramatisch verschärft. Die Völker werden nun durch dieses Währungskorsett in einen ungleich härteren Kampf gegeneinander gezwungen, was Misstrauen, Neid und gegenseitige Vorwürfe forciert, und zwar in einem viel schlimmeren Maße als in den Jahrzehnten vor dem Euro.

So stellt sich mir die Frage, ob das reiner Zufall ist, oder ob man das nicht vorhersehen konnte? Ob da nicht mit bewusst falschen Versprechungen gearbeitet wurde von manchen Befürwortern des Euro? Ob nicht in Wahrheit eine Schwächung von und Konflikte in Kontinentaleuropa geplant waren nach dem Motto „Create a disunited Europe"? Jedenfalls hat Mephisto seine Freude am Euro: Nationalismus, Chauvinismus, Misstrauen, Unfrieden und Völkerfeindschaft haben durch den Euro stark zugenommen.

Nutzenmaximierung, Utilitarismus und Egoismus

Eine weltanschauliche Verirrung

> *„MEPHISTOPHELES:*
> *Daran erkenn' ich den gelehrten Herrn!*
> *Was ihr nicht tastet, steht euch meilenfern,*
> *Was ihr nicht fasst, das fehlt euch ganz und gar,*
> *Was ihr nicht rechnet, glaubt ihr, sei nicht wahr,*
> *Was ihr nicht wägt, hat für euch kein Gewicht,*
> *Was ihr nicht münzt, das, meint ihr, gelte nicht."*
> (Faust II)

Zu welchen Analysen und Ergebnissen Ökonomen kommen können, die das Prinzip der utilitaristischen Nutzenmaximierung wirklich ernst nehmen und logisch konsequent zu Ende denken, kann folgendes Beispiel zeigen. Der US-Ökonom Gary Becker (1930-2014) ist einer der prominentesten Vertreter des Utilitarismus. Er erhielt für seine ökonomischen Analysen 1992 den Wirtschaftsnobelpreis und gilt daher als einer der weltweit führenden Ökonomen. In einem Interview mit McKinsey 2004 sagte der angesehene Ökonom Folgendes[187]:

---

[187] Becker 2004, S. 82f.

„McK: Familien sind also eine Fabrik, die nach ökonomischen Grundsätzen Einkommen, Geborgenheit und Kinder produziert.
Becker: Ja, und Kinder bilden den Mittelpunkt. [...] Eltern in Industrienationen geben heute meist mehr Geld dafür aus, Kinder aufzuziehen, als sie durch sie einnehmen, und sie betrachten Kinder, in der Terminologie der Ökonomie, als Konsumgüter. [...] Mit steigendem Einkommen tendieren Familien dazu, die Qualität ihrer langlebigen Konsumgüter wie Autos oder Kühlschränke zu verbessern. Das gilt auch für Kinder, für die mehr in Erziehung und Ausbildung investiert wird.
McK: Eine nicht gerade menschliche Betrachtung.
Becker: Grundsätzlich mag es unmoralisch erscheinen, Kinder mit Autos, Häusern oder Maschinen zu vergleichen, aber" [ich tue es].

Fassen wir zusammen: Familien sind Fabriken, die Einkommen, Geborgenheit und Kinder produzieren. Kinder sind langlebige Konsumgüter, man kann sie daher mit Autos, Häusern und Maschinen vergleichen. Das sagt eigentlich alles. Gary Becker scheint in diesem Interview die Unterscheidungsfähigkeit zwischen Kühlschränken und Kindern eingebüßt zu haben. Wie meinte McKinsey in dem Interview: *„Eine nicht gerade menschliche Betrachtung"*, das trifft den Nagel auf den Kopf. Es ist eine durch und durch unmenschliche Betrachtung. Je mehr Menschen so denken, desto unmenschlicher wird unsere Welt werden. Gary Becker unterrichtete an einer der Elite-Universitäten der USA. Da stellt sich mir die Frage: Auf welche Welt steuern wir zu, wenn solche, meiner Meinung nach sehr ungesunden Ansichten in die Herzen und Gedanken besonders begabter junger Studierender gesät werden? Wie menschlich kann eine solche Welt noch sein? Nun, Mephisto hat seine Freude daran, will er doch alles unternehmen, um den Menschen zu entmenschen.

Unvermeidbaren Wohlstand nutzen, um Menschen in Materialismus und Egoismus zu stürzen

„MEPHISTOPHELES:
Den schlepp ich durch das wilde Leben,
Durch flache Unbedeutendheit,
Er soll mir zappeln, starren, kleben,
Und seiner Unersättlichkeit
Soll Speis und Trank vor gier'gen Lippen schweben;
Er wird Erquickung sich umsonst erflehn,
Und hätt er sich auch nicht dem Teufel übergeben,
Er müsste doch zugrunde gehn!"
(Faust I)

In den bisherigen Ausführungen habe ich versucht aufzuzeigen, was Mephisto alles unternimmt, um uns Menschen die Früchte unserer Arbeit zu rauben, um uns in Leid und Elend zu stürzen, um uns das Leben zur Hölle zu machen. Wenn das alles nicht funktioniert und das *„verdammte Zeug, die Tier- und Menschenbrut"*, wie Mephisto es nennt, wenn die Menschen nun doch zu Wohlstand kommen, was dann? Nun, worum geht es Mephistopheles inGoethes Werk letztlich? Es geht ihm um die Seele des Faust: Wendet sich die Seele dem Guten zu oder verfällt sie den Einflüsterungen des Bösen? Mephisto versucht, Faust auf die schiefe Bahn zu bringen, ins Dunkle, ins Böse zu führen und so seine Entelechie, seine Lebensessenz, seine Seele nach dem Tode zu gewinnen. Er sagt an einer Stelle: „Wenn wir uns drüben wiederfinden, so sollst du mir das Gleiche tun". Und in der Tat sind die Anstrengungen Mephistos nicht gerade erfolglos, Faust hinterlässt ja eine Blutspur im Leben, man denke nur, was er dem armen Gretchen unter dem Einfluss des Mephisto antut.

Ein mir nahestehender Mensch war etwa 15 Jahre lang mit seiner Frau als christlicher Pilger in Europa unterwegs. Er ist US-Amerikaner, seine Mutter ist griechischer Herkunft, und so spricht er sehr gut griechisch und liebt das liebenswerte griechische Volk. Er besuchte im Laufe der letzten Jahrzehnte immer wieder Griechenland und stellte Mitte der 2000er Jahre einmal fest: Das griechische Volk habe seit dem Beitritt erst zur EU, dann zum Euroraum einen traumhaften Zuwachs an materiellem Reichtum erlebt, an Autos, Handys, Häusern usw. In diesen etwa 30 Jahren sagenhaften Wohlstandszuwachses habe das griechische Volk in seinen Augen mehr an Gastfreundschaft, Mitmenschlichkeit und Religiosität verloren als in vielen Jahrhunderten davor. Er erkenne sein Volk nicht wieder. Die Menschen seien durch den Reichtum in einen enormen materialistischen Egoismus getrieben worden. Nun, in den Augen von Mephisto: großartig gelungen!

Ähnliches hat mir ein spanischer Handwerker, ein Maler, um das Jahr 2010 von seinem Volk geschildert, als er nach etwa zwanzigjährigem Aufenthalt in Deutschland nach Spanien zurückkehrte. An allen Ecken finde man nun Geldautomaten, die Menschen würden ständig dem Geld hinterherlaufen, er erkenne seine Landsleute kaum wieder. Aber das Phänomen beschränkt sich bei weitem nicht auf Griechenland und Spanien, sondern trifft genauso auf viele andere Industrienationen zu.

Wenden wir den Blick in den deutschsprachigen Raum. Im Jahre 1790 lebten in Mitteleuropa folgende Menschen (die Zahl hinter den Namen ist das Geburtsjahr):

- Kant (1724)

- Klopstock (1724)
- Lessing (1729)
- Haydn (1732)
- Matthias Claudius (1740)
- Herder (1744)
- Goethe (1749)
- Mozart (1756)
- Schiller (1759)
- Fichte (1762)
- Jean Paul (1763)
- Wilhelm von Humboldt (1767)
- Alexander von Humboldt (1769)
- Beethoven (1770)
- Hegel (1770)
- Hölderlin (1770)
- Novalis (1772)
- Schlegel (1772)
- Caspar David Friedrich (1774)
- Schelling (1775)
- ETA Hoffmann (1776)
- Kleist (1778)
- Brentano (1778)
- Bettina von Arnim (1785)
- Joseph von Eichendorff (1788)
- Schopenhauer (1788)

In der zweiten Hälfte des 18. und Anfang des 19. Jahrhunderts erlebten wir in Mitteleuropa eine großartige Kultur- und Geistesblüte. Literatur, Philosophie, der Großteil der klassischen Musik: Damals entstanden einzigartige Kunst- und Kulturwerke. Wenn wir dagegen den Blick auf Mitteleuropa heute wenden, so haben wir meiner Empfindung nach – auch wenn es heute immer noch wundervolle Menschen und Vordenker gibt – einen ungeheuren geistigen Abstieg erlebt und eine dramatische Hinwendung vom damaligen Idealismus zu heutigem Materialismus und Egoismus. Ich fürchte, wir sind vom Volk der Dichter und Denker ziemlich stark zum Volk der Dichter und Dämmer verkommen, bei dem es ganz überwiegend um Materielles, um Ökonomie, Autos und Triviales geht.

Im Prolog im Himmel sagt der HERR zu Mephisto: „Zieh diesen Geist von seinem Urquell ab, und führ ihn, kannst du ihn erfassen, auf deinem Wege mit herab". Und Mephisto sagt ja selbst (siehe Eingangszitat), dass er uns Menschen durch das wilde Leben schleppen will, durch flache Unbedeutendheit. Wir sollen zappeln, starren, kleben, und in Unersättlichkeit sollen Speis und Trank vor unseren gier'gen Lippen schweben. Nun, man könnte beinahe meinen: „mission completed", wenn man sich die Entwicklung Mitteleuropas von Goethe und Schiller, von Haydn, Mozart und Beethoven, von Kant, Hegel und Schopenhauer bis heute ansieht.

Nun, genau dieses Abziehen vom Geist ist ja eines der zentralen Ziele von Mephisto. Meiner Meinung nach wäre heute eine unserer wichtigsten Aufgaben in Mitteleuropa, an die geistigen Schätze unserer Vergangenheit anzuknüpfen und neues spirituelles Leben zu entfalten, das wir der *„kalten Teufelsfaust"* entgegensetzen können, so dass sie sich *„vergebens tückisch ballt"*:

„FAUST: *So setzest du der ewig regen,*
Der heilsam schaffenden Gewalt
Die kalte Teufelsfaust entgegen,
Die sich vergebens tückisch ballt!" (Faust I)

Materialismus und Egoismus

Wie soeben ausgeführt, ist ein besonders wichtiges Ziel von Mephisto, den Menschen von seinem Urquell, vom Geist, vom Spirituellen, vom Göttlichen abzuziehen und in Religionslosigkeit und Materialismus und damit in den Egoismus zu treiben. Denn am Materialismus zerschellt zuletzt alle Moral. Aus einem materialistischen Weltbild lässt sich keine Moral gewinnen oder ableiten, wie beispielsweise Jordan Peterson sehr überzeugend ausführt.[188] Wirkliche Moral ist etwas rein Geistiges: Ich tue das Gute, weil es das Gute ist, weil es ein Wert in sich ist, weil es ein Göttliches ist. Die eigentliche Motivation für das Gute kann nicht durch äußere Anreize wie Belohnung oder Strafe bewirkt werden, dann ist es keine Moral mehr, sondern nur mehr Nützlichkeitskalkül, wie beispielsweise aller Utilitarismus.

Alle Moral entspringt ursprünglich dem Transzendentalen, Geistigen, Göttlichen, Religiösen im weitesten Sinne. Sie verinnerlicht sich in Form von Gewissen und Moralvorstellungen und veräußerlicht sich in Gesetzen und Normen. Wenn das Spirituelle oder Religiöse verfällt und in Dekadenz gerät, halten sich Moralvorstellungen und Gewissen aus Tradition und Trägheit noch längere Zeit. Doch wenn der Verfall von Religion und Spiritualität beziehungsweise der Siegeszug des Materialismus weit genug fortgeschritten und damit die Quelle aller Moral lange genug versiegt ist, werden die Moralvorstellungen und Gewissensempfindungen immer schwächer und schließlich aufgelöst. Dann ist die Bahn frei für den ungebändigten Egoismus, eines der wichtigsten Ziele Mephistos.

---

[188] https://www.youtube.com/watch?v=wwi9Q9apHGI Stand April 2019

Der Weg, den die mephistophelischen Geister also einschlagen müssen, ist die Auflösung von Religiosität und die Verbreitung des Materialismus. Dafür sind die sieben Todsünden bestens geeignet, denn sie galten der katholischen Kirche als die bewusste Abkehr von der Gemeinschaft mit Gott und damit vom Geistigen: 1.Superbia-Hochmut (Stolz, Eitelkeit), 2.Avaritia-Geiz (Habgier), 3.Luxuria-Wollust (Ausschweifung, Genusssucht, Begehren), 4.Ira-Zorn (Wut, Rachsucht), 5.Gula-Völlerei (Gefräßigkeit, Maßlosigkeit, Unmäßigkeit, Selbstsucht), 6.Invidia-Neid (Eifersucht, Missgunst), 7.Acedia-Faulheit (Ignoranz, Trägheit des Herzens). Sie waren für die katholische Kirche mit der Abkehr vom Göttlichen damit zugleich das Haupteinfallstor für Dämonen. So lesen wir auf wikipedia: „Schon damals wurden den Hauptlastern bestimmte Dämonen zugeordnet. Am weitesten verbreitet sind jedoch die Zuordnungen des Peter Binsfeld aus dem 16. Jahrhundert. Er ordnet Luzifer den Hochmut, Mammon den Geiz, Leviathan den Neid, Satan den Zorn, Asmodeus die Wollust, Beelzebub die Völlerei und Belphegor die Faulheit zu."[189]

Die sieben Todsünden laufen letztlich praktisch alle auf eines hinaus: auf Egoismus. Bezogen auf die Wirtschaftswissenschaften bzw. unsere Wirtschaftsordnung heißt das: In dem Maße, in dem wir Egoismus propagieren, Habgier, Geiz, Unersättlichkeit, Begehren, Genusssucht, Gefräßigkeit, Maßlosigkeit, Neid und Missgunst predigen, fördern wir die Absichten der auf wikpedia beschriebenen sieben Dämonen bzw. mephistophelischen Geister. Da sind wir gut dabei. Ein Blick in unsere Lehrbücher und die Wirtschaftspraxis, vor allem ein Blick in unsere Werbewelten zeigt, dass genau das in großem Umfang geschieht. Dazu kommt noch, dass, wie oben geschildert, unsere tagtägliche Werbeflut – jeder von uns nimmt pro Tag 3000 bis 13000 Werbebotschaften auf

---

[189] https://de.wikipedia.org/wiki/Tods%C3%BCnde Stand April 2019

– von Unwahrhaftigkeit durchtränkt ist und dadurch unser Wahrheitsempfinden, unser Respekt vor Wahrheit systematisch geschwächt wird. Das Untergraben von Wahrheit und Ehrlichkeit ist ein Frontalangriff auf alle Religiosität.

Unsere Wirtschaftswissenschaften und unser Wirtschaftsleben tragen also mächtig zum Siegeszug des Materialismus bei. Gerade die heute gängigen Wirtschaftswissenschaften ruhen praktisch auf rein materialistischen Grundannahmen und propagieren den Materialismus. Die Frage, die Erich Fromm 1976 in seinem Buch „Haben oder Sein" aufwarf, ist längst entschieden. Unsere Wirtschaftswissenschaften, die Werbewelt und der Großteil unserer Medien propagieren seit Jahrzehnten lautstark „Haben". Und so hat sich dieses materialistische Prinzip auch im Denken und Empfinden der einzelnen Menschen stark durchgesetzt. Mephisto kann frohlocken, denn dadurch wird dem Egoismus Tür und Tor geöffnet.

Egoismus, Partikularinteressen und Gruppenegoismus

Es gibt etwas, das noch schlimmer und schädlicher ist als Egoismus und das ist Gruppenegoismus, denn der ist deutlich mächtiger als Individualegoismus. Der Ökonom Mancur Olson zeigte sehr anschaulich, wie Gruppeninteressen ein ganzes Land ruinieren können, er spricht gar von „Aufstieg und Untergang von Nationen".[190] Er meint damit, dass Nationen untergehen, wenn man den Gruppeninteressen keinen Einhalt gebietet. Beispielswese führen Lobbyverbände dazu, dass die Gesetzgebung immer stärker in Richtung von Partikularinteressen verbogen wird zu Lasten der Allgemeinheit. Ein anderes Beispiel ist Einfluss von Kapitalinteressen auf die Wissenschaft, die unser Geistesleben immer stärker manipulieren und korrumpieren.[191] Man muss sich dabei stets vor Augen führen, dass alle diese Prozesse nur dann funktionieren, wenn die Moralstandards sinken, niedrig sind oder nicht mehr existieren, wenn also die handelnden Menschen niedrige Ethikstandards haben und ihr Egoismus zunimmt.

Ausuferndes Lobbywesen und zunehmende gekaufte oder durch Gruppeninteressen manipulierte Wissenschaft sind die Anfänge. Die Übergänge zu organisierter Kriminalität sind fließend, wie die Beispiele der Tabakindustrie, der Dieselskandal, der organisierte kriminelle Steuerbetrug durch Cum-Ex-Geschäfte und unzählige weitere Beispiele zeigen. Diese Fälle organisierter Kriminalität in unserer Gesellschaft steigen in den letzten Jahrzehnten sprunghaft an. In dem Maße, in dem die Moralstandards wei-

---

[190] Olson 1991
[191] Vgl. Kreiß 2015

ter sinken, werden sie meiner Überzeugung nach auch weiter zunehmen und exponentiell, das heißt krebsartig weiterwachsen. Die Übergänge zwischen legalen und illegalen Handlungen sind dabei oft fließend, wobei die Illegalität immer stärker zunimmt. Illegitim sind die Fälle praktisch ausnahmslos alle. Unter ethischen Gesichtspunkten ist die einseitige Durchsetzung von Partikularinteressen zu Lasten anderer allemal fragwürdig. Der Weg in den Untergang beginnt meiner Einschätzung nach also mit zunehmender Unehrlichkeit, steigendem Lobbyismus und manipulierter Wissenschaft, geht über in die verdeckte und schließlich in die offene Kriminalität.

Eine Steigerung in der Durchsetzung egoistischer Partikularinteressen ist, wie oben erwähnt, das Banden- oder Clanwesen, das leicht in die organisierte Kriminalität übergeht, die noch deutlich schädlicher ist als die Einzelkriminalität. Ein gutes Beispiel dafür ist die Mafia, was ursprünglich die Bezeichnung für einen streng hierarchischen Geheimbund war[192]. Die einzelnen Clan-, Familien- oder Gruppenmitglieder erhalten Privilegien durch die Gruppenzugehörigkeit, der Gruppenegoismus lohnt sich für sie. Ganz ähnlich funktioniert es heute in einigen Favelas, Slums oder Armutsvierteln in Südamerika und einigen Gegenden Afrikas. In immer mehr Regionen schreitet die Polizei nicht mehr ein, weil sie gegen die Bandenbrutalität machtlos oder selbst korrumpiert ist. Dabei gilt: Diejenige Bande, die am skrupellosesten handelt, setzt sich auf Dauer durch. Es findet ein Wettlauf um die größtmögliche Skrupellosigkeit statt, denn je größer die Brutalität, desto erfolgreicher kann die Macht durchgesetzt werden. Mephisto hat an diesen Entmenschlichungsprozessen seine Freude.

---

[192] https://de.wikipedia.org/wiki/Mafia Stand April 2019

Egoismus im Endstadium

Krieg aller gegen alle

Dass eine gesellschaftliche Struktur menschenverachtend und äußerst schädlich für Land und Leute ist, heißt noch lange nicht, dass sie nicht stabil ist. Solche brutalen Systeme können äußerst stabil sein, wie die Mafia seit Jahrhunderten beeindruckend zeigt. Und nicht nur das. Meiner Einschätzung nach sind solche rechtlosen, skrupellosen, in Bandenegoismus organisierten Systeme langfristig gesehen der logische natürliche Endzustand auf dem Weg der Entropie, der Weg, den Gesellschaften einschlagen, wenn die Ethik- und Moralstandards immer niedriger werden und zuletzt verschwinden. Am Ende zählt nur mehr das Recht des Stärkeren bzw. der stärkeren Gruppe. Der Endzustand ist der Krieg aller gegen alle, der Krieg zwischen Gruppen, aber auch, wenn es für den Einzelnen nützlich erscheint, der Krieg innerhalb der Gruppe.

In der Apokalypse des Johannes ist dieser Zustand beschrieben mit den Worten Gog und Magog: kleine und große Gruppen, die in Krieg und Streit miteinander kämpfen. Johannes benennt auch klar, wer dahintersteckt: mephistophelische Wesen, die genau dies mit den Menschen beabsichtigen, die sie in Zwietracht, Hass und Egoismus stürzen wollen.[193] Und sie finden in den Schilderungen des Johannes genügend Menschen, die ihr Herz und ihren Geist dafür öffnen. Denn letztlich sind es die Menschen, die frei

---

[193] Apokalypse des Johannes, Kapitel 20

entscheiden können, welchen Weg sie wählen und welche Entscheidungen sie treffen. Der Kampf findet in der Brust und im Kopf der Menschen statt. Letztlich geht es um Fragen der Moral.

Die Vorformen dieser Schilderungen eines Kampfes aller gegen alle können wir heute schon in unserem Wirtschaftsleben sehen. Es sind Wettkampf, Konkurrenz und Gegeneinander, survival of the fittest, battle for talents usw. Schon die Begriffe sind häufig aus der Kriegsführung entlehnt. Und unsere ökonomische Mainstream-Theorie heißt diese Prozesse nicht nur gut, sondern predigt sie auch noch von den Lehrkanzeln und will, dass sie politisch gefördert werden, anstatt sie zu bekämpfen. Im 18. Kapitel der Offenbarung des Johannes, in dem es um den Fall Babylons geht, spielen die Kaufleute und der mit ihnen verbundene Handel, Reichtum und Güter eine besonders wichtige Rolle. Also praktisch ein ganzes Kapitel der Apokalypse ist den Verirrungen durch wirtschaftliches Handeln, durch Gier, Geiz und Reichtum gewidmet. Das zeigt, dass der Apokalyptiker den Versuchungen und Verfehlungen durch das Wirtschaftsleben eine bedeutende Rolle zuschreibt.

Wir sollten uns in diesem Zusammenhang immer und immer wieder klarmachen, dass alle diese Entwicklungen ins Negative nur dann eintreten, wenn die Moralstandards immer weiter sinken, wenn die frei handelnden Menschen immer unmoralischer handeln und ihr Egoismus zunimmt. Wir sollten uns klarmachen, dass es langfristig bei den wichtigsten gesellschaftlichen Entwicklungen letztlich um Fragen der Moral und Ethik geht, um Gut und Böse. Auf diesem Gebiet finden die entscheidenden Weichenstellungen für die Zukunft statt, in den Herzen und Köpfen der Menschen, die den Einflüsterungen der mephistophelischen Geister folgen können oder aber den guten Kräften.

„Tierischer als jedes Tier"

„MEPHISTO: Er nennts Vernunft und brauchts allein,
nur tierischer als jedes Tier zu sein" (Faust I)

Mord und Gewalt in den Medien

In Kriegen und Bandenkämpfen werden die Menschen häufig durch Gewalt und Brutalität ins Untermenschliche, ins Tierische geführt. Dieser Situation leisten meiner Einschätzung nach, wie oben geschildert, viele der heutigen Computer-Kriegs- und Strategiespiele aktiv Vorschub. Aber auch ein Blick auf unsere Fernsehsendungen und Bücher ist hier lohnend. Etwa jedes vierte in Deutschland gelesene Buch ist ein Krimi.[194] Bei Umfragen in den letzten fünf Jahren gaben recht kontinuierlich 19 Prozent der Fernsehzuschauer in Deutschland an, dass sie Krimiserien und Kriminalfilme „sehr gern" und 26 Prozent, dass sie sie „auch noch gern" ansehen. Insgesamt sehen also 46 Prozent der Zuschauer gerne Krimis an.[195] Sie sind nach Nachrichtensendungen die beliebtesten Fernsehformate in Deutschland.[196] Entsprechend viele Krimis werden im deutschen Fernsehen gezeigt. Doch Krimis sind bei weitem nicht die einzige Art von Gewaltdarstellung in Filmen.[197]

---

[194] https://www.planet-wissen.de/kultur/literatur/krimis_faszination_verbrechen/index.html Stand April 2019

[195] https://de.statista.com/statistik/daten/studie/171185/umfrage/interesse-an-krimiserien-kriminalfilme-im-fernsehen/ Stand April 2019

[196] https://de.statista.com/statistik/daten/studie/171208/umfrage/beliebteste-fernsehformate/ Stand April 2019

[197] https://www.welt.de/gesundheit/psychologie/article114934407/Warum-Menschen-von-Gewalt-im-Film-fasziniert-sind.html Stand April 2019

Angesichts dieser hohen Zahlen kann man einerseits fragen: Warum diese große Faszination für Verbrechen? Was sagt das über uns aus? Andererseits aber auch: Was macht das mit uns? Macht uns das ständige Beschäftigen mit der Lust oder Schaudern an Mord und Gewalt zu besseren, integreren Menschen? Ich fürchte, dass das nicht der Fall ist, sondern dass das eher den Absichten von Mephisto entgegenkommt, uns ins Untermenschliche zu führen. Mit Blick auf die vielen, Gewalt beinhaltenden Filme, insbesondere die breite Horrorfilmszene, fühlt man sich an den Ausspruch Mephistos erinnert: „Gib nur erst Acht, die Bestialität wird sich gar herrlich offenbaren" (Mephisto, Auerbachs Keller, Faust I).

Viele Gewalt- und Horrorfilme und auch viele Video-Clips aus der Musikszene, beispielsweise der Gothic-Music-Szene, offenbaren tatsächlich eine unglaubliche Bestialität. Eine solche Darstellung in den Medien wäre vor wenigen Jahrzehnten noch völlig undenkbar gewesen. Die Akzeptanz von Gewaltdarstellungen im Namen von Toleranz, Unvoreingenommenheit, Vorurteilsfreiheit und Aufgeklärtheit hat in ungeheurem Maße zugenommen und die Verbreitung von Gewaltdarstellungen ist geradezu explodiert. Manche Musikvideos erinnern geradezu an Teufelsverehrungen oder Teufelsmessen, beispielsweise der Song „highway to hell" von AC DC.[198] Unter anderem heißt es in dem Song: „Hey satan, paid my dues" (Hey Satan, ich habe meine Abgaben bezahlt). Ein Sänger und sehr viele Zuhörer tragen Teufelshörner und machen mit der Hand das Teufelszeichen (Zeige- und kleiner Finger ausgestreckt). Die Moralstandards, die wir heute an Medieninhalte anlegen, sind in einem Ausmaß gesunken, wie es vor ein oder gar zwei Generationen noch unvorstellbar gewesen

---

[198] https://www.youtube.com/watch?v=gEPmA3USJdI Stand August 2019

wäre. Letztlich geht es Mephisto genau um das, um sinkende Moralstandards, sinkende Ethik, den Kampf um Gut und Böse in der menschlichen Brust für sich zu gewinnen.

Pornographie

Wollust war eine der sieben Todsünden des Mittelalters. Wenn man sich vor Augen führt, welche Kollateralschäden ungehemmte Wollust mit sich bringen kann, weiß man auch warum. Prostitution, Vergewaltigung, Kindsmissbrauch, Ehebruch sind nur ein paar Begriffe, die uns klarmachen, welches Unheil dadurch in die Welt kommt. Nach dem Ausspruch von Mephisto: „Er nennts Vernunft und brauchts allein, nur tierischer als jedes Tier zu sein" gehe ich davon aus, dass Mephisto großes Interesse daran hat, uns Menschen und hier konkret vor allem die Männer, auf die schiefe Bahn zu bringen, indem er den Sexualtrieb anheizt. Ein besonders gut geeignetes Mittel dafür ist Pornographie.

Ein paar Zahlen. Auf der Internetseite https://www.netzsieger.de/ratgeber/internet-pornografie-statistiken schrieb Anne Röttgerkamp am 16.05.2018:

„Die Online-Pornoindustrie setzt über **fünf Milliarden Dollar pro Jahr** um. Die Top-drei-Sexclip-Webseiten verzeichnen pro Monat **über anderthalb Milliarden Besucher**.... Rund ein Viertel aller Anfragen im Internet drehen sich um Pornografie. Das sind etwa 68 Millionen Anfragen pro Tag. ... Acht Prozent des weltweiten E-Mail-Verkehrs beinhaltet pornografische Elemente. 35 Prozent des Internet-Datenverkehrs ist pornografischen Ursprungs. Weltweit schauen sich 43 Prozent aller Internet-User pornografische Seiten an. ... Laut Statistik ist das durchschnittliche Alter des Erstkonsumenten elf Jahre. Eltern aufgepasst: **40 Prozent der deutschen Kinder** suchen im Internet nach pornografischen Inhalten. Der Zugang zu pornografischem Material im Netz ist in den meisten Fällen völlig frei. Lediglich drei Prozent der Sex-Seiten fragen nach dem Alter des Besuchers. Und auch das nützt nur wenig: Der Besucher muss in der Regel keinen Altersnachweis erbringen."[199]

Die Sexindustrie mit ihren Angeboten ist laut wikipedia eine der treibendsten Kräfte bei der Nutzung des Internets und machte laut Schätzung der Daily Mail vom 9.April 2012 seinerzeit etwa 30% des weltweiten Übertagungsvolumens aus.[200]

Kurz: Das Angebot an pornographischen Angeboten allein im Internet ist ungeheuer groß, die Macht der Versuchung enorm. Ein großartiges Tummelfeld für Mephisto, dem es dabei nicht primär um Geld und Gewinn geht, sondern darum, uns Menschen, vor allem die Männer, auf die schiefe, auf die tierische Bahn zu bringen. Je früher er damit die Menschen erreicht, umso nachhaltiger kann er sie schädigen, je früher er also Kinder, die sich wenig dagegen wehren können, damit erreicht, umso besser für die mephistophelischen Ziele, uns vom Geist abzuziehen, vom Wahren, Schönen und Guten abzubringen.

---

[199] https://www.netzsieger.de/ratgeber/internet-pornografie-statistiken, Hervorhebungen im Original, Stand März 2019
[200] https://de.wikipedia.org/wiki/Sexindustrie, Stand März 2019

Mittel und Wege

„Warum ist die Neoklassik überhaupt so erfolgreich geworden?
Weil sie für die Besitzenden eine angenehme Theorie ist?"

Hans Christoph Binswanger[201]

Nun soll kurz, anhand der Wirtschafts- und Finanzkrise 1907/08, der Frage nachgegangen werden, wie es kommt, dass sich die oben beschriebenen schädlichen Axiome und Theorien und die daraus folgenden Wirtschaftsprozesse in der Realität tatsächlich durchsetzen. Oben wurde knapp darauf hingewiesen, dass es in Kriegen immer auch - oft sehr einflussreiche - Gewinner gibt, die durchaus Interesse an Kriegen haben.[202] Auch in Wirtschaftskrisen gibt es praktisch immer Gewinner, die daher ein Interesse an solchen negativen Entwicklungen haben. Mehrere, in der heutigen Geschichtsschreibung interessanterweise kaum beachtete Zeitzeugen der schlimmen Weltwirtschaftskrise von 1907/1908, beschreiben anschaulich, wie man dadurch gewinnen konnte.

Conrad Max von Unruh (1890-94 Landrat von Bromberg, zuletzt Geheimer Regierungsrat) beschreibt in hohem Alter die Krise von 1907/08 in seinem 1918 in Leipzig erschienenen Buch

---

[201] Heusinger, Robert, Das revolutionäre Papier, Frankfurter Rundschau vom 1.3.2010, in: http://www.fr.de/wirtschaft/dossier/schuldenkrise/iwf-chef-volkswirt-blanchard-das-revolutionaere-papier-a-1047236, abgerufen am 12.2.2019
[202] The New Republic, January 7, 1946 https://newrepublic.com/article/93520/profits-the-billion

"Zur Physiologie der Sozialwirtschaft" als "Gaunerstreich gewisser U.S. amerikanischer Spekulanten". Er führt dort genau aus, wie die aus 141 Banken und 36 großen Eisenbahn- und Industriekonzernen bestehende Morgangruppe kurz vor Ausbruch der Krise im Sommer 1907 über den Verkauf großer Mengen von Wertpapieren dem Markt zuerst "Riesensummen Geldes" entzog, um dann im August 1907 bewusst Kreditierungen an andere Banken zu verweigern und so eine Kreditkrise herbeizuführen:

"Unter dem Vorgeben von Geldmangel versagten nun im August 1907 die Morganbanken die üblichen Diskontierungen und Kreditierungen. Tausende von Firmen, sogar Nationalbanken, wurden zahlungsunfähig, hunderttausende von Existenzen brachen zusammen, auch in Europa ..., die Panik erschütterte die Kreditgebäude in der ganzen Welt. Erst als die Sätze für Leihgeld die schon erwähnte Verzweiflungshöhe erreicht hatten, gaben die Morganbanken wieder Geld her und kauften Anlagewerte zu den tief herabgedrückten Kursen ein. Der Beutezug war dreifach gelungen!"[203]

John Pierpont Morgan war damals einer der mächtigsten Banker der Erde. Die beiden US-Wirtschaftshistoriker Bruner und Carr bezeichnen Morgan in ihrem 2007 erschienenen, an apologetischer Einseitigkeit schwer zu überbietendem Buch[204] als „die

---

203 Unruh 1918, S.228
204 Bruner/Carr 2007, S. 10. Deren glorifizierende Schilderung der Person JP Morgan erinnert an frühere Lobhudeleien für Fürsten: „A devoted family man, a strong-willed, affectionate, protective, and generous pater familias. [...] His integrity was solid as a rock; [...] On the morning after his birthday, an historic catastrophe devastated the city of San Francisco, California, setting in motion a chain of events that would eventually call for all the power, wisdom, strength, and influence that Old Jupiter could muster."

mächtigste Person in der amerikanischen Wirtschaftswelt, wenn nicht den mächtigsten Bürger der USA".[205]

Der Schweizer Fritz Schwarz schildert in seinem in Bern 1924 erschienenen kleinen Buch "Morgan der ungekrönte König der Welt" den Krisenverlauf ganz ähnlich: Im Laufe des Frühjahrs und Sommers 1907 vergaben die Morgan-Banken laut Fritz Schwarz großzügig Kredite, von denen der größte Teil eine Laufzeit bis zum 22. August 1907 hatte. Parallel dazu verkaufte der Konzern offenbar bis Sommer 1907 nicht-strategische Aktien zu sehr guten Preisen, da die Aktienkurse seit 1903 stark gestiegen waren und begann mit Goldabzügen aus London. Am 22. August 1907 verweigerten die Morgan-Banken laut Fritz Schwarz die Verlängerung der Kreditlaufzeiten und zogen in großem Umfang Geldbestände aus dem Umlauf. Dadurch brachen die US- Kreditmärkte zusammen und ein Bankrun, begleitet von einer nachfolgenden Panik, setzte ein.[206] "Jetzt konnten die Finanzleute daran gehen, die bis auf den untersten Punkt gesunkenen Aktien und Anteilsscheine der Unternehmungen zusammenzukaufen. ... Morgan kaufte nachweisbar an einem Tage 100.000 Stück Aktien, die er zum dreifach höheren Kurs vor 8 Monaten verkauft hatte! Als er sich so verschafft hatte, was ihm begehrenswert schien, trat er als "Retter des Vaterlandes" hervor und verkündigte großartig den Wunsch, "die Spannungen zu lösen"."[207]

Durch den Crash und die folgende Panik profitierte JP Morgan gleich zweifach: Zum einen wurden unliebsame Konkurrenten in

---

[205] Bruner/ Carr 2007. S.12: „the most powerful figure in the American world of business, if not the most powerful citizen of the United States." Oder S.10: „Morgan's nickname in the street was »Jupiter«, suggesting godly power."
[206] Vgl. Schwarz 1933, S. 14
[207] Schwarz 1933, S.42

den Konkurs getrieben,[208] zum anderen konnten im Herbst 1907 zu sehr niedrigen Kursen in großem Stile billig Aktien aufgekauft werden, so dass JP Morgan nach der Krise sehr hohe Gewinne erzielte.[209]

Auch der Zeitzeuge Rudolf Steiner schildert in einem Vortrag 1920 den Krisenverlauf von 1907/08 ähnlich: "Das heißt, eine reine Finanzspekulation, hervorgerufen von einer gewiss geringen Zahl menschlicher Individuen, hat diese Krisis gemacht."[210] Und Myers schrieb bereits 1910: „Die Panik von 1907 lieferte, ebenso wie frühere Paniken, die günstige Gelegenheit für die großen Magnaten, kleinere Magnaten zu zerquetschen und Kontrolle über deren Eigentum zu bekommen."[211]

---

[208] Insbesondere die Heinze-Morse-Thomas-Gruppe, deren Aktien laut Fritz Schwarz zu einem sehr geringen Kurs an Morgan übergingen. Bei der später einsetzenden Hochkonjunktur erzielte die Morgan-Gruppe erhebliche Kursgewinne, vgl. Schwarz 1933, S. 15.

[209] „Der Erfolg der Wirtschaftskrise von 1907 wird für Morgans Banken auf 3 Milliarden Dollar berechnet. Als »Nebenerscheinung« ging in den Jahren 1907 und 1908 infolge der gewaltigen Arbeitslosigkeit der Reichtum der Vereinigten Staaten um 30 Milliarden Dollar zurück, das ist das Achtfache des damaligen schweizerischen Volksvermögens." Schwarz 1933, S. 16. 1913 kontrollierten Morgan und Rockefeller 341 Großunternehmungen mit 22 Milliarden Dollar Kapital bzw. 20 % des US-Volksvermögens (!), vgl. Kinder/Hilgemann (dtv-Atlas zur Weltgeschichte, Band 2) 1979, S. 117.

[210] Steiner 1999, S.272

[211] Myers 2010, S.291: „The panic of 1907, like previous panics, supplied the propitious opportunity to the great magnates to crush out lesser magnates and seize the control of their property." Insbesondere ein sehr mächtiger Konkurrent, die Heinze-Morse-Thomas-Gruppe, sollte eliminiert werden. Zu ihr schreibt Myers 2010 auf Seite 295: In the meantime, the Morgan and Rockefeller group was carefully observing their operations, and awaiting the ripe time when they could be crushed out at one blow." Einen anderen großen Wettbewerber, Barney, trieben Morgan und Rockefeller demnach in den Selbstmord (S.296)

Der Zeitzeuge Myers schilderte die gesellschaftlichen Zustände folgendermaßen: „By June, 1908, it was conservatively estimated that perhaps five million workers in the United States were out of work, and could get none. Reports from the charity organizations in every city showed that the cities were over-crowded with the homeless and unemployed. Destitution was rife, and cases of starvation of men, women and children, were more frequent than the official reports dared reveal. The jails throughout the country were crowded with men who, thrown out of work, were adjudged vagrants and sentenced. Many of the homeless voluntarily committed some breach of the law in order to be sent to jail. There, at least, shelter and food could be ob-tained. Many towns adopted the plan of deliberately driving out the unemployed. Everywhere crime increased; driven to absolute necessity, many workers stole, and, of course, were dispatched to prison. The Social Ethical League, of New York City, reported that crime had increased fifty per cent, within six months."[212]

Der Höhepunkt der Banken- und Börsenpanik waren der 21. bis 23. Oktober 1907. Am 24. Oktober 1907 stellte J.P. Morgan ei-nen Kredit über 10 Millionen Dollar zur Verfügung und sorgte so für ein Ende der Börsen- und Bankenpanik. In der gängigen Wirt-schaftsgeschichtsschreibung wird zu Unrecht und irreführender-weise nur dieser zweite Teil, die Rettung des Bankwesens, sowie JP Morgan als Wohltäter geschildert. Es soll gar nicht bestritten werden, dass John Pierpont Morgan stark als Wohltäter in der Öf-fentlichkeit auftrat, indem er seine Episkopal- Kirche, Schulen und Spitäler unterstützte sowie als feinsinniger Kunstliebhaber auserlesene Kunst- und Buchsammlungen besaß und der Öffent-lichkeit stiftete. Doch die finanziellen Mittel für seine Wohltätig-

---

[212] Myers 2010, S.302

keit wurden durch rücksichtsloses Vorgehen und Finanzspekulation auf dem Rücken von Millionen von Arbeitslosen, durch großes Elend und Not erworben. Auch in Europa wurden hunderttausende wirtschaftliche Existenzen vernichtet.

Durch die hohen Milliardenbeträge, die Großindustrielle wie John Pierpont Morgan oder John Rockefeller erwerben und später unter anderem für Fonds und Think Tanks verwenden oder als Großsponsoren an Universitäten geben, beeinflussen sie nachhaltig Geschichtsschreibung und Theoriebildung und damit die Wahrnehmung der gesellschaftlichen Prozesse bis heute. Das ist gut investiertes Geld. Viel besser kann man es eigentlich nicht investieren. Dadurch wird seit über 100 Jahren für ein verzerrtes Geschichtsbild gesorgt und maßgeblich dazu beigetragen, dass sich die oben geschilderten kapitalfreundlichen Axiome und Theorien durchsetzen. JP Morgan hatte einen ungeheuer starken Einfluss auf die Presse damals.[213] Kaum eine Zeitung wagte es, gegen ihn zu schreiben.[214] Dem haben sich die meisten Ökonomen angeschlossen. Und das ist im Wesentlichen bis heute so geblieben. So wird auch heute weiterhin vorgegangen. Durch enorme Geldzuwendungen an Universitäten, Think Tanks, Foundations, Stiftungen usw. seitens der Konzerne und ihrer Eigentümer werden Theoriebildung und Geschichtsschreibung subtil und langfristig ganz maßgeblich beeinflusst.

---

[213] Vgl. Myers 2010 S.146ff.
[214] So schreibt Myers 2010, S.245: „In stereotyped historical textbooks and narratives the names of J. Pierpont Morgan and his like do not enter; not even a cursory glimpse is given of their deeds. Yet, in large part, these are the significant things that fundamentally have made actual history."

Jenseits der Ökonomie

Schulsystem

Unser bestehendes Staatsschulsystem: Eine Fehlkonstruktion

Nach einem Vortrag von mir, in dem es auch um das Mephisto-Prinzip in der Wirtschaft ging, bemerkte einmal ein junger Mann: Angenommen, wir wollten unser Schulsystem so einrichten, dass die Kinder maximal demotiviert werden (also nach dem Mephisto-Prinzip): Dann sind wir im bayerischen Schulsystem diesem Ziel schon ziemlich nahegekommen.

Diese Aussage hat meiner Einschätzung nach einen sehr wahren Kern. Für mich sollte das absolut vorrangige Ziel einer guten Schule sein, die Anlagen und Talente, die jedes Kind mitbringt, zu fördern und auszubauen und die Schwächen und Defizite zu mildern. Es geht also darum, die einzelnen Kinder als individuelle Wesen wahrzunehmen und jedes Kind in seiner Einzigartigkeit auf dem Niveau, auf dem es steht, zu fördern und zu einer starken Persönlichkeit zu machen, die ihren Weg ins Leben findet. Das ist kein frommer Wunschtraum, sondern das gibt es tatsächlich in einigen Privatschulen. Ein Kind ist dann erfolgreich, wenn es geschafft hat, seine Fähigkeiten auszubauen und seine Begabungen zu entwickeln. Das sollte der hauptsächliche Maßstab bei der Beurteilung der Kinder sein, zumindest in den ersten etwa acht Schuljahren, bis etwa zum vierzehnten oder fünfzehnten Lebensjahr. Unser bestehendes Schulsystem macht aber ab der Grundschule genau das Gegenteil.

Ein Beispiel: Ein Erstklässler ist im Zeichnen und Malen nicht sehr begabt. Er müht sich zu Hause stark ab beim Malen der Bilder, viele misslingen, aber er bleibt dran. Schließlich macht er Fortschritte, die Bilder werden besser. Allerdings ist er nach wie vor kein guter Zeichner und Maler, aber immerhin, gemessen an früher sind die Bilder deutlich besser geworden. Die Lehrerin sammelt die Hefte ein und vergibt als Zensur rote und gelbe Sternchen. Der Erstklässler bekommt ein schlechtes Sternchen und ist den Tränen nahe, denn er hatte sich wirklich sehr bemüht und auch tatsächlich, gemessen an früher, durchaus Fortschritte gemacht. Aber die anderen waren nach wie vor einfach besser oder machten größere Fortschritte.

Welche Vorgehensweise wäre pädagogisch richtig? Das Bemühen, den Fleiß und die kleinen Fortschritte des Kindes zu loben, also auf die individuellen Bemühungen und Fortschritte einzugehen und das Kind zu motivieren, weiterzumachen. Oder, falls das Kind faul ist und sich nicht bemüht, es zu tadeln. Stattdessen wird das Kind im Schulnotensystem mit den Leistungen der anderen Schüler verglichen, seine eigenen Anstrengungen, Bemühungen, sein Fleiß und seine Fortschritte zählen nicht, wenn die anderen einfach besser sind oder schnellere Fortschritte machen. Gemessen an den anderen ist eine schlechte Zensur berechtigt. Aber die Leistungen praktisch ausschließlich an den anderen zu messen, wie es in unserem Schulsystem geschieht, ist pädagogisch absolut falsch. Man misst dann die objektive Leistung, nicht mehr das subjektive Bemühen. Es geht nicht mehr um das Kind, sondern um objektiv vorgegebene Maßstäbe, die häufig von einer Ministerialbürokratie in Form von vorgegebenen Lernzielen festgelegt werden, die in den Lehrplänen verankert sind.

Unser ab der Grundschule bestehendes Schulnotensystem funktioniert genau nach dem geschilderten objektiven Schema, ob in Mathematik, Deutsch, Musik oder Sport: Die Kinder werden immer an den anderen und an äußeren Vorgaben gemessen, nicht an den eigenen Fortschritten. Vor allem das hart selektierende bayerische Schulsystem schichtet die Kinder ab etwa dem siebten Lebensjahr ausschließlich nach der objektiven Leistung. Das Kind selbst und seine Bemühungen zählen praktisch nichts. Es geht nicht um das Kind in seiner Individualität, sondern um normierte, objektive, äußerlich festgelegte Schemata, in die die Kinder hineingezwängt werden sollen. Unser Schulsystem ist daher im eigentlichen Sinn des Wortes un-menschlich, denn es geht gar nicht um die Menschen, um die Kinder, sondern um ihre objektiven Leistungen und ob sie einmal für Unternehmen oder die Staatsverwaltung nützliche Erwerbstätige werden können.

Ob sich das Kind selbst seinen Anlagen gemäß entwickeln kann, ob es seine individuellen Stärken und Talente ausbauen und seine Schwächen vermindern kann, ist für die Verwaltungsbürokraten und die Politiker kein Kriterium. Die Frage wird nicht einmal gestellt. Es geht in unserem Staatsschulsystem nicht um das Kind, sondern hauptsächlich darum, dass die späteren Arbeitgeber passende Beschäftigte bekommen. Und damit die Industrie die jungen Menschen in Zeiten rückläufiger oder niedriger Geburtenquoten früher bekommt, wird das Einschulalter heruntergesetzt und die 13.Klasse abgeschafft. Dabei spart man gleich doppelt Geld ein: Die Bildungsausgaben sinken und die Lebensarbeitszeit der Arbeitnehmer und damit deren Steuerzahlungen werden verlängert. Ob das im Sinne unserer Kinder und einer umfassenden, gründlichen, menschlichen Bildung ist, ist den Politikern und deren Exekutivorganen, den Staatsbürokraten, normalerweise vollkommen egal.

Darunter leiden nicht zuletzt auch die vielen, oft hingebungsvoll arbeitenden Lehrer. Sie <u>können</u> in dem bestehenden unmenschlichen Schulsystem einfach nicht annähernd so gut unterrichten, wie sie es in einem guten, freien, ungegängelten Schulsystem könnten.

„Schafft die Schule ab"

Das 2019 von dem Hamburger Gymnasiallehrer Oliver Hauschke veröffentlichte Buch mit dem Titel „Schafft die Schule ab"[215] fasst die Süddeutsche Zeitung folgendermaßen zusammen: Die Schulen "entmutigen, desillusionieren, deprimieren, unterdrücken und betrüben" die Kinder. Es herrsche eine "Beschämungskultur", "wie ein Damoklesschwert" hingen die Noten über den Schülern, bei Zeugniskonferenzen würden sie "wie Waren oder Vieh behandelt". In "Lernzellen" vergeudeten sie ihre Lebenszeit, wo sie zu "braven Arbeitssoldaten" herangezogen und ihnen Dinge eingetrichtert würden, die sie später nicht brauchten und wieder vergäßen. Nicht um Bildung gehe es an der Schule, sondern darum, "den Menschen nach seiner vermeintlichen Leistungsfähigkeit zu klassifizieren und zu kategorisieren". " Die Lehrer würden bei diesem System aktiv mitmachen. Die allermeisten Lehrer seien nur an ihrem Fach und dem Stoff interessiert, „nicht an den Kindern als Menschen", sie begingen Verrat an den Kindern. Auch wenn sie als Schüler einst selbst erlebt hätten, wie ungerecht Noten sein können, wechselten sie die Fronten, sobald sie auf der anderen Seite stünden.[216]

Unser Staatsschulsystem fördert bei einem großen Teil der Schüler strukturell Frustration und Demotivation. Wir kannten

---

[215] Hauschke 2019
[216] SZ 28. Mai 2019 https://www.sueddeutsche.de/bildung/lehrer-schule-abschaffen-1.4462228

einen Jungen, in dessen Familie gab es immer eine kleine Feier, wenn er einmal die Note 4 („ausreichend") in Mathematik erreichte, denn normalerweise hatte er immer Fünfer oder Sechser. Was geschieht in der Seele eines sieben- oder achtjährigen Kindes, wenn es immer Fünfer oder Sechser kassiert, obwohl es sich anstrengt? Ein sehr erfolgreicher junger Mann hat einmal gesagt: Ich bin in der Schule immer für Sachen gelobt worden, für die ich gar nichts konnte, denn die guten Noten kamen von ganz allein, ohne dass ich mich irgendwie anstrengen musste. Andere haben ewig gebüffelt und trotzdem schlechte Noten kassiert.

Dazu kommt, dass die an den Ministerialschreibtischen ausgeheckten staatlichen Lehrpläne beispielsweise in Bayern eine solch absurde Fülle von abstrakt dargebotenem Stoff vorschreiben, dass die allermeisten Kinder, auch begabte, nach kurzer Zeit wegen Überfüllung demotiviert sind. Die natürliche Wissbegierde und Lernfreude, die Kinder haben, ist meist bald nach Einschulung ausgetrieben durch völlig übermäßiges, abstraktes Überschütten mit rein intellektuellen Daten und Fakten und hohen Anforderungen. Selbst viele talentierte Kinder in den weiterführenden Schulen haben daher oft keine Freude mehr am Lernen. Durch die ständigen Prüfungen wird nach dem Prinzip von Peitsche und Zuckerbrot stark auf äußerliche Anreize gesetzt, Angst vor schlechten und Belohnung durch gute Noten, wobei das Operieren mit der Angst und die Drohungen mit schlechten Noten bei weitem überwiegen. Dadurch wird alle intrinsische Motivation der Schüler auf Dauer ausgehöhlt und die ursprüngliche Wissbegier, die praktisch alle Kinder haben, meistens erfolgreich ruiniert.

Vom Ergebnis her betrachtet schwächt unser Staatsschulsystem viele unserer Kinder, statt sie in ihrer Persönlichkeit zu stärken. Es erzieht unsere Kinder zu dressierten Äffchen mit Bulimie-

Lernen. Das Ziel ist nicht, vollentwickelte Menschen auszubilden, auf die Kinder mit ihren unglaublich diversen Anlagen und Begabungen einzugehen, sondern sie alle über einen Kamm zu scheren, konform und passend für die Berufswelt zu machen. Da stellt sich mir die Frage: Sind unsere Kinder für die Wirtschaft da oder die Wirtschaft für unsere Kinder? Wir haben in unserem Bildungssystem, ebenso wie im Wirtschaftssystem, Mittel und Zweck vertauscht.

Ich sehe es genauso wie der langjährige Hamburger Gymnasiallehrer Oliver Hauschke: Die Schule in ihrer heutigen Form gehört einfach mitsamt den Bildungsministerien abgeschafft. Unser bestehendes deutsches Staatsschulsystem mit Noten ab der Grundschule ist eine fundamentale Fehlkonstruktion. Es baut auf einem Denkfehler auf, ist unmenschlich, frustriert und demotiviert sehr viele Kinder. Eine Reform des Staatsschulsystems ist meiner Meinung nach sinnlos. Staatsschulen sind falsch. Der Staat kann ebenso wenig Lehrer sein wie er Landwirt oder Unternehmer sein kann. Das sollten wir aus dem gescheiterten Kommunismus in der DDR und der Sowjetunion gelernt haben. Wir brauchen ein anderes, nichtstaatliches, freies Schulsystem.

Ein Lösungsansatz: Freie, selbstverwaltete Schulen

Wir bräuchten meiner Meinung nach einfach ein freies Schulsystem. Das könnte entweder über eine 100-Prozent-Finanzierung aller Privatschulen oder beispielsweise über ein Gutscheinsystem funktionieren: Die Eltern bekommen pro Kind einen bestimmten Geldbetrag in Gutscheinform – in Höhe der momentanen tatsächlichen Schulkosten pro Kind - und können dann die

Schule für ihre Kinder frei wählen. Schulen können mit geeignetem pädagogischen Personal frei errichtet werden, solange sie auf dem Boden des Grundgesetzes stehen und nicht gewinnorientiert arbeiten, sondern als gemeinnützige Träger. Dann könnten die Schulen der verschiedensten Träger, kirchliche, Montessori-Schulen, Waldorfschulen, freie Schulen und, für eine Übergangszeit, auch vom Staat betriebene Schulen miteinander konkurrieren und die besten Schulen können sich durchsetzen. Viele heutige Privatschulen sind nicht nur besser, sondern auch billiger und effizienter als die Staatsschulen. Das liegt in der Natur der Sache. Eine 100-Prozent-Finanzierung oder ein Gutscheinsystem könnte also sogar noch Staatsgelder einsparen. Einsparungen im Bereich Schulbildung würde ich aber nicht empfehlen, sondern man sollte die bei der Bürokratie eingesparten Gelder lieber für höhere Lehrergehälter, vor allem für Grundschullehrer, einsetzen und die Schulausstattung verbessern, statt an unseren Kindern zu sparen.

Die Bildungsministerien können wir schließen – das wäre ein Segen für unsere Kinder. Wie sollen Bürokraten und Beamte, die selber praktisch nie oder schon lange nicht mehr unterrichtet haben, wissen, was gut für die Schüler ist? Das im wahrsten Sinn des Wortes unmenschliche, staatlich verordnete Lehrplansystem können wir dann endlich abschaffen. Lehrpläne sind der Tod einer jeglichen Pädagogik. Staatlich exakt vorgeschriebene Unterrichtsinhalte demotivieren Lehrer maximal. Es ist ein Denkfehler, zu glauben, dass man so Schule machen kann. Schulen sollten einer Selbstverwaltung unterliegen. Die lehrenden Menschen sollen auch die Regeln für die Lehrer aufstellen, sie wissen am besten, wie guter Unterricht zu gestalten ist – im Gegensatz zu Ministerialbeamten oder gar Ministern, die sich, häufig ohne Unterrichtserfahrung, anmaßen, detaillierte Vorschriften und Vorgaben zum Unterricht machen zu können.

Viele Privatschulen, insbesondere Waldorf- und Montessori-Schulen, zeigen, dass Schüler in der Schule wirklich Freude haben können und einfach gerne in die Schule gehen. Lasst uns die Zahl der Nicht-Staats-Schulen vervielfachen! Führen wir eine 100-Prozent-Finanzierung aller Privatschulen ein (oder eine Finanzierung über ein Gutscheinsystem)! Ermöglichen wir allen Kindern, Privatschulen zu besuchen, nicht nur den wohlhabenden! Geben wir unseren Kindern die Freude am Lernen und die Freude an der Schule zurück! Es wäre absolut einfach und auch noch kostensparend.

Hochschulsystem

Ausbildung statt Bildung

Für unser staatliches Hochschulsystem gilt Ähnliches wie für unser Staatschulsystem. Wenn wir uns die Frage stellen: Wie schaffen wir es, unsere intellektuell begabten jungen Menschen möglichst schnell und billig zu nützlichen, unkritischen, angepassten, in der Wirtschaft gut brauchbarem Menschenmaterial herzurichten statt ihnen eine umfassende, ihre Persönlichkeitsentwicklung fördernde Bildung zu ermöglichen, so lautet die Antwort: Das schaffen wir ziemlich gut mit unserem derzeit bestehenden staatlichen Universitäts- und Hochschulsystem.

Durch das Studium sollten die jungen Menschen meiner Überzeugung nach ihre Fähigkeiten ausbauen, ihre Persönlichkeit entwickeln, sich stärken und dadurch zu vollen Menschen werden, die kraftvoll ihren Weg ins Leben finden. Die Studierenden und ihre Anlagen und Fähigkeiten sollten im Vordergrund stehen.

Wir sollten alles daransetzen, ihr eigenständiges Denken zu fördern, so dass sie einen wachen, unbefangenen Blick auf gesellschaftliche Zusammenhänge entwickeln können, dass sie freie, starke Menschen werden. Dazu gehört neben der Fachausbildung auch ein umfangreiches, fächer- und fakultätsübergreifendes Studium Generale, eine Allgemeinbildung.

Das Ziel der meisten Studiengänge ist jedoch nicht, freie, unabhängig denkende, kraftvolle Persönlichkeiten und Individualitäten hervorzubringen, sondern passende Wirtschafts- oder Staatsdiener. Die Ziele und Vorgaben für viele Studiengänge kommen in immer stärkerem Maße von den Konzernen. Die Vorgabe lautet immer stärker „employability", die Fähigkeit, im Wirtschaftsleben unterzukommen. Für Studiengänge mit Staatsexamina geben häufig staatliche Behörden nach ihren Vorstellungen die Anforderungen vor (v.a. Jura und Pädagogik). Bei der Formulierung der Ziele und der Gestaltung der Lehrpläne geht es daher nicht um die jungen Menschen, ihre Anlagen, Begabungen und Entwicklung, sondern darum, sie passend für ein vorgegebenes Schema zu machen, sie zu präparieren und zurecht zu stutzen. Man fragt nicht, was für die jungen Menschen und die Entwicklung ihrer Persönlichkeit gut ist, sondern was für die Unternehmen und den Staat nützlich ist. Industrie und Staat geben vor, wie sie zu sein haben. Und nach diesen Vorgaben und Zielen werden die Lehrinhalte gestaltet. Dadurch lernen die Studierenden immer stärker ohne rechtes inneres Interesse für die Sache, lernen oft rein zweckorientiert einfach auswendig auf die Prüfung in Form von Bulimie-Lernen, was sie ja schon in der Staatsschule beigebracht bekommen haben. Der Wert der Bildung wird in unserem staatlichen Hochschulsystem fast nur mehr auf das berufliche Fortkommen reduziert.

Am Rande sei bemerkt, dass das in den USA noch viel schlimmer ist. Ich fragte einmal an der University of Maine in der Mensa einen Ökonomie-Studenten, was er später einmal machen wolle. Seine Antwort: Ich möchte einmal 50.000 Dollar machen. Durch die in den letzten Jahrzehnten dramatisch gestiegenen Bildungskosten sind heute über 50% aller Hochschulabsolventen in den USA verschuldet, die meisten davon mit einem Betrag von 20.000 bis 25.000 Dollar, ein Fünftel davon hat Probleme, die Schulden zurückzuzahlen.[217] Studiert wird nach dem Motto: Zeit kostet Geld. Studiere so rasch wie möglich so Nützliches wie möglich, damit du es so bald wie möglich amortisieren kannst. Die Frage nach Bildung wird in den meisten Fällen überhaupt nicht mehr gestellt und kann aus Finanzgründen vielfach auch gar nicht mehr gestellt werden. Bildung ist zum abschreibbaren Investitionsgut, zur reinen Kosten-Nutzen-Analyse verkommen. Da sind wir in Europa mit unserem weitgehend kostenlosen Hochschulbildungssystem den USA weit voraus. Bei uns hat man zumindest rein ökonomisch noch viel eher die Möglichkeit zu studieren, was einen wirklich interessiert.

Auch in der Hochschulpolitik werden bei uns also Mittel und Zweck verwechselt. Heute wird die Ausbildung so aufgesetzt, dass die Absolventen maximal der Wirtschaft dienen können und nicht, wie die Wirtschaft den Menschen dienen kann. Es ist aber eine Perversion der Bildung, wenn die Wirtschaft diktiert, wie die Absolventen zu sein haben. Wir sollten unser Bildungssystem wieder vom Kopf auf die Füße stellen.

---

[217] Report on the Economic Well-Being of U.S.Households in 2018, May 2019, Board of Governors of the Federal Reserve System, S.44f

Ein Lösungsansatz: Freie, selbstverwaltete Hochschulen

Es wäre recht einfach, ein menschengerechtes Bildungssystem aufzusetzen. Eine Möglichkeit wäre ein Gutscheinsystem für alle Studierenden. Jeder zu einem Studium qualifizierte junge Mensch bekommt einen monatlichen Bildungsgutschein beispielsweise in Höhe der derzeitigen tatsächlichen monatlichen Kosten für das Studium, und kann sich damit bei den Universitäten oder Hochschulen seiner Wahl bewerben. Wird er aufgenommen, erhält die Hochschule die Zahlung durch den Gutschein.

Die Gründung von Hochschulen sollte dramatisch vereinfacht werden. Die Träger der Hochschulen müssen auf dem Boden des Grundgesetzes stehen und dürfen nicht gewinnorientiert arbeiten, sondern beispielweise als gemeinnützige GmbH oder in einer anderen gemeinnützigen Rechtsform. Durch Neugründungen von Hochschulen im Zuge des Gutscheinsystems würde eine stärkere Konkurrenz der Hochschulen untereinander einsetzen und die besten werden sich durchsetzen. Das dürften diejenigen sein, die die besten Hochschullehrer haben und die meisten und besten Bewerber erhalten. Im Laufe der Zeit wird sich auch bei Unternehmen und für den Staatsdienst herausstellen bzw. herumsprechen, welche Hochschulen die geeignetsten Absolventen hervorbringen. Alle Arten von staatlich verpflichtender Akkreditierung sind meiner Einschätzung nach Unsinn und können problemlos abgeschafft werden. Gute, freie Hochschulen werden gute und freie Absolventen hervorbringen, die sich auch im Wirtschaftsleben und im Staatsdienst bewähren werden. Geben wir unseren jungen Menschen wieder die Chance auf wirkliche Bildung! Lasst uns die wirkliche, die intrinsische Motivation zum Lernen fördern! Erziehen wir unsere jungen Menschen zu starken, selbstständigen Menschen! Schaffen wir das staatliche Hochschulsystem ab und führen ein freies, unabhängiges[218] Hochschulsystem ein!

Schönheit und Ästhetik

„Nur durch das Morgentor des Schönen
Drangst du in der Erkenntnis Land."
Friedrich Schiller[219]

Warum bauen wir heute so hässlich?

Venedig hat pro Jahr etwa 28 Millionen Besucher.[220] Warum kommen derartig viele Menschen nach Venedig? Wegen der Schönheit der Architektur. Nun sind wir heute in Deutschland vermutlich sehr viel reicher als die Venezianer vor vielen hundert Jahren. Wir hätten also, rein ökonomisch betrachtet, Ressourcen und technische Möglichkeiten in Hülle und Fülle und könnten ebenfalls viel Zeit und Kraft in die Schönheit unserer Architektur stecken. Aber was tun wir stattdessen? Unsere heutige Architektur, insbesondere unsere Zweckbauten wie Gewerbe- und Verwaltungsgebäude, Bahnhöfe, Flughäfen, Häfen, Schulen, Rathäuser, Hochschulen usw. sind an Hässlichkeit kaum zu überbieten.

---

[218] Auch unabhängig von Übergriffen durch Konzerne, vgl. Kreiß 2015 (Gekaufte Forschung)
[219] Friedrich Schiller, Die Künstler https://gutenberg.spiegel.de/buch/gedichte-9097/35 Stand August 2019
[220] http://www.venedig-reiseinfo.de/Venedig_Zahlen.php, Stand Juni 2019. Die Einwohnerzahl beträgt 260.000, in der historischen Altstadt leben etwa 60.000 Einwohner.

Die Architektur praktisch aller Wohnblocks ist trostlos. Und selbst die allermeisten privaten Häuser sind in der Regel mit extrem einfallsloser, wenig ansprechender Architektur gebaut, möglichst praktisch und preiswert hochgezogen. 2016 erschien ein Artikel in der Münchener Tageszeitung tz mit dem Titel: „Die zweite Zerstörung Münchens: Bausünden nach dem zweiten Weltkrieg"[221] Das spricht Bände.

Dabei gäbe es auch heute durchaus ästhetisch sehr schöne Architektur. Aus der großen Fülle neuerer wunderbarer Architekten (und Künstler) möchte ich nur zwei nennen, die mir persönlich besonders gut gefallen: Antoni Gaudí und Friedensreich Hundertwasser. Noch heute fahren unzählige Menschen nach Barcelona oder nach Wien, um deren wunderbare Architektur zu bewundern, den Park Güell und die Sagrada Familia oder das Hundertwasserhaus. Auch ein Blick in Waldorfschulen- und Kindergärten zeigt beeindruckend, in welch schönem Umfeld Kinder sich aufhalten könnten – in der Waldorfpädagogik spielt Schönheit eine herausragend wichtige Rolle. Natürlich kann man über Geschmack streiten. Aber die vielen Millionen Besucher in Venedig und die zahllosen Menschen, die es zu Hundertwasser- oder Gaudi-Architektur zieht, macht deutlich, dass es doch einen gewissen Grundkonsens bei zahlreichen Menschen darüber gibt, was schöne Architektur ist. Und dazu zählt ganz gewiss nicht der Großteil unserer modernen Gebäude.

Als wir in den 1990er Jahren in der Nähe von Frankfurt am Main wohnten, überlegten wir, in eine Siedlung mit Hundertwas-

---

[221] https://www.tz.de/muenchen/stadt/muenchen-frueher-heute-geschichte-historie-gebaeude-krieg-zerstoerung-wiederaufbau-bilder-meta-1152431.html Stand Juni 2019

ser-Architektur zu ziehen. Aber leider war der Preis schlicht doppelt so hoch wie der in konventionellen Wohnungen. Das ist kein Wunder. Hundertwasser-Architektur gibt es nicht von der Stange. Oft ist jedes Fenster, jeder Giebel mit Liebe individuell gestaltet. Das kostet Zeit und damit Geld. Doch wir sind heute als Gesellschaft und als Einzelne im Gegensatz zu den früheren Venezianern und den zahllosen Erbauern von wundervollen Fachwerkhäusern und Kirchen im Mittelalter und der frühen Neuzeit offenbar nicht mehr bereit, für Schönheit mehr Geld auszugeben als unbedingt nötig. Alles muss so billig und trostlos wie möglich sein. Warum eigentlich?

Schönheit und Wahrheit

Friedrich Schiller schreibt in seinem Gedicht „Die Künstler":

Nur durch das Morgentor des Schönen
Drangst du in der Erkenntnis Land.
An höhern Glanz sich zu gewöhnen,
Übt sich am Reize der Verstand.
Was bei dem Saitenklang der Musen
Mit süßem Beben dich durchdrang,
Erzog die Kraft in deinem Busen,
Die sich dereinst zum Weltgeist schwang.

Was erst, nachdem Jahrtausende verflossen,
Die alternde Vernunft erfand,
Lag im Symbol des Schönen und des Großen
Voraus geoffenbart dem kindischen Verstand.
Ihr holdes Bild hieß uns die Tugend lieben (...).

Was wir als Schönheit hier empfunden,
Wird einst als Wahrheit uns entgegengehn.

Ich glaube, Schiller spricht hier tiefe Wahrheiten aus. Wenn in der menschlichen Seele ab der Kindheit ein Empfinden für das Schöne erweckt wird, werden wir im späteren Leben einen besseren Zugang zur Wahrheit finden. Wenn wir durch Schönheit an den höheren Glanz des Weltgeistes gewöhnt werden, können wir ihn im späteren Leben leichter erkennen. Im Symbol des Schönen und des Großen offenbart sich dem Kind die Vernunft im Voraus. Schönheit erweckt für Schiller Ehrfurcht im Betrachter und damit Tugend, sie reinigt die Seele, so dass für ihn das Wahre, Schöne und Gute unmittelbar zusammengehören. Schiller spricht hier meiner Überzeugung nach tiefe Wahrheiten aus.

Was steckt dahinter?

Das heißt: Schönheit und Ästhetik sind für eine Gesellschaft eigentlich etwas ungeheuer Wichtiges. Deshalb haben auch Millionen von Menschen eine so tiefe Sehnsucht nach Schönheit in sich, wie die Millionen von Touristen an die schönen Stätten der Erde zeigen. Ein Umfeld von Schönheit ab der Kindheit fördert sowohl die Tugenden wie auch den Wahrheitssinn. Und so stellt sich mir erneut die Frage: Warum bauen wir so hässlich? Warum bauen wir uns eine Umgebung auf, die im geschichtlichen Vergleich an Hässlichkeit seinesgleichen sucht? Aus Sicht eines Advocatus Diaboli könnte man argumentieren: Mephisto weiß sehr wohl um diese Zusammenhänge und wird alles daransetzen, uns weiszumachen, dass Ästhetik und Schönheit nur unwichtiger Firlefanz und unnötiger Luxus sind.

Aufruf zur Welt-Verschönerung

Was können wir dagegen tun? Es wäre höchst einfach. Noch nie waren wir, rein materiell gesehen, so reich wie heute. Noch nie hatten wir solch großartige (Bau-) Werkzeuge, derartig viele Ressourcen, die wir uns aus der ganzen Welt herbeischaffen können. Wir könnten über mehrere Generationen hinweg langsam, aber sicher unsere Städte und Gemeinden wieder zu Zentren der Schönheit und Ästhetik umgestalten. Davor sollten wir uns klarmachen, wie wichtig Schönheit und Ästhetik für uns alle, vor allem aber für unsere Kinder sind. Wir können Ressourcen, Zeit, Kraft und Kapital aus den zahllosen unsinnigen und schädlichen Tätigkeiten, für die wir sie heute verwenden, umwidmen für sinnvolle Tätigkeiten und schöne Städte und Gemeinden. Oben habe ich ausgeführt, dass mindestens die Hälfte unserer Erwerbsarbeit nicht nur sinnlos, sondern schädlich ist. Welch einzigartige Gelegenheit! Lasst uns die unsinnigen und schädlichen Tätigkeiten überführen in schöne und lebenswerte Städte, Gemeinden und Landschaften! Lasst uns der vielen Hässlichkeit um uns herum Schönes entgegensetzen! Wie schön könnten wir die Welt machen, wenn wir nur wollten.

Hinter den Kulissen der Wirtschaftswissenschaften: Der Kampf um die Ausschaltung des Christentums

Ein besonderer Dorn in den Augen Mephistos ist natürlich das Christentum.[222] Das würde er am liebsten ausschalten, rückgängig oder ungeschehen machen. Interessanterweise sprechen sowohl Hans Christoph (1929-2018) wie Mathias Binswanger (geboren 1962), Vater und Sohn, beide unter den bekanntesten und erfolgreichsten deutschsprachigen Wirtschaftswissenschaftlern, das Thema Christentum und Ökonomie in ihren Veröffentlichungen an. Vor allem einen genaueren Blick auf den Aufsatz „Die Glaubensgemeinschaft der Ökonomen" von Hans Christoph Binswanger aus dem Jahr 1998[223] finde ich sehr lohnend.

In diesem Aufsatz führt Hans Christoph Binswanger aus, dass das in der heute vorherrschenden ökonomischen Theorie allgemein akzeptierte Weltbild vom rational seinen Eigennutz verfolgenden Homo Oeconomicus nur dann gerechtfertigt werden kann, wenn die Handlungen der sich individuell egoistisch verhaltenden Marktteilnehmer durch die unsichtbare Hand des Marktes zu einer Förderung des Gemeinwohls führen. Die heute herrschende ökonomische Theorie ruhe also auf einem Glauben an eine prästabilisierte Harmonie, die sich quasi automatisch durch die Marktkräfte einstelle und habe einen „eindeutig normativen Charakter". Die heutigen Ökonomen stellten daher eine Glaubensgemeinschaft dar. Das heutige Weltbild der Ökonomen

---

[222] Auf die anderen Religionen soll hier aus Platzgründen nicht weiter eingegangen werden.
[223] Binswanger H.C. 2011

hat laut Binswanger die Ökonomie der Scholastik abgelöst, die auf der Idee der Gerechtigkeit und auf dem christlichen Weltbild des sündigen Menschen beruhte, in der die sichtbare Hand der Obrigkeit für gerechte, christliche Preise und ein gewisses Maß an Gerechtigkeit in der Gesellschaft zu sorgen habe.

Nun stellt Hans Christoph Binswanger die entscheidende Frage: Wie war es der neuen Theorie möglich, die scholastische Theorie, hinter der das Christentum steht, abzulösen? Woher hat sie die geistige und moralische Stoßkraft gehabt? „Die hinter der Idee der „unsichtbaren Hand" stehende Überzeugung muss also von (mindestens) gleicher Bedeutung und gleichem Gewicht sein wie die christliche Religion. Welche Überzeugung ist das?"[224] Seine Antwort lautet: Der Glaube von Adam Smith – und damit der Glaube der heutigen Ökonomen – ist die Stoa. Die Philosophie der Stoa, die von etwa 200 v.Chr. bis 300 n.Chr. weit verbreitet war, war laut Binswanger die Weltanschauung der gebildeten römischen Bürger, um die Expansionspläne des Imperium Romanum zu legitimieren. Adam Smith verwendet in seiner Theorie der ethischen Gefühle 42 Mal den Begriff „stoic", die Weltanschauung der Stoiker spielt darin also eine sehr große Rolle. Smith führt darin aus, dass die alles regelnde Vorsehung der Stoiker, „jene ewige Kunst …Gutes aus Bösem schafft" („that eternal art which educes good from ill")[225] und leitet daraus seine unsichtbare Hand her.

---

[224] Binswanger H.C. 2011, S.17

[225] Smith, Theory of Ethic Sentiments, S.31: „The ancient stoics were of opinion, that as the world was governed by the all-ruling providence of a wise, powerful, and good God, every single event ought to be regarded, as making a necessary part of the plan of the universe, and as tending ro pormote the general order and happiness of the wohle: that the vices and follies of mankind, therefore, made as necessary a part of this plan as their wisdom or their virtue; and by that eternal art which educes good from ill, were made to tend equally to the prosperity and perfection or the great system of nature."

Hans Christoph Binswanger weist auf die verblüffende Ähnlichkeit der Formulierung bei Adam Smith („jene ewige Kunst, die Gutes aus Bösem schafft") – und damit auch in fast allen heutigen Ökonomie-Lehrbüchern – und einem Ausspruch von Mephisto in Goethes Faust hin: „Ich bin ein Teil von jener Kraft, die stets das Böse will, und stets das Gute schafft." Binswanger ist klar, dass der Lügengeist Mephisto an dieser Stelle selbstverständlich lügt, denn sein eigentlicher Zweck ist ja, wie er selbst an anderer Stelle sagt, Zerstörung und das Böse und gerade nicht, das Gute zu schaffen.[226]

Letztlich findet also hinter den Kulissen der wirtschaftswissenschaftlichen Weltanschauung ein Kampf um die Ausschaltung des Christentums und der Versuch einer Rückkehr in die Zeit vor das Christentum, in die Zeit der Stoa statt. Der weltanschauliche Kampf der Stoa mit dem Christentum beschränkt sich für Binswanger nicht auf das Gebiet der Ökonomie, sondern trat seit dem 17. Jahrhundert in Form von Deismus, Aufklärung und Fortschrittsglaube auf.

Damit spricht Hans Christoph Binswanger einen ganz zentralen Punkt an. Die heutigen Wirtschaftswissenschaften sind meiner Einschätzung nach auf vielen Gebieten ein Frontalangriff auf das Christentum. Das zeigt sich besonders exemplarisch auf dem Gebiet der Wirtschaftsethik. Wie oben ausgeführt, läuft die Kernargumentation des führenden deutschen Lehrbuches zu Wirtschaftsethik von Christoph Lütge und seinem langjährigen Assistenten Matthias Uhl darauf hinaus, die Ethik und christliche

---

[226] „Ich bin der Geist, der stets verneint! Und das mit Recht, denn alles, was entsteht, ist wert, dass es zugrunde geht; Drum besser wär's, dass nichts entstünde, so ist denn alles, was ihr Sünde, Zerstörung, kurz das Böse nennt, mein eigentliches Element."

Werte auszulöschen. Individuell moralisches, verantwortliches Handeln ist im Wirtschaftsleben demnach nicht nötig. Zur Wiederholung sei noch einmal ein Schlüsselsatz aus dem Buch „Wirtschaftsethik" zitiert: „Man kann das Eigeninteresse – innerhalb der geeigneten Rahmenordnung – gewissermaßen als eine „moderne Form der Nächstenliebe" begreifen [...]. Es gilt also nicht mehr der traditionelle Gegensatz zwischen gutem, altruistischen Verhalten und schlechtem Egoismus."[227] Altruismus und Nächstenliebe, zwei zentrale Grundpfeiler des Christentums, werden dadurch aufgehoben.

Warum sich auf Dauer die Stoa durchgesetzt hat, ist für Mathias Binswanger, den Sohn von Hans Christoph Binswanger, klar. Das stoische Glaubensbekenntnis sei sowohl wirtschaftsfreundlicher wie auch bequemer als das Christentum, das so unbequeme Dinge verlange, wie seinen Nächsten zu lieben, alles zu teilen und daher keine rechte Freude am Reichtum aufkommen lasse, während die Stoa keine moralischen Probleme mit eigennützigem Verhalten habe, da dies ja definitionsgemäß das Gemeinwohl fördere.[228]

Der Kampf der Stoa gegen das Christentum ist in den Wirtschaftswissenschaften längst entschieden. Das Christentum hat auf allen Ebenen verloren - allerdings nicht nur in den Wirtschaftswissenschaften, sondern in praktisch allen Wissenschaftszweigen. Moralisches und ethisches Denken und Empfinden nehmen immer stärker ab und sollen immer stärker abnehmen. Genau das wird ja von den Ökonomen ständig gepredigt: Wir _sollen_ unser Eigeninteresse fördern. Ich halte das für eine ganz gefährliche Entwicklung. Wenn sie noch mehrere Generationen anhält,

---

[227] Lütge/ Uhl 2018, S.33
[228] Binswanger, M 2012, Sinnlose Wettbewerbe, S.25f.

führt sie zum Ende der Menschlichkeit im sozialen Leben und schließlich, ganz langfristig, zum Krieg aller gegen alle. Das ist genau das, was Mephisto will:

„Ihr wisst, wie wir in tief verruchten Stunden
Vernichtung sannen menschlichem Geschlecht."

Wir sollten diese Entwicklung unbedingt stoppen und umkehren.

Wege in eine menschliche Wirtschaft

Wär nicht das Auge sonnenhaft,
die Sonne könnt es nie erblicken.
Läg nicht in uns des Gottes eigne Kraft,
wie könnt uns Göttliches entzücken?
Goethe, Zahme Xenien III

So kommen wir schließlich zu den Fragen: Was können wir gegen die mephistophelischen Absichten tun? Wie können wir das Ende der Menschlichkeit im sozialen Leben verhindern und uns stattdessen auf den Weg in eine menschliche Wirtschaft machen? Wie können wir zu einem lebenswerten sozialen Miteinander kommen?

Dazu können wir auf zwei Ebenen ansetzen, bei dem ordnungspolitischen Rahmen und beim individuellen Verhalten. Was den ordnungspolitischen Rahmen anlangt, sollten wir uns klarmachen, dass, anders als die Naturgesetze, alle sozialen Gesetze und Regelungen von uns Menschen geschaffen sind. Wir können sie also jederzeit ändern! Unsere momentane gesellschaftliche Ordnung ist die Folge von Menschengedanken und Menschenempfindungen. In dem Maße, in dem diese Gedanken falsch oder ungenügend waren, sind auch die Ergebnisse falsch, sprich unsere Wirtschaft produziert falsch, unnötig oder unmenschlich und unser gesellschaftliches Zusammenleben läuft schief.

Die andere treibende Kraft sind unsere Empfindungen und Moralvorstellungen. Alles Elend, Leid und Not ist meiner Überzeugung nach letztlich die Folge von Egoismus. Es wäre eine Illusion, zu glauben, dass wir Menschen plötzlich von egoistischen zu altruistischen Wesen mutieren. Aber erstens gibt es für jeden von uns hier und heute individuelle Handlungsspielräume, Gestaltungsmöglichkeiten, die wir uns bewusstmachen und nutzen können. Zweitens beeinflusst langfristig die Weltanschauung das moralische Handeln ganz erheblich. Ein Blick zurück zeigt, wie stark sich Menschenempfindungen und Moralvorstellungen ändern können. Wie anders empfinden wir heute als die Germanen vor 1500 Jahren! Welchen dramatischen Umschwung im Denken und Fühlen hat der Einschlag des Christentums in Europa bewirkt!

Daher bin ich sehr optimistisch, dass wir langfristig auch unsere Moral- und Ethikeinstellungen höherentwickeln können, wenn wir eine menschliche Weltanschauung statt einer mephistophelischen, menschenwürdige geistige Begriffe und Erkenntnisse haben, die wir einem zynischen Welt- und Menschenbild entgegenstellen können. Langfristig hat die Art, wie wir die Welt sehen, einen ganz mächtigen Einfluss. Ein zynisches, mephistophelisches Weltbild wird auf Dauer auch zynische Menschen hervorbringen, ein menschenwürdiges, geistiges Weltbild wird auf

Dauer menschliches Denken und Empfinden hervorbringen. Ich bin überzeugt: Wie wir heute denken, so wird in einigen Generationen die Welt aussehen. Lasst sie uns menschenwürdig gestalten, indem wir heute menschenwürdige Gedanken pflegen!

Was können wir gemeinsam tun?

Lasst uns die Ökonomie-Lehrbücher umschreiben!

„Die Weltsicht, die den wirtschaftswissenschaftlichen Lehrbüchern zugrunde liegt, ist uns mittlerweile so in Fleisch und Blut übergegangen, dass wir uns etwas Anderes gar nicht vorstellen können."
David Graeber, Anthropologe[229]

Vom Reichtum der Natur und der Bescheidenheit des Menschen

Die erste Grundannahme der heutigen ökonomischen Lehrbücher lautet, wie oben ausgeführt: Güter sind knapp und Menschen sind unersättlich. Diesen Satz können wir problemlos streichen. Stattdessen können wir auf die unermessliche Fülle der Natur und den Reichtum der Erde hinweisen, wie dies beispielsweise der Vordenker Braungart tut. Er weist auf die Überfülle der Blüten eines Kirschbaumes hin. Der Kirschbaum bringt viel mehr

---

[229] Graeber 2012, S. 39

Blüten hervor, als er Kirschen tragen kann. So bringt die Natur auf allen Gebieten eine Überfülle hervor.[230]

Und statt ständig zu predigen, der Mensch sei unersättlich und habe unendliche Bedürfnisse, könnten wir in den Lehrbüchern auf vorbildliche Menschen hinweisen, die ohne Gier und ohne Reichtum, dafür aber mit innerer Erfülltheit glücklich geworden sind. Es gibt zahllose hervorragende und berühmte Menschen, die äußerst bescheiden gelebt haben. Und es gab und gibt zahllose angesehene Menschen, die immer wieder darauf hinweisen, dass äußerer Überfluss nicht zu innerem Glück oder innerer Erfülltheit führen. Selbst die neuere Glücksforschung bestätigt das.

Der große Unterschied zwischen kleinen und großen Vermögen

Die heutigen Lehrbücher der Ökonomie unterscheiden fahrlässigerweise nicht zwischen kleinem und großem Eigentum. Eigentum ist Eigentum, ob an einer Zahnbürste oder an hundert Milliarden Dollar, die Ökonomen machen da keinen Unterschied, alles Eigentum ist schützenswert. Das ist ein gefährlicher Denkfehler. Wir sollten eine scharfe Unterscheidung einführen an Eigentum im Kleinen, das segensreich ist, und Eigentum an Milliarden, das hochgradig schädlich für die Ökonomie und die Gesellschaft ist. Wir sollten in unseren Lehrbüchern dringendst eine Unterscheidung zwischen Entrepreneur-Kapitalismus, der ein Segen für unser Land ist, und Rentier-Kapitalismus, der ein Krebsgeschwür-Schaden ist, einführen. Wir sollten in unseren Ökonomie-Lehrbüchern herausarbeiten, dass hohe leistungslose Einkommen, die

---

[230] Braungart/ McDonough 2011, S.100ff.

auf hohen Vermögen beruhen, nicht nur asozial, sondern schädlich und gefährlich sind.

Zinseszins ist gefährlich!

Allen unseren Ökonomielehrbüchern liegt der Lehrsatz zugrunde, dass Zins und Zinseszins gut, richtig und wichtig ist. Das ist jedoch ein Denkfehler. Wir sollten stattdessen in unseren Lehrbüchern darauf hinweisen, dass es in der Natur und in der Biologie keine unbegrenzte Exponentialfunktion gibt, dass unaufhörliches exponentielles Wachstum zu Krankheiten wie Krebs führt und dass unbegrenzter Zins auf Zins eine sehr gefährliche Sache ist.

Unternehmen sollen kundenorientiert arbeiten statt Gewinne zu maximieren

Den Satz: „Unternehmen maximieren ihre Gewinne" können wir ganz einfach aus unseren Lehrbüchern streichen, ebenso, dass Unternehmen nach dem Shareholder Value-Prinzip handeln sollen, nach wertorientierter Unternehmensführung, Economic Value Added, Renditemaximierung und ähnlichem streben sollen. Also alle Ausführungen, die den Studierenden weismachen wollen, Manager sollten in erster Linie auf Gewinn oder Rendite achten, werfen wir einfach aus den Lehrbüchern raus. Stattdessen schreiben wir vor allem in den BWL-Lehrbüchern, dass die Kernaufgabe von Unternehmen ist, gute Produkte und gute Dienstleistungen für die Kunden zu erbringen, dass die Aufgabe von Unternehmen ist, kundenorientiert zu arbeiten statt gewinnorientiert. Nichts leichter als das. Bis vor etwa 40 Jahren war das eine

Selbstverständlichkeit in allen BWL-Lehrbüchern und verantwortungsvolle Manager haben früher natürlich nach diesem Grundsatz gehandelt. Der schädliche Unfug, dass viele Manager nach dem Gewinnmaximierungsprinzip arbeiten, ist ja nicht viel älter als vielleicht 20 bis 30 Jahre.

Wir brauchen keinen Homo Oeconomicus

Ein Homo Oeconomicus ist in der gängigen Theorie ein Entscheidungsträger, der in rationaler Weise seinen Nutzen maximiert. Der Homo Oeconomicus, so wie er heute in den Ökonomie-Lehrbüchern verwendet wird, ist aber eine Tautologie und daher unsinnig. Außerdem ist das Konstrukt schädlich, weil es uns weismachen will, wir sollen ständig unseren Nutzen maximieren. Wenn in einem Lehrbuch steht, auch Mutter Theresa sei (ebenso wie beispielsweise der Vorstand von Monsanto) mit dem Konstrukt des Homo Oeconomicus vereinbar, weil auch sie in rationaler Weise ihren Nutzen maximiert, wie es der Wirtschaftsethiker Christoph Lütge von der TU München zusammen mit seinem langjährigen Mitarbeiter Matthias Uhl schreibt[231], so ist das eine leere, nichtssagende und damit sinnlose Aussage. Es ist eben eine Tautologie, eine in sich geschlossene, unwiderlegbare und damit nichtssagende Definition.

Dahinter steckt ein Zirkelschluss. Ein Beispiel: Es ist egoistisch, einem Bettler kein Geld zu geben (ich möchte es für mich behalten), und es ist egoistisch, dem Bettler Geld zu geben (ich tue es,

---

[231] Lütge/ Uhl 2018, S.81: „Ein Entscheidungsträger, der in rationaler Weise seinen Nutzen maximiert, wird als Homo Oeconomicus bezeichnet. (…) So ist beispielsweise die Handlungsweise einer Mutter Theresa (…) völlig vereinbar mit dem Modell des Homo Oeconomicus."

um ein gutes Gewissen zu haben). Egal was ich tue, ich handle egoistisch.[232] Erst definiert man die Menschen als Egoisten und Nutzenmaximierer und dann „beweist" man, dass alle so sind. Das ist eine Argumentation auf Bild-Zeitungs-Niveau.

Aber abgesehen davon, dass der Homo Oeconomicus in dieser weiten Auslegung ein tautologischer Unsinn ist, prägt sich mit diesem ständig wiederholten Begriff in die Herzen und Seelen der jungen Studierenden die Vorstellung ein, dass rationale Nutzenmaximierung irgendwie etwas Gutes sei. Sie werden dadurch zum Egoismus erzogen. Wenn ständig unterstellt wird, dass alle Menschen immer ihren Nutzen maximieren, glaubt man es am Ende noch. Daher gibt es gleich zwei Gründe, weshalb wir den Begriff Homo Oeconomicus und die Annahme, dass alle Menschen ihren Nutzen maximieren, einfach aus unseren Lehrbüchern streichen sollten.

Der Mythos der unsichtbaren Hand des Marktes

„Die „unsichtbare Hand" des Mephistopheles"
Hans Christoph Binswanger[233]

Die Theorie der unsichtbaren Hand behauptet, dass, auch wenn die Marktteilnehmer nur im egoistischen Eigeninteresse handeln, durch die Kräfte des Marktes diese Egoismen wie von unsichtbarer Hand in Altruismus und Gemeinwohl verwandelt werden. Diese Theorie ist jedoch angesichts der zahllosen und

---

232 Vgl. Andreas von Westphalen, Die Egoismus-Ideologie, rubikon, 2.5.2019, https://www.rubikon.news/artikel/die-egoismus-ideologie
233 Binswanger, H.C. 2011, Glaubensgemeinschaft, S.22

ständig zunehmenden Fälle von Marktversagen unhaltbar. Die unsichtbare Hand des Marktes ist ein Mythos. Auf bestimmten Gebieten und unter bestimmten Voraussetzungen funktionieren Märkte ausgezeichnet. Aber daraus abzuleiten, dass die unsichtbare Hand des Marktes alleine genügen würde, eine gut funktionierende Wirtschaft mit sozialen und umweltverträglichen Ergebnissen sicherzustellen, ist Unsinn.

Die Marktwirtschaft hat in der Vergangenheit aus zwei Gründen oft ausgezeichnet funktioniert. Erstens waren die Regeln häufig fair und die erforderlichen Rahmenbedingungen wie vollkommene Information, ausgewogene Machtverhältnisse, Durchsetzung der Regeln usw. häufig einigermaßen erfüllt. Zweitens waren der Moralstandards der Marktteilnehmer, vom Unternehmenschef über den Arbeiter bis zum Verkäufer und den Kunden, in der Vergangenheit vergleichsweise hoch. Doch beide Voraussetzungen haben in den letzten Jahrzehnten dramatisch abgenommen. Sowohl die Regeln, die immer stärker an Lobbyinteressen ausgerichtet werden, wie die Rahmenbedingungen wie auch die Durchsetzbarkeit der Regeln – Stichwort Internationalisierung - wie auch die Moralstandards haben sich im Laufe der letzten Jahre dramatisch verschlechtert.

Das sollten wir in unseren Lehrbüchern ehrlich statt ideologisch oder interessengeleitet kommunizieren. Wir können schreiben: Märkte funktionieren ausgezeichnet, wenn die Leute sich einigermaßen moralisch verhalten, und die Rahmenbedingungen stimmen und klar kommuniziert sind, sonst kommt es zu Marktversagen. Und wir können dazuschreiben: Auch der Staat ist ein schlechter Wirtschafter, das zeigen die zahllosen Fälle von Staatsversagen. Wir brauchen eine Balance zwischen Staatseingriffen und Marktwirtschaft, weder reinen Kapitalismus, noch Kommunismus, sondern einen dritten Weg zwischen beiden. Wir sollten in den Lehrbüchern aufzeigen, wo und wann und unter welchen Bedingungen konkret welche Märkte gut funktionieren und warum. Der Mythos der abstrakten unsichtbaren Hand des Marktes im Allgemeinen, die alles immer automatisch zum Besten aller wandelt, ist eine marktapologetische Ideologie, die nichts mit der heutigen Realität zu tun hat. Wir sollten diesen Propagandabegriff daher einfach aus den Lehrbüchern streichen.

Integrative Wirtschaftsethik statt Glaube an die Allmacht des Marktes

Die heute vorherrschende Lehre der Wirtschaftsethik behauptet, dass alle Marktteilnehmer ihr Eigeninteresse verfolgen können, ja sollen, da die unsichtbare Hand des Marktes alles zum Besten wendet. Diese weltferne und schädliche ökonomistische Wirtschaftsethik sollten wir durch die auf Peter Ulrich zurückgehende integrative Wirtschaftsethik ersetzen.[234] Hier gibt es - auch wenn sie noch viele Schwachstellen und Lücken aufweist - zahlreiche vielversprechende und sehr viel realitätsnähere Ansätze als die der konventionellen Wirtschaftsethik.[235] Den heutigen Lehrbüchern der Ökonomie liegt praktisch ausschließlich die unhaltbare, marktapologetische, auf Karl Homann zurückgehende ökonomistische Sichtweise der institutionenökonomischen Wirtschaftsethik zugrunde. Sie sollte ersetzt werden durch die integrative Wirtschaftsethik.

---

[234] Vgl. Ulrich 2016
[235] Vgl. Beschorner u.a. 2015

Miteinander statt gegeneinander, Kooperation statt Konkurrenz, Gemeinwohlökonomie statt Egoismusökonomie

2010 veröffentlichte Christian Felber sein wegweisendes Buch „Gemeinwohlökonomie – Das Wirtschaftsmodell der Zukunft".[236] Für mich ist das tatsächlich ein Wirtschaftsmodell der Zukunft. Unsere Ökonomie-Lehrbücher sollten im Sinne dieser Gemeinwohlökonomie umgeschrieben werden, dass das Handeln der Marktteilnehmer auf dem Gedanken des Miteinander statt Gegeneinander aufgebaut sein sollte, auf Kooperation statt Konkurrenz, das Gemeinwohl im Blick statt die egoistischen Eigeninteressen. Ich glaube, wenn wir unseren Studierenden diese Grundsätze beibringen statt Konkurrenz, Egoismus, Gewinn- und Nutzenmaximierung, werden wir allmählich die innere Einstellung der Akademiker etwas ändern und dadurch in ein paar Generationen in einer menschlicheren Welt leben.

Fazit

Der erste Schritt in eine menschlichere Gesellschaft ist denkbar einfach: Wir brauchen nur unsere Ökonomie-Lehrbücher umzuschreiben. Sie wurden seit Adam Smith schon oft umgeschrieben. Mit dem Denken fängt alles an. Lasst sie uns also ein weiteres Mal umschreiben. Viel schwerer ist allerdings die Umsetzung in die Wirklichkeit. Davon soll das nächste Kapitel handeln.

---

[236] Felber 2010

Politische Maßnahmen

Aus der Fülle an politischen Maßnahmen, die wir ergreifen könnten, sollen nur einige wenige herausgegriffen werden.

Abwenden einer kommenden schweren Finanz- und Bereinigungskrise

Oben habe ich herausgearbeitet, dass in den letzten Jahrzehnten aufgrund der zunehmenden Ungleichverteilung die Produktionskapazität stärker gewachsen ist als die Masseneinkommen und ein großer Teil des Wirtschaftswachstums durch stark gestiegene Schulden finanziert wurde. Momentan besteht daher die Gefahr einer erneuten Finanzkrise. Wie labil die Wirtschafts- und vor allem die Finanzlage in den Industrieländern ist, zeigt die Notenbankpolitik in den USA, Großbritannien, der Euro-Zone und Japan. Alle Notenbanken haben seit Ausbruch der Finanzkrise 2007 die Zentralbankgeldmenge vervielfacht und die Zinsen über 12 Jahre hinweg so niedrig gehalten wie noch nie in der Wirtschaftsgeschichte. Einige Marktbeobachter warnen angesichts der seit 2007 weiter gestiegenen Schuldenlast daher vor dem Kommen einer weiteren, diesmal noch deutlich schärferen Finanzkrise.[237]

---

[237] Vgl. Dirk Müller, Weik/ Friedrich, Max Otte, Thomas Mayer, einst Chefvolkswirt der Deutschen Bank: https://www.welt.de/finanzen/article181426442/Finanzblase-Experten-warnen-vor-der-naechsten-Finanzkrise.html, https://www.spiegel.de/wirtschaft/weltwirtschaft-die-angst-vor-der-naechsten-krise-a-1262318.html Stand Mai 2019

Das Kernproblem der momentanen Wirtschaftslage in den Industrieländern sind die im Vergleich zu der Massenkaufkraft zu hohen Produktionskapazitäten, also Überkapazitäten, weil sich in den letzten etwa 40 Jahren eine Lücke, ein Keil zwischen Produktion und Massenkaufkraft gebildet hat. Dieses Problem wäre eigentlich verblüffend einfach zu lösen: Wir brauchen nur die falschen und schädlichen Trends der letzten 40 Jahre rückabzuwickeln. Anstatt dass immer mehr Geld in Form von leistungslosen Einkommen durch Mieten, Pachten, Dividenden und Zinsen, wie oben geschildert, von allen Konsumenten zu den relativ wenigen großen Vermögensbesitzern fließt, brauchen wir nur das Geld dorthin zurückgeben, von wo es auch kommt: zu den Normal- und Kleinverdienern. Konkret:

Einmalige Vermögensabgabe

Wir könnten eine einmalige Vermögensabgabe von etwa 25 Prozent auf alle Vermögen nach Abzug von Freibeträgen von vielleicht ein bis drei Millionen Euro pro Kopf einführen. Das ist ein Vorschlag der konservativen Boston Consulting Group von 2011.[238] Der ebenfalls sehr konservative internationale Währungsfonds (IWF) forderte 2013 eine Vermögensabgabe von 10 Prozent.[239]

---

[238] BCG 2011

[239] https://www.faz.net/aktuell/wirtschaft/wirtschaftspolitik/hohe-staatsschulden-iwf-denkt-ueber-vermoegensabgabe-nach-12647951.html Stand Mai 2019

Erbschaftssteuer

Wir könnten die Erbschaftssteuer spürbar auf beispielsweise 50% nach Freibeträgen von vielleicht ein oder zwei Millionen Euro pro Empfänger erhöhen. Erbschaften sind ja der Inbegriff von leistungslosen Einkommen und ungleichen Startchancen. Pro Jahr werden derzeit in Deutschland etwa 300 bis 400 Milliarden Euro vererbt, davon schätzungsweise gut 100 Milliarden durch das wohlhabendste ein Prozent der Bevölkerung. Die real bezahlte Erbschaftssteuer beträgt zurzeit etwa 6 Milliarden Euro pro Jahr. Das heißt unser Erbschaftssteuersatz liegt momentan bei vielleicht 2%, sie existiert also de facto kaum. Das verfestigt die Ungleichheit und die ungleichen Startchancen in unserem Land.

Abgabe auf nicht selbst genutzten Boden und Immobilien[240]

Wir könnten eine Abgabe von vielleicht 3% des tatsächlichen Marktwertes auf nicht selbst genutzten bzw. nicht selbst bearbeiteten Grund und Boden inklusive Immobilien einführen. Man kann auch großzügige Freibeträge von ein oder zwei Millionen Euro überlegen, vielleicht sogar für jedes Kind. Von dieser Vermögensabgabe wären also beispielsweise Familien, die im eigenen Haus oder der eigenen Wohnung wohnen, oder der Landwirt, der seinen eigenen Grund und Boden bearbeitet, nicht betroffen. Dagegen würde Großgrundbesitz besteuert. De facto wären von dieser Abgabe im Wesentlichen nur die oberen vielleicht drei bis fünf Prozent der Bevölkerung betroffen. Über 90% der

---

[240] Vgl. Kreiß 2013. Am Rande sei bemerkt, dass Kevin Küstner die berechtigte Frage stellt: »Warum sollte jemand mehr als 20 Wohnungen in seinem Besitz haben?« Die Zeit 2.5.2019, https://www.zeit.de/politik/deutschland/2019-05/kevin-kuehnert-spd-jugendorganisation-sozialismus

Menschen in unserem Land würden von dieser Abgabe dagegen profitieren. Das Argument der Steuerflucht zieht hier nicht, denn Grundbesitz kann sich nicht in die Schweiz oder nach Luxemburg absetzen, er ist notorisch immobil.

Durch eine solche Abgabe könnten wohl allein in Deutschland über 100 Milliarden Euro pro Jahr eingenommen werden, die man dazu verwenden könnte, die Sozialabgaben und Steuern für Niedrigverdiener bis 1500 Euro pro Monat abzuschaffen. Kleinverdiener hätten dadurch „netto gleich brutto" bis zu einem Jahreseinkommen von 18.000 Euro. Dadurch würden die Nettoeinkommen der Geringverdiener einen gewaltigen Sprung nach oben machen, die Massennachfrage würde gestärkt und der Keil zwischen Angebot und Nachfrage würde sich schließen. Damit wäre das Problem der Überkapazitäten und die Sorge vor einem Crash oder einer zweiten Finanzkrise schnell gelöst. Übrigens könnten das auch die leidgeprüften Griechen, Spanier und Italiener machen und in kürzester Zeit wäre die ökonomische Malaise in ihren Ländern überwunden. Denn hier liegt der eigentliche Grund für die ganze Finanz- und Wirtschaftskrise.

Langfristig gesehen, im Laufe einiger Generationen, müsste meiner Meinung nach der Handel mit Boden, der Kauf und Verkauf von Boden eingestellt werden.

Sonstige politische Maßnahmen

Unternehmensvermögen

Mittelfristig müssten wir auch verhindern, dass Unternehmensgewinne von hunderten von Milliarden Euro zum großen Teil leistungslos auf die Privatkonten von sehr wenigen Eigentümern

212

fließen. Finanzströme in solcher Höhe sind nicht nur ethisch und religiös indiskutabel, sondern darüber hinaus rein ökonomisch betrachtet gefährlich, da sie zu Überinvestitionen und damit Krebs im Wirtschaftsleben führen. Langfristig sollte Privateigentum an Unternehmen am besten ebenso behandelt werden wie geistiges Eigentum an Kulturwerken, die 70 Jahre nach dem Tod des Schöpfers zum Allgemeingut werden.[241] Eine Möglichkeit der Überführung in Allgemeineigentum wären Stiftungen oder Genossenschaften.

In Deutschland gibt es derzeit über 22.000 Stiftungen mit einem Gesamtkapital von ungefähr 68 Milliarden Euro, die zu etwa 95% gemeinnützige Zwecke verfolgen.[242] Die bekanntesten sind wohl Bosch, Mahle, ZF Friedrichshafen, Carl Zeiss, Software AG usw. 2015 gab es in Deutschland über 7.500 Genossenschaften mit etwa 20 Millionen Mitgliedern, im Wesentlichen in Bank- und Wohnungsgenossenschaften. In Spanien gibt es Mondragon, ein Stiftungsunternehmen, das in den Bereichen Maschinenbau, Automobilzulieferer, Bauindustrie, Einzelhandel, Banken und Versicherung tätig ist, mit über 70.000 Beschäftigten und etwa 12 Milliarden Euro Umsatz.[243] Genossenschaften und gemeinnützige Stiftungen (nicht solche, die für Steuervermeidungszwecke gegründet werden) könnten ein Modell für die Zukunft sein.

Umlaufgesichertes Geld

Langfristig brauchen wir auch eine andere Geldordnung, könnten beispielsweise umlaufgesichertes Geld einführen, wie z.B. in der

---

[241] http://www.bpb.de/gesellschaft/medien-und-sport/urheber-recht/169968/geistiges-eigentum Stand Mai 2019

[242] https://www.stiftungen.org/stiftungen/zahlen-und-daten/statistiken.html Stand 9.1.2018

[243] https://www.mondragon-corporation.com/sobre-nosotros/magnitudes-economicas/informe-anual/, Stand Januar 2019

kleinen Gemeinde Wörgl in Österreich 1932/33.[244] Es gibt aber auch heute funktionierende Regionalwährungen auf Basis von Umlaufsicherung, beispielsweise den „Chiemgauer". [245] Gute Konzepte dazu finden sich bei monneta.[246]

Reform des Schul- und Hochschulsystems

Wie oben besprochen, sollten wir statt des momentanen staatlichen ein freies Schul- und Hochschulsystem einführen.

Werbeeinschränkungen und -verteuerungen

Werbung ist einer der ganz üblen Treiber in krankhaftes Wirtschaftswachstum, fördert eine Mentalität der Gier und bringt in gigantischem Umfang Unehrlichkeit und Unaufrichtigkeit in die Welt. Je weniger kommerzielle Werbung wir haben, desto besser wird es uns gehen. Daher sollte kommerzielle Werbung zu Gewinnzwecken so stark wie möglich reduziert werden. Konkrete politische Maßnahmen wären Werbeverbote für Kinderwerbung, schädliche Produkte wie Alkohol, Zigaretten, Glücksspiel sowie ein flächendeckendes Außenwerbeverbot, wie es beispielsweise vier US-Bundesstaaten oder die Städte Sao Paulo und Grenoble bereits haben. Darüber hinaus sollte die steuerliche Abzugsfähigkeit für Werbeaufwand abgeschafft werden. Der Deutsche Werberat sollte wegen Befangenheit sofort aufgelöst werden. Die dramatische Reduzierung von kommerzieller Werbung auf möglichst nahe Null ist für mich eine der allerwichtigsten gesellschaftlichen Maßnahmen überhaupt. Sie ist an Wichtigkeit kaum zu toppen.

---

[244] Vgl. Schwarz 1951 und Ottacher 2017
[245] https://www.chiemgauer.info/ Stand Mai 2019
[246] https://monneta.org/ Stand Mai 2019

Reduzierung der Jahresarbeitszeit

Im März 2012 gab es in der Schweiz auf Initiative des Gewerkschaftsdachverbandes Travail.Suisse eine Volksabstimmung für eine Verlängerung des Jahresurlaubs von vier auf sechs Wochen. Die Initiative wurde mit 67 Prozent der Stimmen abgelehnt. Die Arbeitgeber hatten Angabe gemäß bis zuletzt gegen die Initiative getrommelt.[247] Aus Arbeitgebersicht ist das Interesse offensichtlich: Eine gesellschaftliche Verknappung der Arbeitszeit würde zu höheren Löhnen und damit zu steigenden Kosten und sinkenden Gewinnen für die Unternehmenseigentümer führen. Deshalb argumentierte der Arbeitgeberverband, eine gesetzliche Erhöhung des Jahresurlaubs würde zu einer Arbeitsplatzverlagerung ins Ausland, insbesondere nach Deutschland führen. So argumentierten die gut organisierten Arbeitgeber auf großen Plakaten mit dem Slogan „MEHR Ferien = weniger JOBS – Ferieninitiative NEIN".

Das ist eine rein interessengeleitete Lobby-Argumentation, auf die viele Schweizer leider hereingefallen sind. Denn diese Argumentationsschiene ist an Durchsichtigkeit nur schwer zu überbieten und empirisch nicht haltbar. Deutschland hat sechs Wochen Jahresurlaub, ist eines der exportstärksten Länder der Erde und hat seit vielen Jahren (leider) einen der höchsten Leistungsbilanzüberschüsse der Welt. Sechs Wochen Jahresurlaub scheinen, entgegen der Argumentation der Schweizer Unternehmenseigentümer, einem starken Export nicht im Wege zu stehen. Wenn es um Geld und Gewinne geht, werden die Argumente eben zurechtgebogen, wie man es braucht. Die Arbeitgeber hatten ungleich mehr Ressourcen zur Verfügung für Plakate und PR als die Befürworter

---

[247] https://www.spiegel.de/wirtschaft/soziales/volksabstimmung-schweizer-lehnen-laengeren-urlaub-ab-a-820637.html Stand Mai 2019

der Urlaubszeitverlängerung.[248] Wie soll eine demokratische Bürgerbefragung fair funktionieren, wenn mit solch ungleichen Waffen gekämpft wird?

Gerade dies wäre eine sehr wichtige gesellschaftliche Weichenstellung: Die Jahresarbeitszeit zu verkürzen in Form von gesetzlich längerem Jahresurlaub und sinkender Wochenarbeitszeit. R. und E. Skidelsky schlagen eine progressive Arbeitszeitbesteuerung vor, das ist auch keine schlechte Idee.[249] Christian Felber empfiehlt, dass Arbeitnehmer alle 10 Jahre ein Jahr Auszeit (ein sabbatical) nehmen können.[250] Damit eine kürzere Arbeitszeit auch für Niedrigverdiener möglich ist, bräuchten wir gleichzeitig die oben geschilderten Umverteilungsmaßnahmen, beispielsweise Steuer- und Sozialabgabenfreiheit bis zu einem Monatseinkommen von 1.500 Euro. Dadurch würde das monatliche Nettoeinkommen für Niedrigverdiener dramatisch erhöht (siehe unten). Dadurch könnten sich auch Niedriglohnempfänger leisten, etwas weniger zu arbeiten und sich mehr ihren Kindern oder anderen sinnvollen Tätigkeiten zu widmen.

Luxussteuer

Auch eine Luxussteuer auf bestimmte Produkte, wie sie R. und E. Skidelsky vorschlagen, wäre keine schlechte Idee.[251] So verteuert beispielsweise Dänemark große Autos mit einer Luxussteuer[252] und Norwegen besonders schwere oder abgasintensive Autos durch eine erhöhte Steuer.[253] Man merkt das auch als Besucher in

---

[248] Angaben von Travail.Suisse, Email vom 3.7.2019
[249] Skidelsky S.263ff.
[250] Felber 2010, S.48
[251] Skidelsky 2013, S. 275
[252] https://www.capital.de/karriere/warum-skandinavier-gerne-steuern-zahlen?article_onepage=true
[253] https://orange.handelsblatt.com/artikel/53408 Stand Mai 2019

Norwegen: dort fahren erstaunlich wenig große Autos, anteilig viel weniger als in Deutschland, obwohl die Einkommen der Norweger deutlich höher sind als die deutschen.

Fremdkapital begrenzen

Der frühere Spitzenmanager der Deutschen Bank und Finanzmarktspezialist, Pavan Sukhdev, schlägt in seinem Buch Corporation 2020 vor, die Fremdkapitalaufnahme bzw. den Verschuldungsgrad von Unternehmen zu begrenzen, um den Aufbau einer Schuldenblase zu vermeiden.[254] Das ist ein sehr vernünftiger Gedanke. Als ehemaliger Investmentbanker kann ich diesen Vorstoß nur unterstützen.

Obergrenze für Managergehälter

Außerdem bräuchten wie eine Deckelung der Managergehälter. Beispielsweise könnten wir eine Regelung einführen, wonach das Gehalt von Spitzenmanagern maximal das 10- bis 20-fache des Lohnes eines einfachen Beschäftigten haben darf.[255] Es gibt dazu auch eine interessante Diskussion im angelsächsischen Raum: The Case for Maximum Wage.[256] Die USA hatten von 1944 bis 1964 de facto eine Lohnobergrenze durch einen extrem hohen Spitzensteuersatz von 94 Prozent. Ähnliches gilt für Großbritannien. Dort war der Spitzensteuersatz während des Zweiten Weltkrieges 99,25 Prozent, und in den Jahren von 1952 bis 1977 lag er

---

[254] Sukhdev 2013, S.176
[255] Vgl. Felber 2010, S.63
[256] https://www.theguardian.com/commentisfree/2018/jun/30/minimum-wage-maximum-wage-income-inequality Stand Mai 2019

immer weit über 80 Prozent, Mitte der 1970er mehrere Jahre über 95 Prozent.[257]

Umsetzung

Mir ist klar, dass die politische Umsetzung dieser Ideen nicht einfach ist. Das zeigt ja deutlich die aufgeregte Diskussion um die Vorschläge von Kevin Kühnert vom Mai 2019. Denn es gibt selbstverständlich ganz erhebliche Widerstände der negativ Betroffenen, der Vermögenden. Deren Einfluss auf Politik und Medien ist ungeheuer groß.[258] So sitzen allein im Deutschen Bundestag mehr Lobbyisten als Abgeordnete, die – mit großem Erfolg - alles tun, damit in der Gesetzgebung Einzelinteressen statt Gemeinwohlinteressen durchgesetzt werden. Daher wäre eine besonders dringliche politische Maßnahme, alle Lobbyisten im Bundestag, in den Landtagen und den Ministerialbürokratien zu entfernen. Alle Spenden und Zuwendungen an politische Parteien und Politiker sollten offengelegt werden und Spenden von Unternehmen an Politiker und Parteien nach dem Vorbild der ödp verboten werden.

Was kann jeder Einzelne tun?

Nun stellt sich die Frage: Was kann jeder Einzelne von uns tun? Zum einen sollten wir uns auf keinen Fall entmutigen oder ängstigen lassen. Ein Blick in die Geschichte zeigt, dass der richtige

---

[257] World Inequality Report 2018 https://wir2018.wid.world/download.html
Stand August 2019
[258] Vgl. Kreiß 2013

Gedanke zur richtigen Zeit, mit Mut umgesetzt, eine Revolution in einer scheinbar ganz festgefügten sozialen Struktur hervorrufen kann. Die Französische Revolution wurde von einigen wenigen Menschen vorangetrieben, Robespierre, Danton, sie lösten einen Sturm auf die Bastille und eine ganze Lawine aus. Oder, noch beeindruckender: Martin Luther. Ein einziger Mann, der seine Gedanken mit größtem Mut und fester Überzeugung vorbringt, änderte die ganze Landkarte Europas. Lawinen beginnen immer ganz oben, mit einigen wenigen Steinchen oder Schneeflocken. Die richtigen Gedanken können die Welt verändern. Die Macht unserer Gedanken ist ungeheuer groß.

Zum anderen können wir ganz konkret Änderungen im eigenen ökonomischen Leben vornehmen.

Unnötigen Konsum vermeiden

Jedes unnötige Produkt, jede unnötige Autofahrt oder Flugreise, jede unnötige Dienstleistung, die wir verbrauchen, macht unser Leben teurer und wir müssen mehr arbeiten. Ohne entsprechende Nachfrage durch uns alle sind unnötige Sachen auf Dauer gar nicht möglich. Jeder Mensch ist ein Individuum, jeder Mensch hat stark individuell unterschiedliche Bedürfnisse. Jeder Mensch kann durch ehrliches Nachdenken und In-sich-Gehen über die Frage „Was brauche ich wirklich?" einen Bewusstseinsprozess oder Bewusstseinswandel bei sich anstoßen, aus freiem Willen. Man kann also über den Sätzen sinnieren: Wo kann ich auf Unnötiges verzichten? Was brauche ich wirklich?

Wenn eine steigende Zahl von Menschen darüber nachdenkt oder sinniert, kann sich ganz langsam ein neues Bewusstsein entwickeln, eine andere Geisteshaltung, eine menschlichere, liebevollere Gesinnung dazu. Dann werden wir schließlich mit den uns anvertrauten Dingen verantwortungsvoller umgehen.

Verantwortlicher Umgang mit Kapital und Zinsen

Wir können auch zu einem rücksichtsvolleren, verantwortungsvolleren Umgang mit Kapital und Zinsen kommen. Wir können uns z.B. fragen: Was macht die Bank mit meinem Geld? Wie und wo legt sie es an? Auch hier kann ein Bewusstseinsprozess bei jedem Einzelnen eingeleitet werden, wenn man sich die Aussage bewusstmacht: Von Geld kann man nicht leben, man lebt immer von der Arbeit anderer Menschen. Geld kann nicht arbeiten. Es sind immer andere Menschen, die uns kleiden, nähren, ein Dach über dem Kopf verschaffen. Wenn man sich das klarmacht, kann sich ganz langsam ein anderer, menschlicherer, verantwortungsvollerer Umgang mit Geld einstellen.

Verantwortlicher Umgang mit Lebenszeit

Als Drittes können wir darüber nachsinnen, wie wir mit der uns anvertrauten Lebenszeit, unserer Arbeitskraft umgehen wollen, wofür wir sie einsetzen wollen. Dazu kann man sich klarmachen: Alles, was man von der Gemeinschaft in Anspruch nimmt, alles, was man beitragen könnte und nicht beiträgt, bewirkt, dass alle anderen mehr arbeiten müssen. Es gäbe unglaublich viel für uns zu tun, um die Welt besser und lebenswerter zu machen. Davon soll im Schlusskapitel die Rede sein.

Durch einen Bewusstseinsprozess, durch eine spirituelle Entwicklung, können wir aus dem Herzen heraus, aus Freiheit, langfristig anders mit den uns anvertrauten Gütern, anders mit dem uns anvertrauten Geld und anders mit unserer Arbeitskraft umgehen. Dann kann aus den freien Herzen einer wachsenden Zahl von Menschen etwas Neues in die Welt treten, ein verantwortungsvoller Umgang, dem dann von gesellschaftlich-politischer Seite entsprechende Gesetze und Regeln entgegenkommen können.

Zusammenfassung und Resümee

Zusammenfassung

„In der Sprache der Mythen ausgedrückt, könnten wir sagen, die westliche Kultur habe ihre Seele dem Teufel versprochen und als Gegenleistung in einem bislang unbekanntem Maß Wissen, Macht und Vergnügen erhalten. ... Der Teufel, so scheint es, fordert seine Belohnung ein."
R. und E. Skidelsky[259]

Im Kern läuft die Argumentation dieses Buches darauf hinaus: Wenn Mephisto unsere Wirtschaftsordnung gestalten könnte, dann wäre sie ziemlich genau so, wie sie heute ist. Mir ist klar, dass diese Argumentation auf den ersten Blick ziemlich absurd erscheint. Denn uns geht es doch in Deutschland und überhaupt in den Industrieländern alles in allem ziemlich gut. Breite Bevölkerungskreise waren noch nie so wohlhabend, die Freiheit auf fast

---

[259] Skidelsky 2013, S.18

allen Ebenen war noch nie so groß wie heute. Von Toiletten über elektrisches Licht, Zentralheizung bis zu Reisemöglichkeiten, Schulbildung und so weiter und so weiter: Noch nie waren Selbstverwirklichung und Persönlichkeitsentwicklung so gut möglich wie heute. Das stimmt selbstverständlich alles. Außerdem kann man sagen, in den armen Ländern der Erde geht es vielen Menschen ungleich schlechter als uns in den Industrieländern, also, wenn überhaupt, müsste doch dort das Mephisto-Prinzip wirken, nicht bei uns. Auch das stimmt natürlich.

Aber zum einen kann man auch auf die Schattenseiten der Entwicklungen in den Industrieländern schauen, wie es beispielsweise Ulrike von Aufschnaiter tut und den Blick auf die ganzen sprunghaft steigenden so genannten Zivilisationskrankheiten wie Allergien, Diabetes, Übergewicht usw. werfen und zu dem Ergebnis kommen, ein Großteil (sic!) unserer Kinder sei heute krank. Dazu kommen die Zivilisationskrankheiten bei den Erwachsenen, wie Mediensucht, Rauchen Alkohol, Drogen, burn-out, Verwahrlosung, Amokläufer, stark steigende Suizidraten usw., die beispielsweise R. und E. Skidelsky beschreiben. Und man kann auch auf die Umwelt- und Nachhaltigkeitsseite unserer Entwicklung hinweisen und leicht zu dem Ergebnis kommen, dass wir drauf und dran sind, unsere Erde und unsere Lebensgrundlagen zu zerstören. Zu all diesen Themen gibt es ja mittlerweile ganze Bibliotheken an Literatur.

Zum anderen, und vermutlich viel wichtiger, muss man berücksichtigen, dass Mephisto nicht nur extrem intelligent, sondern auch extrem langfristig denkt. So wie die Weichen heute gestellt sind, werden die meisten oder schlimmsten Auswirkungen erst in einer oder mehreren Generationen auftreten. Der Blick auf die schöne, glänzende Oberfläche von heute verdeckt die im Untergrund angelegten langfristigen, meiner Meinung nach fatalen, weil mephistophelischen Trends. Dabei geht es vor allem um die moralische Entwicklung. Denn von der moralischen und ethischen Entwicklung hängt meiner Meinung nach langfristig alles ab. So lange wir dies nicht erkennen, weil wir lieber den Kopf in den Sand stecken oder weil wir das für Märchen halten, werden wir nichts dagegen unternehmen und die Dinge nehmen ihren, den Weichenstellungen folgenden, unguten Lauf. Denn Mephisto hat mit uns Menschen nichts Gutes im Sinne.

Dabei spielt es zu Analysezwecken keine Rolle, ob man Mephisto oder die mephistophelischen Kräfte als reale Wesenheiten, wie sie die Religionen beschreiben, ansieht oder ob man, der „Philosophie des Als ob" von Hans Vaihinger oder dem Denkansatz des Advocatus Diaboli folgend, so tut, als ob Mephisto oder böse Kräfte in uns selbst versuchen würden, unsere Wirtschafts- und Gesellschaftsregeln zu machen. Mir geht es in diesem Buch darum, über die heute üblichen Analyseansätze hinaus eine zusätzliche Perspektive einzuführen. In dem Moment, in dem wir als Hypothese eine böse Absicht als Motiv oder Treiber zulassen, eröffnet sich eine völlig neue Perspektive und erklärt sich Manches, was vorher unerklärlich oder völlig sinnlos schien.

Die Aufgabe von Mephisto

„Man muss die Magie verstehen, wenn man sie meistern will."
Hans Christoph Binswanger[260]

[260] Binswanger 2008 file:///C:/Users/00413/Documents/Wirtschaftsethik/2008-11-12_Binswanger-Wachstumszwang-vs-Nachhaltigkeit.pdf

Ich glaube, eine der Hauptaufgaben Mephistos oder der mephistophelischen Kräfte ist, uns bewusster zu machen und uns anzuspornen. Sagt doch der HERR im Prolog im Himmel:

„Des Menschen Tätigkeit kann allzu leicht erschlaffen,
Er liebt sich bald die unbedingte Ruh;
Drum geb ich gern ihm den Gesellen zu,
Der reizt und wirkt und muss als Teufel schaffen."

Für mich sind daher diese Kräfte nichts absolut Böses, sondern sie sollen uns anstacheln, uns höher zu entwickeln. Ohne Irrtum und Unwahrheit gibt es keine Wahrheit, ohne Dunkelheit kein Licht, ohne Hass keine Liebe. Dadurch, dass wir uns zwischen diesen Alternativen frei entscheiden und darum ringen können, ist Freiheit erst möglich. Und nur aus der Freiheit heraus ist Liebe möglich. Für mich ist unsere Menschheitsaufgabe, das Wahre, Schöne und Gute zu entwickeln in Freiheit, Gleichheit und Brüderlichkeit.

Ich glaube, dass wir das nur schaffen, wenn wir eine spirituelle Entwicklung einschlagen, dass unsere Aufgabe heute ist, die dunklen Kräfte durch spirituelle Gedanken zu überwinden. Aus der Flut an Literatur dazu und aus der Fülle von Menschen, die sich auf die spirituelle Suche gemacht haben, möchte ich ein paar wenige zitieren, die im Kern alle Ähnliches sagen: dass wir Menschen mehr sind als nur Wesen aus Fleisch und Blut, dass unser eigentlicher Wesenskern etwas Anderes ist, als unser physischer Leib, dass es noch etwas Anderes, Höheres gibt, als was wir mit Händen greifen und mit Augen sehen können.

Antoine de Saint-Exupéry schreibt in seinem Kleinen Prinzen: „Man sieht nur mit dem Herzen gut. Das Wesentliche ist für die Augen unsichtbar."[261]

In Zusammenhang mit Ökonomie und Bescheidenheit sagt Martin Luther: „Was mir unser Herrgott gibt, das nehme ich gern; was er nicht gibt, das kann ich gut entbehren. Das ist mein Wahlspruch, dass ich mir genügen lassen kann. So halte ich Haus."[262]. Selbstverständlich war Martin Luther tief im Spirituellen verankert.

Der Protestant Albert Schweitzer sagte einmal: „Der Auftrag, der uns heute gesetzt ist, lautet: Uns selbst, unsere Umwelt und die Strukturen dieser Welt zu heilen und zu heiligen".[263]

Papst Franziskus schreibt in seiner Enzyklika Laudato si: „Die christliche Spiritualität schlägt ein anderes Verständnis von Lebensqualität vor und ermutigt zu einem prophetischen und kontemplativen Lebensstil, der fähig ist, sich zutiefst zu freuen, ohne auf Konsum versessen zu sein. … Es handelt sich um die Überzeugung, dass „weniger mehr ist". Die ständige Anhäufung von Möglichkeiten zum Konsum lenkt das Herz ab und verhindert, jedes Ding und jeden Moment zu würdigen." (Ziff. 222) Selbstverständlich ruhen die Aussagen von Papst Franziskus tief in einem spirituellen Bewusstsein, dem „Bewusstsein, dass jedes Geschöpf etwas von Gott widerspiegelt und eine Botschaft hat, die uns etwas lehren kann, oder die Gewissheit, dass Christus diese materielle Welt in sich aufgenommen hat und jetzt als Auferstandener

---

[261] Saint-Exupéry 1995, S.98
[262] Luther, Tischreden
[263] https://www.hdn-pfalz.de/nachhaltigkeit/definitionen/ Stand 12.6.2019

im Innersten eines jeden Wesens wohnt, es mit seiner Liebe um-
hüllt und mit seinem Licht durchdringt" (Ziff. 221).

Zuletzt möchte ich noch den Philosophen und Begründer der
Waldorfschulen, Rudolf Steiner zitieren: „Daher ist diese Lösung
der sozialen Frage einfach gegeben in der Anerkennung der gött-
lich-geistigen Natur des Menschen, in der Anerkennung dessen,
dass dasjenige, was vom Menschen hier als physischer Leib auf
der Erde herumgeht, nur der äußere Ausdruck ist für etwas, was
in jedem Menschen aus der Ewigkeit herein leuchtet."[264] Damit ist
Folgendes gemeint: Nur wenn ich in meinem Gegenüber den
göttlichen Funken sehe, den göttlichen Kern, etwas Ewiges sehe,
unabhängig von Religion oder Konfession, nur dann ist auf Dauer
wirkliche Menschenwürde, wirkliche Menschenliebe möglich.
Aber nicht nur im Menschen, sondern auch im Spatz, im Marien-
käferlein, in der Birke, im Amethyst: Wenn ich überall das Göttli-
che durchscheinen sehe, dann werden wir Menschen langfristig
anders mit der uns anvertrauten Natur, der uns anvertrauten Kreatur umgehen. Und dann werden wir auch miteinander anders,
freiheitlich, menschenwürdig umgehen. So können wir Mephisto
nutzen, überwinden und schließlich erlösen.

---

[264] Steiner 1982, S.95

Ausblick. Statt einer Dystopie: Wie schön könnte unsere Welt werden!

Im Schlusskapitel möchte ich noch mit ein paar Gedanken, Bildern und Szenarien dafür werben, das heute in unserem Wirtschaftsleben stark verbreitete Mephisto-Prinzip zu überwinden und stattdessen zu einer menschlicheren Wirtschaftsweise überzugehen.

Das Zeitalter der Freizeit und der Fülle (The Age of Leisure and Abundance)

20-Stunden-Woche statt 40-Stunden-Woche Regelarbeitszeit

So wie sich die Menschen im Mittelalter vermutlich nicht vorstellen konnten, dass wir im 19.Jahrhundert in riesigen, qualmenden und schmutzigen Städten mit 12- oder 14-Stunden-Arbeitstag leben würden; so wie sich die Menschen noch am Ende des 19.Jahrhunderts vermutlich nicht vorstellen konnten, dass wir alle einmal fließendes Wasser, Toiletten im Haus, elektrisches Licht und Zentralheizung haben würden, so können wir uns heute nur schwer vorstellen, dass wir einmal eine 20-Stunden-Erwerbsarbeitswoche mit vielleicht acht Wochen Jahresurlaub oder gar mehr haben werden. Aber ob wir uns etwas vorstellen können oder nicht, entscheidet nicht zwingend darüber, ob etwas kommt oder nicht. Keynes prophezeite uns ja für das Jahr 2030 die 15-Stunden-Woche und den 3-Stunden-Tag.

Und so bin ich der festen Überzeugung, dass wir in vielleicht einer Generation problemlos als Regelfall die 20-Stunden-Erwerbswoche haben können, wenn wir es <u>wollen</u> und gesellschaftlich bzw. politisch in die Wege leiten. Der Weg dahin wurde im vorherigen Kapitel skizziert: unnötige, sinnlose und schädliche Arbeit einstellen, kommerzielle Werbung dramatisch reduzieren, sich stärker auf die wichtigen Dinge im Leben konzentrieren usw. Ich behaupte nicht, dass der Übergang leicht ist. Aber was ist schon leicht? Wir haben derartig viele technologische und organisatorische Revolutionen seit Beginn der industriellen Revolution hinter uns gebracht, dass wir auch das schaffen können. Aber nur, wenn wir es <u>wollen</u>. Von alleine wird es sicher nicht kommen. „Regelarbeitszeit" heißt außerdem nicht, dass alle 20 Stunden pro Woche arbeiten müssen. Es steht, genau wie heute, jedem frei, mehr oder weniger zu arbeiten.

Entwicklungen können manchmal schneller gehen, als man glaubt. Wir leben in einer Zeit epochaler Beschleunigung. Wenn Julius Cäsar zu Goethe nach Weimar gekommen wäre, hätte er, was die materielle Umgebung anlangt, so ziemlich alles verstanden. Die einzigen größeren gravierenden Änderungen in diesen etwa 1800 Jahren waren der Buchdruck, der tiefe Pflug und das Schwarzpulver (das hätte Cäsar sicher ganz besonders interessiert). Wenn jedoch unser Ururgroßvater heute plötzlich in den U-Bahn-Schacht von Stuttgart oder Berlin gebeamt würde, so würde er so ziemlich überhaupt nichts mehr verstehen. Die technologische Entwicklung hat sich seit der Erfindung der Dampfmaschine um 1780 in einem Ausmaß beschleunigt, das schier unglaublich ist. Und diese Beschleunigung scheint bislang nicht nachzulassen. Wir sollten also nicht zu lange zögern.

Können wir uns das überhaupt leisten? Können wir davon leben?

Eine der ersten Fragen, die sich da stellt, ist natürlich: Wieviel verdienen wir denn bei einer 20-Stunden-Berufswoche überhaupt noch? Wie sollen wir uns das überhaupt leisten können, vor allem die Geringverdiener?

Das können wir uns sehr einfach leisten, auch die Geringverdiener. Durch die oben vorgeschlagene Erhöhung des Steuer- und Abgaben- Freibetrages auf 1.500 Euro pro Monat würden sich die Nettoverdienste vor allem für die wenig verdienenden Menschen dramatisch erhöhen. Ein Beispiel: Wenn ein Alleinverdiener ohne Kinder heute im Monat 1.200 Euro verdient, so bleiben ihm netto, nach Abzug aller Sozialabgaben und Steuern 940,51 Euro pro Monat.[265] Das entspricht einer Abgabenbelastung von 22%. Rechnet man die Arbeitgeberbeiträge zu den Sozialversicherungen dazu, betragen die Abgaben in Wirklichkeit sogar 35%. Und das bei einem Bruttolohn von 1.200 Euro! Das ist eine satte Abgabenbelastung für unsere Kleinverdiener, man zieht ihnen momentan mehr als ein Drittel vom kümmerlichen Lohn ab.

Bei Einführung eines Freibetrages von 1.500 Euro im Monat würde sich das Nettoeinkommen von 940,51 um über 53% auf 1.440,90 Euro erhöhen. Das entspricht einer Nettolohnerhöhung um 500 Euro pro Monat! Der Grund, weshalb der Nettolohn nicht

---

[265] https://www.gehalt.de/einkommen/nettorechner-ergebnis?uuid=ffca28b2-5733-4d19-8fe7-8da450b68e83&jahr=2019&brutto=1200&lzz=1&stk=1&faktor=1&freibetrag=&kinderpv=false&zkf=0&kirche=false&bdl=01&stadt=Aalen&berufsbezeichnung=Verk%C3%A4uferin&jahrgang=&pkv=0&kksatz=15.5&krv2010=0&chosenView=1 Stand 19.6.2019

nur auf 1.200, sondern auf 1.440,90 steigt, liegt an den Arbeitge-
beranteilen zur Sozialversicherung[266], die durch die Erhöhung der
Freibeträge dann auch wegfielen bzw. dem Arbeitnehmer ausge-
zahlt würden. Das heißt, ein Niedrigverdiener könnte 35 Prozent
weniger arbeiten, also die Arbeitszeit von 40 auf 26 Wochenstunden verringern, und hätte immer noch dasselbe Nettogehalt wie
zuvor! Also selbst Geringverdiener könnten deutlich weniger arbeiten, ohne weniger Einkommen zu haben. Das liegt daran, dass,
wie oben vorgeschlagen, nun leistungslose Einnahmen der sehr
Wohlhabenden statt die geringen Löhne der Kleinverdiener besteuert werden. Eine solche Umverlagerung der Steuerlast von
den Klein- auf die Großverdiener fände ich ziemlich gerecht.

Dazu kommt: Wenn geplanter Verschleiß und Werbung weg-
fallen, sparen wir nochmal knapp vier Wochenstunden Arbeit ein,
ohne dass wir ein einziges Produkt weniger haben. Anders ausgedrückt: Ohne geplanten Verschleiß und Werbung sinken die
Produktpreise um etwa 10 Prozent bzw. erhöhen sich unsere Re-
allöhne um etwa 10 Prozent.

Außerdem kommt noch dazu: Wenn wir eine maximale Lohn-
spreizung innerhalb von Unternehmen einführen, zum Beispiel,
dass niemand im Unternehmen – also auch nicht der Chef – mehr
als das 10- bis 20-fache vom einfachen Angestellten oder Arbeiter
verdienen darf, dann werden sich die Löhne für die unteren
Lohngruppen weiter erhöhen und die Kleinverdiener könnten
nochmals weniger arbeiten, wenn sie das wollten, bei gleichem
Nettolohn.

---

[266] https://www.lohn-info.de/sozialversicherungsbeitraege2019.html Stand
19.6.2019

Kurz: Genau wie einige Vordenker schon seit langem sagen, ist eine dramatische Absenkung der Regelarbeitszeit bei Aufrechterhalten unseres Wohlstandes problemlos möglich, wenn wir wollen und die Sache erkennen. Gerade das Erkennen ist nicht so einfach, weil uns hier die meisten Ökonomen, Politiker und die Werbeleute ständig Sand in die Augen streuen. Eine reale Möglichkeit zur Umsetzung wäre, dass wir künftige Steigerungen der Arbeitsproduktivität im Zuge von Industrie 4.0 dazu verwenden, statt Lohnerhöhungen jährliche Arbeitszeitreduzierungen, um gut ein Prozent durchzuführen. Dann wären wir rein rechnerisch nach 30 Jahren ziemlich genau bei einer Regelarbeitszeit von 30 Wochenstunden, nach zwei Generationen bei 20 Wochenstunden und nach drei Generation oder 100 Jahren fast exakt bei der 15-Stunden-Woche, die ja schon Keynes nach Ablauf von 100 Jahren prognostizierte. Also das wäre selbstverständlich alles machbar, wenn der Wille dazu bestünde.

Was sollen wir mit der ganzen freiwerdenden Zeit anfangen?

Dann stellt sich als nächste Frage: Was sollen wir mit der ganzen freiwerdenden Zeit tun, wenn sich die Regel-Arbeitswoche von 40 auf 20 Wochenstunden vermindert? Ich denke, da fällt den meisten Menschen ziemlich viel ein. Für junge Eltern wäre das beispielsweise ein Segen, weil dann beide Partner sowohl arbeiten wie auch sich um die Kinder kümmern können, das heißt die Work-Life-Balance wäre dann ziemlich gut. Gerade für viele junge Papas, die heute ihre Kinder unter der Woche oft nur sehr wenig sehen, wäre das vermutlich ein Segen. Außerdem bräuchten dann viele unserer Ein- bis Dreijährigen nicht mehr eine 40-Stunden-Woche in KiTas zu verbringen, weil dann die Eltern selbst für sie Zeit haben. Durch die Einsparungen von KiTa-Personal brauchen wir dann übrigens nochmals etwas weniger zu arbeiten, weil wir uns auch diese Kosten ersparen können. Wir sollten uns an den Gedanken gewöhnen, dass alle Arten von Arbeitsfreisetzung ein Segen sind – wenn wir vernünftig damit umgehen und nicht mehr so durch und durch unvernünftig wie in den letzten 100 Jahren.

Ich finde auch die Ideen von Hans Christoph Binswanger[267] zu Gemeinschaftsdiensten als Ergänzung zu Lohndiensten nicht schlecht oder von Nico Paech[268], dass wir dann 20 Wochenstunden entlohnte Erwerbsarbeit und 20 Wochenstunden eigengestaltete, sinnvolle Arbeit tun. Sinnvolle, dringend nötigte Arbeit, für die heute kein Geld da ist, gäbe es in Hülle und Fülle in den Bereichen Soziales, Umwelt, Kultur usw. Dazu unten mehr. Es geht mir nicht darum, die Faulheit zu fördern, sondern statt sinnloser und schädlicher Arbeit sinnvolle und nützliche zu tun.

Ausblick auf das Jahr 2050

Wir leben im Jahr 2050 und trotz aller Einwände der Bedenkenträger und entgegen allen Erwartungen haben sich schließlich doch Vernunft und gesunder Menschenverstand in unserem öffentlichen Leben durchgesetzt. Daher geht es uns heute deutlich besser als früher und wir blicken mit einem gewissen Unverständnis auf die vielen unsinnigen Regeln und Zustände von früher zurück. Aber zum Glück haben wir die ja nun überwunden.

---

[267] Binswanger, H.C. 2009, S.196ff.
[268] Paech 2012

Berufswelt

Führen Sie schon oder herrschen Sie noch?

Die großen Unternehmen sind jetzt fast alle genossenschaftlich oder als Stiftungen organisiert und arbeiten deshalb nicht mehr nach dem längst überholten Gewinnmaximierungsprinzip, sondern echt für die Verbraucher. Deswegen ist das Berufsleben ungeheuer viel angenehmer geworden. Arbeitnehmer sind keine Produktionsfaktoren mehr, die man optimal ausnutzen und die man ständig zu höherer Effizienz antreiben muss, sondern einfach Mitarbeiter und Menschen. Wir haben ein völlig anderes Arbeitsklima. Der Chef ist nicht mehr ein Tyrann, der versucht, alles aus einem rauszuholen, sondern einfach ein guter Organisator, der versucht, alle ins Boot zu bekommen. Außerdem verdient er nicht mehr das 50- oder 100-fache der einfachen Arbeitnehmer, sondern nur mehr maximal das 20-fache. Karriere machen nicht mehr die möglichst unempathischen Machtmenschen, sondern Leute mit Organisationstalent, guten Ideen, gesundem Menschenverstand und vor allem guter Menschenkenntnis. Die Frage „führen Sie schon oder herrschen Sie noch" von Heinz Siebenbrock[269] ist längst beantwortet und echte Führung statt Herrschaft hat eingesetzt.

Ein paar leuchtende Beispiele dafür gab es übrigens schon damals, im Jahr 2019, eben solchen, die schon seinerzeit nicht ihre Gewinne um jeden Preis hochgetrieben haben, beispielsweise die vielen tausend Genossenschaften, die Memo AG, die GLS Bank

---

[269] Siebenbrock 2013

oder die Weleda AG. Teilzeitarbeit für Papas ist jetzt easy möglich, das Essen in der Kantine ist vernünftig und ansprechend und es beschleicht einen nicht mehr das ungute Gefühl, dass „die da oben" das Essen in der Kantine nur deshalb gesünder machen, damit wir dann nicht mehr so oft krank werden und nach dem Mittagessen effizienter arbeiten können, sprich dass sie mehr Leistung aus uns rausholen können. Auch die Inneneinrichtungen in den Unternehmen sind jetzt oft richtig schön statt nackt, kahl, funktional und möglichst billig. Ein Blick in den Eingangsbereich der Weleda in Schwäbisch Gmünd im Jahre 2019 oder das „Naturata" Hotel-Café in Überlingen zeigte bereits damals, welche Wohltat es für Auge und Seele es sein kann, wenn man ein Unternehmen betritt.

Der Weg zur Arbeit/ Verkehr

Der Weg zur Arbeit ist jetzt ganz anders, viel angenehmer. Erstens wohnen wir nicht mehr so elend weit weg von unserem Arbeitsplatz, weil wir eine andere Städteplanung und Wohnungsbaupolitik haben (siehe unten). Zweitens nehmen die täglichen Staus dramatisch ab, weil wir eine vernünftige Verkehrspolitik haben anstelle der hirnlosen von damals. Die Preise für den öffentlichen Nahverkehr sind jetzt wahnsinnig niedrig, wie zum Beispiel schon vor über 30 Jahren in Wien, oder sind gar Null. Auch die Bahnpreise sind jetzt echt billig im Vergleich zu früher. Dafür ist Autofahren, vor allem mit PS- und hubraumstarken Autos sehr viel teurer geworden, auch die Parkplatzgebühren sind verdammt teuer, so dass man sehr viel lieber mit öffentlichen Verkehrsmitteln fährt. Die wurden übrigens extrem modernisiert, sind viel leiser geworden und nicht mehr so überfüllt wie früher, weil wir sie dramatisch ausgebaut haben. Im Gegenzug ist Fliegen so richtig teuer geworden, weil wir die damalige absurde Subventionspolitik für Flugzeuge – keine Kerosinsteuer, dramatisch subventionierte Start- und Landegebühren – endlich durch eine realitätsnahe Verkehrspolitik ersetzt haben, die Fliegen außerdem noch einer knackigen CO_2-Steuer unterwirft. Der Drang in ferne Urlaubsziele ist auch nicht mehr so stark wie früher, weil unsere Städte und unsere Wohnsituation so viel schöner und wohnlicher geworden sind.

Wohnen

Wie wir wohnen, hat sich dramatisch verändert, auch wenn wir noch ein paar Generationen brauchen werden, um unsere Städte und Gemeinden so richtig umzugestalten. Rom wurde bekanntlich auch nicht an einem Tag oder von einer Generation gebaut.

Erstens haben wir nun endlich die Zeit und die Ressourcen, um wieder ästhetisch ansprechend, schön und kreativ zu bauen. Wir haben begonnen, die ganzen hässlichen Wohnblocks, Industriegebäude, Bürogebäude, Bahnhöfe usw. nach und nach umzubauen oder abzureißen (bei den meisten hilft leider wegen Hässlichkeit und Seelenverödung nichts Anderes), und durch neue, schöne Gebäude zu ersetzen, beispielsweise im Hundertwasser-, Gaudí- oder Jugendstil.

Zweitens haben wir endlich damit angefangen, die damals unglaublich niedrige deutsche Eigentümerquote auf das Niveau anderer Industrieländer, also von unter 50 auf deutlich über 60 Prozent zu erhöhen, so dass jetzt viel mehr Familien in den eigenen vier Wänden und häufig mit einem kleinen Garten wohnen können. Das war ganz einfach. Wir haben jetzt ein Vorkaufsrecht der

Gemeinden und Städte an Immobilien, die zum Verkauf stehen. Außerdem gibt es ja seit ein paar Jahrzehnten die Drei-Prozent-Abgabe auf nicht selbst genutzte Immobilien. Die hat zum einen zu einem Verkaufsdruck von Grund und Boden geführt, so dass die Bodenpreise gesunken sind, andererseits große Mengen von Geld in die öffentlichen Kassen gespült, sodass wir jetzt die höheren Freibeträge für Arbeitnehmer und den Kauf von Immobilien durch die Städte und Gemeinde leicht finanzieren können. Die öffentliche Hand kann Immobilien oder Grundstücke nämlich schon lange zu 80 Prozent des üblichen Ortspreises kaufen und verpachtet sie anschließend für 100 Jahre an Familien weiter, wenn es sich um Wohngrundstücke handelt oder an Gewerbetreibende, wenn es sich um Gewerbegrund handelt.

Drittens sind unsere Städte jetzt viel grüner und ruhiger als früher, es gibt viel mehr Parks, Bäume und Spielplätze, da die Bebauungspläne und Geschoßflächenzahlen an den Bedürfnissen der Einwohner ausgerichtet werden statt an den Bedürfnissen der Industrie, der Großgrundbesitzer und Bodenspekulanten. Weil die Städte nun sehr viel mehr Lebensqualität aufweisen, wollen nicht mehr so viele Menschen im Grünen und weit weg wohnen und zur Arbeit pendeln, so dass der tägliche Berufspendelverkehr stark abgenommen hat. Ruhiger sind die Städte auch dadurch, dass wir jetzt keine lauten Motorräder mehr durch die Straßen dröhnen lassen, die Autos mit wenig Lärm elektrisch oder mit Wasserstoff laufen und selbst Geräte wie Rasenmäher jetzt, wie fast alle Geräte und Fortbewegungsmittel, auch mit Rücksicht auf die Dezibel geplant und gebaut werden. Auch urban gardening hat unsere Städte an richtig vielen Plätzen viel grüner und angenehmer gemacht. Die Luft ist im Vergleich zu früher geradezu sensationell viel besser geworden. Die ganze leidige Diskussion um Emissionsgrenzwerte hat sich in Reinluft aufgelöst.

Viertens gibt es jetzt mehr alternative Wohnprojekte, Mehr-Generationen-Häuser, Ökodörfer usw. und vor allem mehr Fußgängerzonen. Letztere wurden bei ihrer Einführung im letzten Jahrtausend anfangs ja als illusorisch und geschäftsschädigend bekämpft, bevor sie sich als Riesenerfolgsmodell erwiesen - bis heute.

Fünftens sind unsere Städte allein schon dadurch schöner und weniger hektisch geworden, dass wir alle Werbeplakate für kommerzielle Werbung entfernt haben, genau wie in Sao Paulo, Grenoble, Maine, Vermont, Hawaii, Alaska usw. Es macht jetzt oft richtig Spaß, durch die Stadt zu spazieren.

Gesundheit

Unsere Kinder werden immer gesünder. Die vielen früheren Zivilisationskrankheiten, die noch 2019 einen Großteil unserer Kinder plagte, nehmen seit Jahren ab. Das hat verschiedene Gründe.

Essen

Unser Essen ist gigantisch viel gesünder geworden. Allein die Trinkwasserqualität aus der Leitung hat dramatisch zugenommen, seit wir den Einsatz von synthetischen Pflanzengiften wie Glyphosat und Kunstdünger nach dem Vorbild der Bio-Landwirtschaft praktisch komplett eingestellt haben. Dadurch regenerieren sich die Böden seit Jahrzehnten, die Pflanzenvielfalt nimmt immer weiter zu, die Wiesen werden immer bunter und insektenreicher, weil wir schon lange endlich eine vernünftige statt einer reinen Lobby-Agrar- und Verbraucherschutzpolitik haben. Massentierhaltung gehört der Vergangenheit an, wir sehen wieder muntere Kühe mit Hörnern auf der Weide, Schweine, die sich im Freien suhlen und Hühner, die in der Sonne herumlaufen und nach Würmern picken. Die Qualität der Lebensmittel ist dadurch so viel besser und kraftvoller geworden, dass wir und vor allem unsere Kinder allein schon dadurch gesünder werden.

In den Supermärkten sind die weniger gesunden Lebensmittel und die Quengelprodukte, die Süßigkeiten auf Augenhöhe der Kinder an der Supermarktkasse, mehr in die hinteren Ecken der Lebensmittelläden gewandert. Nach dem Motto aus den Augen aus dem Sinn gelingt es uns jetzt besser, uns zu beherrschen.

Außerdem essen wir nicht mehr so viel junk food, weil uns die Werbung nicht mehr von früh bis spät einhämmert, dass wir fröhlich Ungesundes essen können und trotzdem keine Folgen zu tragen brauchen. Denn kommerzielle Werbung haben wir praktisch komplett eingestellt, die war ja schon lange völlig überflüssig. Die Zahl der Vegetarier hat weiter zugenommen. Die meisten von ihnen sind sogar noch gesünder als der Bevölkerungsdurchschnitt. Und auch die Zahl der Veganer hat weiter zugenommen.

Wir nehmen uns jetzt auch wieder öfter mal Zeit, selber zu kochen, oder slow food zu genießen, nach dem Motto: lecker statt viel, lieber langsam genießen als schnell mal einen Burger reinziehen. Es zählt jetzt weniger die Menge, sondern mehr die Qualität, überhaupt achten wir mehr darauf, was wir essen und woher das Essen kommt, dadurch schmeißen wir auch deutlich weniger Lebensmittel weg als früher.

Im Übrigen sind die Preise für unsere Lebensmittel alles in allem nicht teurer geworden, im Gegenteil sogar billiger. Denn jetzt haben wir weniger Klärwerkkosten für frisches Trinkwasser und viel weniger Krankheitskosten, die uns früher die Pestizide, die Additive und Farbstoffe in den Lebensmitteln, die Fehlernährung und die ganzen sonstigen Tricks der gewinnmaximierenden, konsumentenschädigenden Lebensmittelkonzerne beschert haben.

Unsere Landwirte sind praktisch alle auf ökologischen Anbau umgestiegen. Sie brauchen sich jetzt nicht mehr wie früher zu überarbeiten, sondern kommen mit dem fairen Ertrag, den sie auf den Feldern und in den Ställen erwirtschaften, jetzt problemlos auch mit der 20-Stunden-Arbeitswoche aus. Landwirte bekommen nämlich zusätzlich zu ihren Produkterträgen Zahlungen von der öffentlichen Hand als Landschaftspfleger. Dafür wurden die Flurbereinigungen aus dem 20. Jahrhundert revidiert und die Felder gleichen jetzt wieder blühenden Landschaften mit vielen Hecken, Bäumen und sich schlängelnden, sauberen Bächlein zwischenrein, statt öden Monokulturen. Landwirt sein macht plötzlich richtig Freude und viele junge Menschen streben nach diesem sinnstiftenden Beruf in einer schönen, harmonischen Natur.

Medizin

Die niedergelassenen Ärzte haben jetzt sehr viel mehr Zeit für die Patienten als früher, weil jetzt nicht mehr Kostensenkung und Geld im Vordergrund stehen, sondern tatsächlich der Patient. Und auch in den Krankenhäusern hetzen die Ärzte nicht mehr von Patient zu Patient und sind nicht mehr einen großen Teil ihrer Zeit mit Formularen statt mit Heilen beschäftigt. Und das Krankenhauspersonal ist nicht mehr chronisch knapp und überlastet, weil wir Gott sei Dank unendlich viele unsinnige und unnötige

Tätigkeiten wie Marketing, Rechts- und Steuerberatung, kurzlebige Produkte, viele Kosmetika und Luxusprodukte usw. eingestellt haben und dadurch plötzlich ungeheuer viele Arbeitskräfte für sinnvolle Tätigkeiten haben - eben zum Beispiel Kranken- und Altenpfleger, die früher notorisch knapp und unterbezahlt waren. Unsere Pflegedienste haben wir übrigens schon vor vielen Jahren nach dem Modell der niederländischen Buurtzorg[270], die selbstverständlich nicht gewinnmaximierend arbeitet, umgestellt, und damit sensationelle Ergebnisse erzielt: die Kosten für Pflege sind dramatisch gesunken und die Qualität der Pflege hat dramatisch zugenommen.

Wir haben auch schon lange keine Zwei-Klassen-Medizin von Privat- und Kassenpatienten mehr. Dadurch sind bei den früheren Privatpatienten so manche sinnlosen Eingriffe wie diverse Vorsorgeuntersuchungen weggefallen und für die Kassenpatienten haben die Ärzte jetzt wieder mehr Zeit.

Medikamente sind unglaublich viel billiger und besser geworden. Weil die Pharmaunternehmen kein Marketing, keine Gewinnmaximierung und keine sinnlose Forschung mehr betreiben, haben sich die Medikamentenpreise mehr als halbiert. Die wirklich guten, neuen Medikamente setzen sich ganz ohne Marketing über unabhängige, neutrale Fachzeitschriften und Medizin-Informationsplattformen schnell und problemlos durch, weil man diesen Zeitschriften und Plattformen jetzt trauen kann – im Gegensatz zu früher, wo man nie so genau wusste, welche Pharmastudie von der Industrie gekauft, geschmiert oder sonstwie manipu-

---

[270] Vgl. Kreiß/ Siebenbrock 2019

liert war, um die Gewinne hochzutreiben und welche wissenschaftlichen Veröffentlichungen wirklich ehrlich und seriös waren.

Produkte

Menge und Art

Jeder von uns hat im Schnitt nur mehr ungefähr 5.000 Sachen zu Hause statt die 10.000, die wir früher einmal hatten, so um das Jahr 2020. Dadurch geht uns – ehrlich gesagt – nicht viel ab, im Gegenteil, den größten Teil all des Schnickschnacks haben wir eigentlich nie wirklich genutzt. Nach dem Motto „Befreiung vom Überfluss" von Nico Paech sind wir jetzt sogar deutlich zufriedener als vorher. Wir haben gemerkt, dass häufiges Lust-Shoppen auf Dauer doch nicht glücklich macht. Allein ein Blick in unsere Kinderzimmer zeigt uns, dass dort der ganze Plastik-Ramsch weitgehend verschwunden ist und stattdessen Kisten mit Holzeisenbahnen, Murmelbahnen, Bauklötzen, Bauernhöfen, Mal- und Schnitzsachen und anderen Kreativsachen herumstehen. Auch unsere Schuh- und Kleiderschränke sowie die Kellerräume und Gartenschuppen sind jetzt viel übersichtlicher. Uff! Weniger Ballast. War einige harte Aufräumarbeit mit vielen Fahrten zum Wertstoffhof.

Übrigens gibt es jetzt sehr viel weniger Luxusprodukte als früher, namentlich sind dicke und prestigeträchtige Autos und Limousinen jetzt geradezu eine Art Rarität geworden. Denn wozu soll man noch prahlen und angeben mit dicken Schlitten und seinen Status demonstrieren? Seit unsere Schulen wirklich menschlich geworden sind (siehe unten) und unseren Kindern nicht mehr ihr Selbstbewusstsein aberzogen wird, haben wir als Erwachsene gar nicht mehr so nötig anzugeben und aufzuschneiden, sondern wir konzentrieren uns statt auf Äußerliches auf die wirklich wichtigen Dinge im Leben. Dadurch ist eine ganze Reihe überflüssiger Gewerbezweige fast ganz zum Verschwinden gekommen, namentlich Luxusautos und andere Luxusgüter, teure Uhren, Juwelen, Jachten, Privatjets, Edel-Design-Klamotten, Edelhotels, manche Delikatessen usw. Die Sachen sind einfach nach und nach verschwunden. Die dadurch unnötig gewordene und ersparte unsinnige Arbeit haben wir eingestellt und arbeiten dadurch wieder einfach ein paar Stunden weniger pro Woche statt für die extravaganten Scheinbedürfnisse von ein paar besonders Reichen zu schuften.

Lebensdauer

Unsere Produkte sind jetzt sehr viel langlebiger als früher. Ein namhafter Hersteller von Waschmaschinen und anderen Haushaltsgeräten, der vor langem damit angefangen hat, ist in eine Genossenschaft überführt worden. Seither hat sich die Lebensdauer der Waschmaschinen, Kühlschränke, Staubsauger und Mixer mehr als verdoppelt. Die Sachen laufen jetzt tatsächlich wieder so lange wie in den 1950er bis 1970er Jahren, über 20 Jahre! Wow! Das gleiche gilt für Fahrräder, Möbel, Schuhe, Autos, Klamotten, Glühlampen, Smartphones und überhaupt für so ziemlich alle Produkte, weil den Herstellern jetzt der Gewinn weitgehend egal ist und die Kunden nicht mehr egal sind. Denn auch die Maxime der Gewinnmaximierung ist schon längst in der „Historischer-Unsinn-Schublade" der großen Denkfehler der Menschheit verschwunden und es wird den jungen Ökonomiestudierenden schon lange wieder klargemacht, dass der Sinn von Unternehmen ist, für die Kunden da zu sein statt für maximale Gewinne für die wenigen reichen Großeigentümer. Und dazu gehören an erster Stelle solide, langlebige, verlässliche Produkte.

Wenn die Produkte nach vielen Jahren dann doch einmal ihren Geist aufgeben, versuchen wir jetzt viel öfter, sie zu reparieren, entweder selbst oder in Repair Cafés oder anderen geselligen Veranstaltungen mit netten Leuten, die andern tatsächlich gerne helfen. Davon gibt es jetzt erstaunlich viele. Das Reparieren geht jetzt übrigens viel leichter als früher, weil es nun praktisch alle Ersatzteile gibt und die Produkte kompatibel und leicht reparierbar konstruiert wurden – echt im Sinne der Kunden und nicht mehr zum Nutzen der reichen Aktionäre. Wenn wir vom Reparieren zurückkommen, hängen wir übrigens viel mehr an den Sachen als davor und achten besser auf sie. Beim eigenen Reparieren, wenn wir das denn wollen, helfen uns offene Werkstätten, online-Reparaturanleitungen und open-source-Design. Der Gedanke Cradle-to-Cradle ist uns selbstverständlich geworden, ebenso die Begriffe Kreislaufwirtschaft, UpCycling und Blue Economy, die sich bei so manchem eingebürgert haben.

Sharing und Wiederverwerten

Außerdem brauchen wir gar nicht mehr alle Produkte selber zu haben, um sie zu nutzen. Wir teilen viel mehr als früher, vom Carsharing über das gemeinsame Verwenden von Rasenmähern bis hin zum Bügeleisen. Leihläden, Second-Hand-Nutzung, Wiederverkauf, Tauschringe, Tauschbörsen, Flohmärkte, Schenkläden, ReUse, Refurbishing, das ist absoluter Alltag für uns geworden. Macht ja auch Sinn und oft sogar Freude, mit den Leuten in Kontakt zu kommen. Durch die Reduzierung der Produktanzahl, deren längere Lebensdauer und das viele Reparieren und Wiederverwerten ist die Müllmenge, die wir produzieren, dramatisch gesunken. Sie hat sich weit mehr als halbiert. Vor allem die Verwendung von Plastik ist geradezu eingebrochen. Nicht zuletzt auch deshalb, weil wir jetzt sehr viel mehr regionale Lebensmittel und Produkte verwenden.

Energieversorgung und -verbrauch

Die Halbierung der Dinge in unseren Wohnungen, die lange Produktlebensdauer, das Teilen und häufige Reparieren hat zu einer gewaltigen Verminderung unseres Energieverbrauchs geführt, weil in jedem Produkt ja jede Menge Energieaufwand drinsteckt: Die Rohstoffe, die dafür ausgebuddelt werden müssen, der Transport durch die Welt, die Fertigung, die Auslieferung, die Entsorgung: Das alles kostet Energie in Form von Strom, Öl usw. Allein dadurch, dass wir weniger Sachen kaufen, können wir also eine ganze Reihe von Kraftwerken abschalten und sehr viel Öltankerladungen und Kohletransporte einstellen. Da wir viel mehr als früher auf regionale Produkte achten, fällt auch ein guter Teil unsinniger Produktbewegungen auf unseren Straßen weg – wozu um alles in der Welt brauchten wir eigentlich jemals Mineralwasser aus Quellen die über 1000 Kilometer weit weg sind? Außerdem hat ja unser Trinkwasser aus der Leitung mittlerweile 1a-Qualität.

Dazu kommt, dass wir ja nun weniger Autofahren und Fliegen, das nimmt nochmal eine ganze Menge Energieverbrauch weg. Und viele Gemeinden sind auf ökologische Dorfentwicklung umgestiegen, haben Bürgersolarinitiativen aufgegriffen und sind energieautarke Regionen geworden. Deshalb haben wir kaum mehr Großkraftwerke und sehr viel weniger hässliche

Hochspannungsleitungen – das freut die Störche und Reiher und die Wanderer. Natürlich ist dadurch auch unsere Luft sehr viel sauberer als früher, vor allem in den Städten, sodass wir allein schon dadurch alle gesünder werden.

Bildung

Schulen

Die meisten Kinder gehen jetzt richtig gern in die Schule, zum einen, weil der unsägliche und demotivierende Notendruck praktisch aufgehört hat – Schulnoten gibt es de facto bis 14 nicht mehr. Zum anderen, weil jetzt die Lehrer viel lieber und viel motivierter unterrichten, da die haarsträubend bevormundenden Ministerialbürokratielehrpläne glücklicherweise eingestampft worden sind und sie jetzt unterrichten können, wie sie und die Lehrerkonferenz es für richtig halten und nicht mehr die Ministerialbürokraten.

Vielleicht klingt es etwas unrealistisch, dass viele Kinder gerne in die Schule gehen. Tatsache ist, dass wir selbst bis zum Jahr 2019 richtig viele Kinder kannten, bei denen es tatsächlich so war. Allerdings waren das meistens Kinder auf Privatschulen, wie Waldorf- oder Montessori-Schulen. Ich fand es übrigens schon immer so richtig ungerecht, dass sich die guten Privatschulen, in denen die Kinder stark gefördert werden und die oft total zufrieden sind, früher nur die Wohlhabenden leisten konnten. Aber diese Ungerechtigkeit haben wir ja zum Glück durch die 100-Prozent-Finanzierung der Privatschulen seitens der öffentlichen Hand endlich eingestellt.

Denn heute sieht unsere Schullandschaft so aus: Es gibt eine große Fülle ganz verschiedener Schulen, darunter auch noch ein paar Staatsschulen, aber die meisten Schulen werden heute von privaten, nicht gewinnorientierten Trägern und Elterninitiativen getragen. Alle Schulen werden zu 100 Prozent von der öffentlichen Hand finanziert. Die Verwaltung der Schulen ist ihre eigene Aufgabe, sie arbeiten in Selbstverwaltung. Die Bildungsministerien wurden abgeschafft. Keiner vermisst sie. Die Eltern können frei wählen, in welche Schulen sie ihre Kinder schicken wollen. Es hat sich herumgesprochen, dass Schulnoten absolut demotivierend und kinderfeindlich sind, deshalb wurden sie von praktisch allen Schulen nach dem Vorbild der Waldorfschulen, die ja schon 2019 die größte Privatschulorganisation der Erde war, abgeschafft.

Ein Zentralabitur oder ähnliches gibt es schon lange nicht mehr. Wozu auch? Die Hochschulen habe eigene Eingangstests, mit denen sie feststellen, ob jemand zum Studium geeignet ist. Auch Handwerksbetriebe auf der Suche nach Azubis und überhaupt die Unternehmen suchen sich ihre Bewerber nach ihren individuellen Anforderungen aus. Handwerker und manuell geschickt oder hart arbeitende Menschen werden übrigens enorm geschätzt, weil uns klargeworden ist, dass sie wirklich Wichtiges und Sinnvolles für uns alle beitragen und dass ohne sie gar nichts mehr laufen würde.

Genormte Abschlusszeugnisse aller Art, ob Haupt-, bzw. Mittelschul- oder Realschulabschluss, brauchen wir gar nicht. Bei den Unternehmen und an den Hochschulen hat sich recht schnell herumgesprochen, welche Schulen ganz besonders gute Absolventen für Handwerk, Gewerbe oder Unis hervorbringen. Dieser Wettbewerb zwischen den Schulen beflügelt viele Schulen und Lehrer, besonders guten Unterricht zu machen. Die öffentliche Hand spart außerdem nicht mehr wie früher an allen Ecken und Enden bei den Ausgaben für die Schulen, weil wir erkannt haben, dass unsere Kinder und ihre Entwicklung unsere Zukunft sind. Und an der sollte man ja bekanntermaßen lieber nicht sparen.

Hochschulen

Ähnlich sieht es bei den Hochschulen aus. Wir haben mittlerweile eine ganze Reihe ausgezeichneter neuer Hochschulen mit privaten, nichtkommerziellen Trägern bekommen und ständig kommen neue dazu. Denn alle Studierenden bekommen jetzt von der öffentlichen Hand einen monatlichen Gutschein und können wählen, an welcher Hochschule sie sich bewerben wollen, an staatlichen oder privaten. Die Hochschulen richten sich daher viel stärker als früher an den Interessen und Bedürfnissen der jungen Menschen aus. Bulimie-Lernen und Ausbildung zu nützlichen, unkritischen und angepassten dressierten Papageien ist out. Lernen von Zusammenhängen und Verstehen globaler Entwicklungen ist in.

Bei den Unternehmen hat sich herumgesprochen, dass nicht diejenigen Hochschulen, die ihre Studierenden zu Fachidioten ausbilden, die besten künftigen Fach- und Führungskräfte hervorbringen, sondern diejenigen, die die Persönlichkeit der jungen Menschen am stärksten entwickeln. Und das sind diejenigen Hochschulen, die zusätzlich zu einer soliden Fachausbildung auch ein umfangreiches Studium Generale für die Persönlichkeitsentwicklung und Allgemeinbildung bieten. Denn das sind genau die Fach- und Führungskräfte, die man in einer globalisierten Welt so dringend braucht.

Mit den Bildungsministerien wurden auch Akkreditierungen und anderer ministerialbürokratisch verordneter Unfug aufgelöst bzw. eingestellt. Ob ein Studiengang oder eine Hochschule gut ist, entscheiden nicht Behördenbeamte, sondern die Betroffenen: die Studierenden, indem sie sich bewerben oder nicht; die Unternehmen, indem sie die Absolventen einstellen oder nicht; und die Dozenten, ob sie dort unterrichten wollen oder nicht. Schwache Hochschulen müssen leider geschlossen werden. Darunter waren in den letzten 30 Jahren leider einige staatliche Hochschulen, die sich zu bürokratisch verhalten haben.

Die Finanzierung der Hochschulen erfolgt ähnlich wie früher durch die öffentliche Hand. Aber es gibt doch ein paar bedeutende Unterschiede: Die ganze Drittmittelflut ist weitgehend verebbt, weil jetzt wieder die Freiheit von Forschung und Lehre für die einzelnen Forscher betont wird. So wurden die früher umfangreichen staatlichen Drittmittel, die ja zum großen Teil für konzernnahe Forschungsagenden verwendet wurden, wieder zurückgewidmet in Grundfinanzierung. Und private Drittmittel finden sich nicht mehr an den Hochschulen, wozu auch? ebenso wenig wie Industriesponsoring oder Konzernwerbung – denn die wurde ja, wie wir wissen, ohnehin abgeschafft. Kooperationen mit der Industrie gibt es selbstverständlich, aber, im Gegensatz zu früher, wo die Hochschulen als Bittsteller kamen, ist es nun eine sich gegenseitig befruchtende Kooperation auf Augenhöhe.

Kultur und soziales Leben

Unser Kulturleben ist in den letzten 30 Jahren ungemein aufgeblüht. Das liegt zum einen daran, dass es eine großzügige Finanzierung durch die öffentliche Hand in Form von Kulturfonds aller Art gibt: für Musik, bildende Kunst, Literatur usw. Die Gelder werden nicht durch Verwaltungsbeamte verwaltet, sondern durch unabhängige Mitglieder aller Couleur und Schattierungen in den Entscheidungsgremien der unabhängigen Kulturfonds. Zum anderen haben die Menschen jetzt sehr viel mehr Zeit als früher für die schönen Künste, weil ja die meisten nur mehr etwa 20 Wochenstunden Erwerbsarbeit leisten müssen. Daher ist viel Zeit und Muße zur Verfügung, sich künstlerisch zu verwirklichen. Außerdem singen beispielsweise die Menschen wieder mehr als früher selber, zu Hause und auch auswärts, weil wir gemerkt haben, dass Singen gut für die Seele ist – genauso wie malen, musizieren, plastizieren, nähen, meditieren usw.: Kreativität und Schönheit tun einfach gut und adeln den Menschen, wie schon Schiller in seinem Gedicht „die Künstler" eindrucksvoll beschrieb.

Außerdem gibt es ja endlosen Bedarf, unsere Städte und Landschaften wieder zu verschönern. Wir sind zwar in den letzten 30 Jahren schon beeindruckend vorwärtsgekommen. Doch um all die baulichen und landschaftlichen Hässlichkeiten aus dem 20. und Anfang des 21. Jahrhunderts wieder rückabzuwickeln brauchen wir wohl noch locker zwei Generationen.

Zu den Kulturfonds gehören auch solche für Zeitungen, Zeitschriften, Fernsehen, Rundfunk, Internet und Medien aller Art. Bei diesen unabhängigen Fonds mit unabhängigen Mitgliedern können sich Journalisten, Filmemacher usw. bewerben und damit wirklich unabhängige Medien gründen. Das ist in den letzten 30 Jahren in großem Umfang geschehen und daher werden wir heute ungleich besser, objektiver und höherwertiger informiert und unterhalten als früher, wo wir ungeheuer einseitig, verzerrt, reißerisch und platt informiert wurden und mit billigen, häufig niveaulosen Unterhaltungssendungen und primitiver Regenbogenpresse abgespeist wurden.

Ehrenamtliche Tätigkeiten sind geradezu explodiert. Vom Sport-Trainer über freiwilliges soziales Jahr, Jugendarbeit, Schülerlotsen bis hin zur freiwilligen Feuerwehr, Unfallhilfe und Umweltengagement hat der Einsatz freiwilliger Helfer auf fast allen Gebieten dramatisch zugenommen. Denn das stiftet häufig Sinn und man hat ja jetzt sehr viel mehr Zeit als früher. Das Gemeinschaftsleben und –empfinden hat dadurch einen starken Aufschwung genommen und die Leute sind deutlich zufriedener als früher. Im Übrigen spart die öffentliche Hand dadurch erhebliche Finanzmittel ein, die nun an anderer Stelle für sinnvolle Dinge zur Verfügung stehen.

Politik

Das Parteienmonopol für Bundestag und Landtag wurde gebrochen durch eine hohe Quote für unabhängige Direktkandidaten, die tatsächlich nur ihrem Gewissen unterworfen sind und nicht dem Parteizwang. Dadurch hat sich eine erfrischende neue Diskussionskultur in Bundestag und Landtagen gebildet, weil es jetzt häufig um echte Bürgerinteressen statt um Parteiinteressen und Selbstdarstellung mit hohlen Floskeln geht. Die Industrie-Lobbyisten haben Bundes- und Landtage verlassen. Sie schreiben jetzt nicht mehr zahllose Gesetzesvorlagen. Wir haben nach dem Vorschlag von Hans Christoph Binswanger[271] in unseren demokratischen Foren absolut unabhängige ökologische Räte instal

---

[271] Binswanger, H.C. 2009, S.207ff.

liert, die, bei Zweidrittel-Mehrheit Vetorecht gegenüber den Beschlüssen der Abgeordneten haben und die, ebenfalls bei Zweidrittelmehrheit, außerdem ein Initiativrecht für Gesetzesvorschläge haben. Außerdem haben wir nach Schweizer Vorbild Volksentscheide eingeführt. Davon hat es in den letzten 10 Jahren dutzende zu allen möglichen Gegenständen gegeben, deutlich mehr als in der Schweiz. Das hat die Demokratie stark belebt. Bei Volksentscheiden dürfen Befürworter und Gegner nur genau gleich viele Plakate aufstellen und Informationssendungen ausstrahlen, so dass nicht die Finanzkraft entscheidet, sondern die besseren Argumente.

Durch all diese Maßnahmen hat die Demokratie einen starken Aufschwung genommen, die Politikverdrossenheit bei den Bürgern ist deutlich zurückgegangen, politisches Engagement für die Allgemeinheit ist weit verbreitet und nun stehen im politischen Alltag häufig Bürgerinteressen im Vordergrund statt Machtinteressen von egozentrischen Politikern oder Lobbyinteressen der Großindustrie.

Schluss

Wie schön könnte unsere Welt sein! Wie unglaublich schön!

Wir haben heute technische Möglichkeiten und materielle Ressourcen, die Welt schön und lebenswert zu gestalten wie sie die Menschheit noch nie auch nur annäherungsweise hatte. Wir könnten heute unser Leben in einzigartiger Weise menschenwürdig, friedlich und sinnvoll gestalten. Ich bin der festen Überzeugung, dass die im letzten Kapitel skizzierten Zustände leicht realisierbar wären, wenn wir nur wollten. Warum tun wir das nicht?

Warum tun wir uns stattdessen all das an, was in den ersten Kapiteln des Buches geschildert wurde? Praktisch all unser Leid und Elend bereiten wir uns selbst zu. All unsere gesellschaftlichen Regeln und Gesetze haben wir selbst gemacht. Ich glaube, dass all die Fehlentwicklungen fast ausnahmslos auf falschem oder irrigen Denken beruhen, dass alles Leid und Elend letztlich auf Egoismus zurückgeht, auf mangelnde Moral und Ethik.

Der Weg in die soeben skizzierte lebenswerte Zukunft führt meiner Überzeugung nach über unsere Erkenntnis und unser Herz, über einen Bewusstseinsprozess. Diesem Bewusstseinsprozess folgen langfristig die Gefühle, die Moral und der Wille. In unserer Brust, in unserer Seele, in unserem Bewusstsein findet jeden Tag ein Kampf um Gut und Böse, um Wahrheit oder Irrtum bzw. Lüge, um Schön oder Hässlich statt.

Wenn wir uns bewusstwerden, dass in jedem Menschen ein Unendliches, ein Transzendentes, ein Göttliches lebt, werden wir langfristig anders miteinander umgehen. Aber nicht nur im Menschen. Wenn wir uns bewusstwerden, dass auch in den Tieren, Pflanzen und Mineralien, dass hinter allem mehr ist als was wir mit Händen greifen, mit Augen sehen können, dann werden wir mit der Erde, mit den Pflanzen, mit den Tieren, mit allem anders, liebevoll, ehrfurchtsvoll umgehen. Dann können wir die Erde zu einem wirklich lebenswerten und liebevollen Planeten gestalten. Und das ist meiner Meinung nach unsere Aufgabe. Der HERR sagt im Prolog im Faust:

„Des Menschen Tätigkeit kann allzu leicht erschlaffen,
Er liebt sich bald die unbedingte Ruh;
Drum geb ich gern ihm den Gesellen zu,
Der reizt und wirkt und muss als Teufel schaffen."

Mephisto hat die Aufgabe, uns anzustacheln, uns bewusst zu machen und – ihn zuletzt zu erlösen. Wir können diesen armen Teufel überwinden, wenn wir ihn erkennen, uns erkennen und uns unseres ewigen Wesenskerns bewusstwerden.

Quidqid latet apparebit, nil inultum remanebit

Literaturverzeichnis

- Adams, Michael (Hg.) (2007), Das Geschäft mit dem Tod. Der größte Wirtschaftsprozess der USA und der Anfang vom Ende der Tabakindustrie, Zweitausendeins: Frankfurt a. M.
- Arnold, Lutz (2016), Makroökonomik Eine Einführung in die Theorie der Güter-, Arbeits- und Finanzmärkte, 5., überarbeitete Auflage, Tübingen, Mohr
- Aufschnaiter, Ulrike von (2019), Deutschlands Kranke Kinder: Wie auf Anweisung der Regierung Kitas und Schulen die Gesundheit unserer Kinder schädigen, Hamburg, tredition

- Baker, Samm Sinclair (1969), The Permissible Lie – The Inside Truth about Advertising. Peter Owen, London
- BCG (The Boston Consulting Group) (2011), Collateral Damage – Back to Mesopotamia? – The Looming Threat of Debt Restructuring, by David Rhodes and Daniel Stelter, September 2011
- BCG (The Boston Consulting Group) (2018), Global Wealth Report June 2018
- Becker, Gary (2004), Vom Nutzen der Liebe, Interview in: McK Wissen. Das Magazin von McKinsey, Ausgabe 11, Hamburg, 3. Jahrgang, Dezember 2004, S. 78-83
- Berger, Wolfgang (2009), Ein toter Nobelpreisträger führt Krieg gegen uns. In: Ökologie Politik, Zeitschrift der ödp, November 2009
- Berger, Wolfgang (2006), Verantwortung für die Zukunft ist unrentabel, in: Humane Wirtschaft 5/2006
- Berk, Jonathan, DeMarzo, Peter (2016), Grundlagen der Finanzwirtschaft - Analyse, Entscheidung und Umsetzung, 3., aktualisierte Auflage 2016, Hallbergmoos, Pearson
- Beschorner, Thomas, Ulrich, Peter, Wettstein, Florian (Hg.) (2015), St. Galler Wirtschaftsethik – Programmatik, Positionen, Perspektiven, Ehtik und Ökonomie Band 16, Marburg, Metropolis-Verlag
- Beuys, Joseph (1985), Aktive Neutralität – Die Überwindung von Kapitalismus und Kommunismus. Vortrag vom 20.01.1985, 3.Auflage, 1989, FIU, Wangen
- Binswanger, Hans Christoph (2011), Die Glaubensgemeinschaft der Ökonomen – Essays zur Kultur und Wirtschaft, Hamburg, Murmann (Erstveröffentlichung 1998)
- Binswanger, Hans Christoph (2009), Vorwärts zur Mäßigung – Perspektiven einer nachhaltigen Wirtschaft, Hamburg, Murmann

- Binswanger, Mathias (2012), Sinnlose Wettbewerbe – Warum wir immer mehr Unsinn produzieren, Freiburg im Breisgau, Herder (Erstveröffentlichung 2010)
- Braungart, Michael und McDonough, William (2011), Einfach intelligent produzieren Cradle to Cradle: Die Natur zeigt, wie wir die Dinge besser Machen können, 6. Auflage, Berlin, BvT
- Brealey, Richard A. und Myers, Stewart C. (2003), Principles of Corporate Finance, 7. Auflage, New York
- Bruner, Robert F. und Carr, Sean D. (2007), The Panic of 1907. Lesson's Learned from the Market's Perfect Storm, Hoboken, New Jersey
- Chang, Nancy (2004), Das Ende der Bürgerrechte? Die freiheitsfeindlichen Antiterrorgesetze der USA nach dem 11. September, Berlin
- Coase, Ronald (1960), The Problem of Social Cost, in: The Journal of Law and Economics, Oct. 1960, S. 1-44
- Deimling, Daniel (2018), Betriebswirtschaftslehre – Eine Polemik, Augsburg, Rainer Hampp
- Domhoff, George William (2017), Who rules America, April 2017   http://whorulesamerica.net/power/wealth.html (Stand 22.Feb.2019)
- Eisenstein, Charles (2013), Ökonomie der Verbundenheit – Wie das Geld die Welt an den Abgrund führte – und sie dennoch jetzt retten kann, München, Scorpio
- Esterl, Dietrich (2012), Emil Molt 1876-1936 Tun, was gefordert ist, Stuttgart, Verlag Mayer
- Evangelii gaudium, Apostolische Schreiben von Papst Franziskus vom 24. November 2013
- Fabiunke, Günter (1963), Luther als Nationalökonom, Anhang: Martin Luther: An die Pfarrherren wider den Wucher zu predigen, Vermahnung – 1540, Berlin (Ost), Akademie Verlag
- Felber, Christian (2010), Gemeinwohlökonomie. Das Wirtschaftsmodell der Zukunft, Wien, Deuticke

- Frick, Joachim und Grabka, Markus (2009): Gestiegene Vermögensungleichverteilung in Deutschland, Deutsches Institut für Wirtschaftsforschung (DIW), Berlin, Januar 2009
- Geitmann, Robert (1989): Bibel, Kirchen und Zinswirtschaft, Vortrag vom 10.8.1989 in Wuppertal-Neviges
- Glattfelder, James (2012), Decoding Complexity – the Organizing Principles Behind Our Economy, The Montreal Review, April 2012
- Goldacre, Ben (2013), Die Pharma-Lüge. Wie Arzneimittelkonzerne Ärzte irreführen und Patienten schädigen, Köln, Kiepenheuer & Witsch
- Graeber, David (2018), Bullshit Jobs – A Theory, UK, Allen Lane, Penguin
- Graeber, David (2012), Schulden, Stuttgart, Goldmann
- Hauschke, Oliver (2019), Schafft die Schule ab – Warum unser Schulsystem unsere Kinder nicht bildet und radikal verändert werden muss, München mvg
- Hill, Napoleon (2011), Outwitting the Devil – The Secret to Freedom and Success, New York, Sterling (written in 1938)
- Kennedy, Margrit (1996), Geld ohne Zinsen und Inflation, München, Goldmann
- Keynes, John Maynard (1964): The General Theory of Employment, Interest and Money, New York (Erstveröffentlichung 1936)
- Keynes, John Maynard (1930): Wirtschaftliche Möglichkeiten für unsere Enkelkinder, in: Reuter, Norbert (2007): Wachstumseuphorie und Verteilungsrealität. Wirtschaftspolitische Leitbilder zwischen Gestern und Morgen. Mit Texten zum Thema von John Maynard Keynes und Wassily Leontief, 2. vollständig überarbeitete und aktualisierte Aufl., Marburg, Metropolis
- Kinder, Hermann und Hilgemann, Werner (1979): dtv-Atlas zur Weltgeschichte, Band II, 14. Auflage, München
- Koran, Übersetzung von Max Henning, Leipzig 1989

- Kreiß, Christian (2013), Profitwahn – Warum sich eine menschengerechtere Wirtschaft lohnt, Marburg, Tectum
- Kreiß, Christian (2014), Geplanter Verschleiß: Wie die Industrie uns zu immer mehr und immer schnellerem Konsum antreibt - und wie wir uns dagegen wehren können, Berlin, Europa Verlag
- Kreiß, Christian (2016), Werbung nein danke Warum wir ohne Werbung viel besser leben könnten, Berlin, Europa Verlag
- Kreiß, Christian, Siebenbrock Heinz (2019), Blenden Wuchern Lamentieren: Wie die Betriebswirtschaftslehre zur Verrohung der Gesellschaft beiträgt, Berlin, Europa Verlag
- Kreiß, Christian, Splettstößer, Jochen (2014): Mikrokreditbanken – Fluch oder Segen? in: Zeitschrift für das gesamte Kreditwesen, 1.August 2014, S.758-762
- Lütge, Christoph, Uhl, Matthias (2018), Wirtschaftsethik, München, Vahlen
- Luther, Martin (1540): An die Pfarrherren, wider den Wucher zu predigen, Vermahnung 1540, Weimarer Ausgabe (WA) 51 (hier häufig zitiert nach Fabiunke (1963))
- Luther, Martin, Großer Katechismus, WA 30I
- Luther, Martin, Tischreden http://www.lutherdansk.dk/WA/D.%20Martin%20Luthers%20Werke,%20Weimarer%20Ausgabe%20-%20WA.htm
- Luther, Martin, Von Kaufshandlung und Wucher 1524, WA 15
- Mankiw, Gregory N., Taylor Mark P. (2016), Grundzüge der Volkswirtschaftslehre, 6, überarbeitete und erweiterte Auflage, Stuttgart, Schäffer-Pöschel
- Mausfeld, Rainer (2017), Massenmediale Ideologieproduktion, in: Wernicke, Jens (2017), Lügen die Medien? Propaganda, Rudeljournalismus und der Kampf um die öffentliche Meinung, Frankfurt/M, Westend, S.134-153
- Mirowski, Philip/ Plehwe, Dieter (Ed.) (2009), The Road from Mont Pèlerin – The Making of the Neoliberal Thought Collective, Harvard University Press, Cambride (MA) und London (GB)

- Müller, Dirk (2018), Machtbeben – die Welt vor der größten Wirtschaftskrise aller Zeiten, Hintergründe, Risiken, Chancen, München, Heyne
- Myers, Gustavus (1910), History of the Great American Fortunes, Vol. III., Great Fortunes from Railroads, Chicago, Charles H.Kerr & Company
- Nietzsche, Friedrich (1981), Also sprach Zarathustra, Werke II, Frankfurt/M., Ullstein
- Ogilvy, David (1984), Ogilvy über Werbung, Düsseldorf und Wien, Econ
- Olson, Mancur (1991), Aufstieg und Niedergang von Nationen – Ökonomisches Wachstum, Stagflation und soziale Starrheit, Tübingen, Mohr Siebeck (englische Originalausgabe 1982)
- Ottacher, Gebhard (2007), Der Welt ein Zeichen geben. Das Freigeldexperiment von Wörgl/Tirol 1932/33, Kiel
- Packard, Vance (1957), Die geheimen Verführer – Der Griff nach dem Unbewussten in jedermann, Frankfurt 1964 (Ersterscheinung USA 1957), Ullstein Taschenbuch
- Paech, Niko (2013), Befreiung vom Überfluss – Auf dem Weg in die Postwachstumsökonomie. 5. Auflag, München, Oekom
- Pawlas, Andreas (2000), Die lutherische Berufs- und Wirtschaftsethik Eine Einführung, Neukirchen-Vluyn, Neukirchener
- Raworth, Kate (2018), Doughnut Economics Seven Ways to Think Like a 21st-Century Economist, London, Random House
- Rügemer, Werner; Wigand, Elmar (2014), Die Fertigmacher – Arbeitsunrecht und professionelle Gewerkschaftsbekämpfung, PapyRossa (Köln)
- Schmidt, Josef (1989), Vorbilder - Leitbilder, 2. Aufl., Schmidt Verlag (Bayreuth)
- Schumacher, Ernst Ulrich (2013), Small is beautiful – Die Rückkehr zum menschlichen Maß. (Engl. Originalausgabe 1973, dt. Erstausgabe 1977), München, Oekom

- Schwarz, Fritz (1951): Das Experiment von Wörgl, Bern
- Schwarz, Fritz (1933): Morgan – der ungekrönte König der Welt, Erstauflage 1924, 5. Auflage, Bern
- Sachverständigenrat, Jahresgutachten 2008/2009
- Saint-Exupéry, Antoine de, Der Kleine Prinz, Düsseldorf 1995, Karl Rauch
- Sedlacek, Tomas (2012), Die Ökonomie von Gut und Böse. München, Hanser.
- Siebenbrock, Heinz (2013), Führen Sie schon oder herrschen Sie noch? Eine Anleitung zum fairen Management. Marburg, Tectum
- Skidelsky, Robert; Skidelsky, Edward (2013), Wie viel ist genug? Vom Wachstumswahn zu einer Ökonomie des guten Lebens, München, Kunstmann
- Smith, Adam (2005, Erstveröffentlichung 1776), An Inquiry into the Nature and Causes of The Wealth of Nations, An Electronic Classics Series Publications
- Smith, Adam, The Theory of Moral Sentiments (2016, Erstveröffentlichung 1759), Enhanced Media Publishing, Los Angeles
- Statistisches Bundesamt, Statistisches Jahrbuch 2017
- Steiner, Rudolf (1997), Inneres Wesen des Menschen und Leben zwischen Tod und neuer Geburt (Gesamtausgabe 153), Dornach
- Steiner, Rudolf (1999), Soziale Ideen, soziale Wirklichkeit, soziale Praxis (Gesamtausgabe 337a), Dornach
- Steiner, Rudolf (1982), Der Goetheanismus, ein Umwandlungsimpuls und Auferstehungsgedanke, (Gesamtausgabe 188), Dornach
- Steiner, Rudolf (1989), Der innere Aspekt des sozialen Rätsels (Gesamtausgabe 193), Dornach
- Stiglitz, Joseph (2012), The Price of Inequality, London
- Strasser, Christian (2010), Das erwachende Bewusstsein – Aufbruch in die neue Zeit, München, Scorpio

- Sukhdev, Pavan (2013), Corporation 2020 – Warum wir Wirtschaft neu denken müssen, München, Oekom
- Thaler, Richard H. (2015), Misbehaving the Making of Behavioural Economics, Penguin Random House UK
- Ulrich, Peter (2016), Integrative Wirtschaftsethik – Grundlagen einer lebensdienlichen Ökonomie, 5. Auflage, Bern, Haupt
- Unruh, Conrad Max von (1918): Zur Physiologie der Sozialwirtschaft, Leipzig
- Vitali, Stefania; Glattfelder, James B.; Battiston, Stefano (2011), The network of global corporate control. September 2011, ETH Zürich
- Wehler, Hans-Ulrich (2013), Die neue Umverteilung – Soziale Ungleichheit in Deutschland. 3. Aufl., C. H. Beck (München)
- Wernicke, Jens (2017), Lügen die Medien? Propaganda, Rudeljournalismus und der Kampf um die öffentliche Meinung, Frankfurt/M., Westend
- Weiß, Claudia, Klein, Birgit, Schauff, Andrea, Löbel, Janina (2013), Lebensmittel-Lügen – Wie die Food-Branche trickst und tarnt, Verbraucherzentrale NRW (Hg.), Düsseldorf
- Wöhe, Günter, Döring, Ulrich, Brösel, Gerrit, (2016), Einführung in die Allgemeine Betriebswirtschaftslehre, 26., überarbeitete und aktualisierte Auflage, München, Franz Vahlen
- Zimmer, Heinrich (1976), Philosophie und Religion Indiens (Erstausgabe 1961), 2. Auflage, Baden-Baden

Zeitfracht Medien GmbH
Ferdinand-Jühlke-Straße 7
99095 Erfurt, Deutschland
produktsicherheit@kolibri360.de